Damos la bienvenida a esta obra de discipulado. Felicitamos y afirmamos al Pastor Otto Sánchez por la iniciativa y el deseo de seguir formando al pueblo hispano a lo largo del mundo para que pueda conocer, adorar y servir a su Dios de una mejor manera. No puedo pensar en ningún discípulo que no sería beneficiado por este libro.

Miguel Núñez
Pastor principal de la Iglesia Bautista Internacional

Este libro está enfocado en ayudarnos a crecer en el conocimiento de la Palabra, como discípulos de Cristo. Aquí tenemos una práctica sistematización de importantes enseñanzas bíblicas, escrita por un pastor que ama a la iglesia y las misiones. Esta obra es un excelente recurso para usar en un contexto de grupo pequeño, escuela dominical o en relaciones de discipulado entre hermanos.

Edgar Aponte
VP de International Mission Board
[Junta Internacional de Misiones]

Hacia la Meta es un excelente recurso para todo creyente que desee crecer en el Señor. Sus temas, desarrollados con corrección teológica y sentido práctico, abarcan los asuntos fundamentales de la vida cristiana. Sus secciones de aplicación y vida devocional lo convierten en un material útil y práctico, tanto para la lectura individual como para el uso en grupos pequeños. Todo creyente que desee crecer en su vida cristiana y todo pastor interesado en capacitar a su iglesia encontrarán en *Hacia la Meta* una herramienta muy valiosa.

Freddy Noble
Pastor principal de la Primera Iglesia
Bautista Hispana de Manhattan

Después de 20 años discipulando e impartiendo estudios bíblicos a nuevos creyentes y nuevos líderes, estoy muy feliz porque, gracias a este aporte del Pastor Sánchez, contamos con un fresco y práctico contenido a la medida, para guiarnos a compartir los temas más importantes de la revelación bíblica de todo lo que es Dios para nosotros en Cristo Jesús.

Oskar Arocha
parte del cuerpo pastoral de IBI

HACIA LA META

PRÓLOGO POR MIGUEL NÚÑEZ

HACIA LA META

UNA GUÍA PARA EL CRECIMIENTO ESPIRITUAL

B&H
ESPAÑOL
NASHVILLE, TENNESSEE

OTTO SÁNCHEZ

Hacia la meta

Copyright © 2016 por Otto Sánchez
Todos los derechos reservados.
Derechos internacionales registrados.

B&H Publishing Group
Nashville, TN 37234

Clasificación Decimal Dewey: 248.84
Clasifíquese: DISCIPULADO/VIDA CRISTIANA

Tipografía: 2K/DENMARK

ISBN: 978-1-4336-9213-0

Impreso en EE.UU.
1 2 3 4 5 * 19 18 17 16

A mi familia: a mi esposa Susana
y a mis hijas Elizabeth Marie y Alicia Isabella.

A mi familia de origen:
a mi padre, Rolando, que ya alcanzó la meta,
y a Josefina, mi madre.

A mis hermanos Betzaida, Marco y Keren.

ÍNDICE

Prólogo 13
Introducción 17

Parte I - ¿Quién es Dios y quiénes somos nosotros?
    1. Dios, el Creador y nosotros Sus criaturas 21
        Resumen del capítulo 35
        Para estudiar 36
        Devocionales - Semana 1 38

Parte II - ¿Qué ha hecho Dios por nosotros?
    2. Somos hijos de Dios 49
        Resumen del capítulo 57
        Para estudiar 58
        Devocionales - Semana 2 60
    3. ¿Estás seguro? 69
        Resumen del capítulo 75
        Para estudiar 76
        Devocionales - Semana 3 77
    4. Los perdonados 85
        Resumen del capítulo 92
        Para estudiar 93
        Devocionales - Semana 4 95
    5. Entendamos la salvación y al Salvador 101
        Resumen del capítulo 113
        Para estudiar 114
        Devocionales - Semana 5 115

Parte III - ¿Cómo escuchamos a Dios?

6. *La Biblia, la Palabra de Dios* 123
   Resumen del capítulo 134
   Para estudiar 136
   Devocionales - Semana 6 138

Parte IV - ¿Cómo nos escucha Dios?

7. *La oración, la palabra de los seres humanos a Dios* 147
   Resumen del capítulo 161
   Para estudiar 162
   Devocionales - Semana 7 164

Parte V - ¿Dónde espera Dios que estemos y crezcamos?

8. *El Espíritu Santo y Su obra a nuestro favor* 173
   Resumen del capítulo 180
   Para estudiar 181
   Devocionales - Semana 8 183
9. *La Iglesia del Señor* 191
   Resumen del capítulo 202
   Para estudiar 203
   Devocionales - Semana 9 205
10. *El bautismo* 213
    Resumen del capítulo 218
    Para estudiar 218
    Devocionales - Semana 10 220
11. *La Cena del Señor* 227
    Resumen del capítulo 232
    Para estudiar 232
    Devocionales - Semana 11 234
12. *Congregarse* 241
    Resumen del capítulo 250
    Para estudiar 251
    Devocionales - Semana 12 252

Parte VI - ¿Qué espera Dios que hagamos?

13. *Nacidos para adorar* 261
    Resumen del capítulo 278
    Para estudiar 279
    Devocionales - Semana 13 281

14. *Los dones del Espíritu Santo* 289
    Resumen del capítulo 295
    Para estudiar 296
    Devocionales - Semana 14 298
15. *Hablemos de Cristo* 305
    Resumen del capítulo 316
    Para estudiar 317
    Devocionales - Semana 15 318
16. *El uso de mis recursos* 325
    Resumen del capítulo 339
    Para estudiar 341
    Devocionales - Semana 16 342

Parte VII - ¿Somos los primeros en el mundo?
17. *Breve historia del cristianismo* 351
    Resumen del capítulo 366
    Para estudiar 367
    Devocionales - Semana 17 368

Conclusión: el viaje continúa 375
    Devocionales - Semana 18 385

Agradecimientos 393
Pensamientos 397

PRÓLOGO

La mayoría de los cristianos estamos familiarizados con el texto de la Gran Comisión que aparece en Mateo 28:18-20:

> *Y Jesús se acercó y les habló diciendo: Toda potestad me es dada en el cielo y en la tierra. Por tanto, id, y haced discípulos a todas las naciones, bautizándolos en el nombre del Padre, y del Hijo, y del Espíritu Santo; enseñándoles que guarden todas las cosas que os he mandado; y he aquí yo estoy con vosotros todos los días, hasta el fin del mundo. Amén.*

Sin embargo, muchos de los seguidores de Cristo, quizás la mayoría, interpretan el texto solamente en términos de la evangelización del mundo y, en particular, de las regiones aún no alcanzadas con el mensaje de salvación. Asimismo, hay quienes piensan que, una vez evangelizada una región, la labor ha concluido. Cuando pensamos de esta manera, ponemos en evidencia una falta de entendimiento en cuanto a lo que es un discípulo y estamos ignorando parte de lo que el texto de Mateo ordena: *enseñándoles a guardar todo lo que os he mandado*. La tarea que el Señor Jesús nos encomendó no termina hasta que el discípulo haya quedado completamente formado, y su formación no concluye hasta que le enseñemos las verdades medulares de la fe cristiana. Por esta razón me entusiasmé al leer el libro del pastor Otto Sánchez, quien ama la Gran Comisión, la Palabra y la expansión del reino y, en especial, la expansión de la obra de Cristo entre los hispanohablantes del mundo, a quienes Sánchez ha estado ministrando durante años.

El autor mismo en la introducción presenta la obra, pero yo quisiera agregar algunas observaciones puntuales que le dan valor a lo que ha escrito el pastor Sánchez. Me agradó comprobar que el primer capítulo está dedicado a explorar quién es Dios y quiénes somos nosotros. Decía Juan Calvino en su obra *Institución de la religión cristiana* que «nuestra sabiduría, aquella que debe ser considerada como sabiduría verdadera y sólida, está compuesta casi en su totalidad por dos partes: el conocimiento de Dios y el conocimiento de nosotros mismos». Y así comienza, precisamente, este libro de discipulado. Si no tenemos claro quién es Dios y quiénes somos nosotros, tendremos al hombre sentado en el trono de Dios y a Dios sirviendo al hombre, como ocurre en muchas de las iglesias de hoy.

Los capítulos de la segunda parte están dedicados a conocer lo que Dios hizo por nosotros y no lo que nosotros podemos hacer por Dios o por Su reino. Este es también otro punto de vital importancia porque vivimos en medio de una generación antropocéntrica que lamentablemente ha levantado muchas iglesias con el mismo enfoque: pone al hombre en el centro del plan de Dios. Por lo tanto muchas veces, aun sin ser conscientes, trabajamos para la gloria del hombre y no para la gloria de Dios. Pero el autor nos ayuda a entender que es Dios quien tuvo la iniciativa de hacernos hijos cuando éramos criaturas rebeldes y que es Dios quien nos dio el perdón de los pecados por medio de la sangre de Su Hijo Jesús, aun cuando ningún hombre lo estaba buscando a Él.

Una vez hechos hijos de Dios, queremos conversar con Él; sin embargo, debemos recordar siempre que lo más importante es lo que Dios tiene para decirnos y no lo que nosotros tenemos para decirle a Él. Por lo tanto, es reconfortante ver que la tercera parte de esta obra está dedicada justamente a enseñarnos cómo escuchar a Dios. Y la manera de hacerlo es por medio del estudio de Su Palabra y la manera como Él nos escucha es mediante la oración. Pero no podemos invertir ese orden. Dios primero y nosotros después.

La quinta parte está destinada a enseñarnos cómo debemos crecer en santificación en el Señor. Trabajar para el reino de Dios sin habernos santificado primero, como ocurre con frecuencia, se traducirá en descrédito para la obra de Dios. Por eso creo que el orden que Otto Sánchez ha seguido en el desarrollo de este libro responde a lo que un discípulo debe conocer para crecer correctamente. La sexta parte está dedicada a lo que Dios espera que haga un discípulo ya santificado.

Agradezco que, hacia el final, el autor haya incluido un breve capítulo sobre la historia del cristianismo, pues no debemos caer en el error de olvidar quiénes somos y cuál es nuestra historia como cristianos. No podemos olvidar que nosotros somos un solo pueblo con un solo Dios y una sola historia, y que aquello que Dios hizo en el pasado tiene mucho que ver con lo que nos toca hacer en el presente.

Damos la bienvenida a esta obra de discipulado; felicitamos y afirmamos al pastor Sánchez por la iniciativa y el deseo de seguir formando al pueblo hispano de todo el mundo para que pueda conocer, adorar y servir a Dios de una mejor manera. Todo discípulo será beneficiado por esta obra, ya sea que esté comenzando su camino en la fe o que esté guiando a otros en su crecimiento espiritual.

Miguel Núñez,
Pastor, Iglesia Bautista Internacional
Santo Domingo, República Domincana

INTRODUCCIÓN

El crecimiento espiritual en Cristo no es un evento: es un proceso. No es instantáneo: es progresivo; no termina porque es permanente. La vida cristiana es una búsqueda constante del rostro de Dios por medio de Su Palabra tanto en la lectura, la meditación y la oración como también en la aplicación de ella. Somos recipientes de la gracia de Dios para estar llenos de Él y por eso Su Palabra nos indica cómo podemos hacerlo.

Vivimos hoy en una cultura muy gráfica que está más acostumbrada a las imágenes que a las palabras escritas. Es una cultura muy visual que prefiere ver en vez de leer. Es la cultura de muchas imágenes y pocas palabras auspiciada por *Facebook, Twitter, Google* y *YouTube*. Es una cultura que dice: «YouTube» un libro; ahora tengo un *smartphone,* una *tablet* y una *notebook.* No me malentiendas, amigo lector. No estoy en contra de todas estas tecnologías; ¡me encanta la tecnología! A mi billetera no, pero me encantan los recursos tecnológicos. Por la gracia de Dios, gran parte de mi trabajo como pastor y profesor se simplifica enormemente con la tecnología. Sin embargo, la lectura de la Palabra no debe ser sustituida jamás por el video de la predicación de un buen predicador, por pequeñas frases o textos de Facebook o Twitter, ni por las canciones que podemos escuchar a través de *iTunes.* La lectura de la Palabra de Dios mediante cualquier dispositivo, impreso o tecnológico, es esencial para conocerlo, para conocer Su carácter y Su propósito para con Sus hijos.

Lo que pretendo con este libro es presentar la verdad de Dios en Su Palabra de forma ordenada y sistematizada a través de una lectura ágil, concisa y dinámica. He escogido los temas que entiendo que son esenciales para alguien que quiere caminar con Cristo y quiere enseñar a otros a hacerlo. En cada página de este libro se presenta el comienzo de los tiempos hasta cómo llegamos a ser lo que somos como pueblo de Dios, con el propósito de edificarnos para ser creyentes auténticos y preparados para la gloria de Dios.

Cada capítulo de esta obra consta de varias partes: la presentación del tema, un resumen del capítulo para que el lector lo pueda compartir fácilmente, preguntas y ejercicios para el estudio personal o en grupos, y al final hay una lectura bíblica para seis días de la semana. Para el séptimo día no hay lectura, pero puedes tomarlo para repasar lo leído durante esos días. La Biblia dice por medio del apóstol Pablo lo siguiente:

> «Hermanos, yo mismo no pretendo haberlo ya alcanzado; pero una cosa hago: olvidando ciertamente lo que queda atrás, y extendiéndome a lo que está delante, prosigo a la meta, al premio del supremo llamamiento de Dios en Cristo Jesús» (Fil. 3:13-14).

El apóstol Pablo nos recuerda que la vida cristiana es como un viaje cuyo destino final será estar en presencia física con nuestro Señor, en la mansión de gloria que tiene preparada para nosotros. Este libro puede convertirse en una ayuda formidable tanto para el nuevo seguidor de Cristo como para aquel que lleva tiempo en la vida cristiana y para el pastor que quiere comenzar un estudio en su iglesia asegurándose de que todos reciban la misma enseñanza. Te ayudará a tener un panorama bíblico fundamental de la vida cristiana, partiendo desde quiénes somos hasta la historia de la obra que Dios realizó a nuestro favor. Se tocan temas sobre la Biblia misma, la importancia de congregarse, la oración, la evangelización, etc., de forma concisa y básica. La Palabra de Dios nos exhorta a tener una vida con conocimiento y devoción. El gran reto que tenemos es mantener ese equilibrio para hacer que nuestras vidas glorifiquen al Señor en todo. Preparémonos para este viaje a través de la lectura hasta llegar a la estación del capítulo final.

Otto Sánchez,
Santo Domingo, República Dominicana

PARTE I

¿QUIÉN ES DIOS Y QUIÉNES SOMOS NOSOTROS?

Capítulo 1

DIOS, EL CREADOR Y NOSOTROS SUS CRIATURAS

No tengo suficiente fe como para ser un ateo.

Frank Turek[1]

La Biblia no es un libro para demostrar la existencia de Dios porque la da por sentado mediante la evidencia de todo lo que conocemos como Su creación. La Biblia nos presenta la obra creadora de Dios desde el mismo principio. En Génesis 1:1 nos dice: «En el principio creo Dios los cielos y la tierra». Con este contundente relato, comenzamos a leerla. Es que la creación es una magnífica evidencia de la existencia de Dios. J. I. Packer señala lo siguiente:

> El mundo de Dios no es un escudo que esconda el poder y la majestad del Creador. A partir del orden de la naturaleza, es evidente que existe un Creador majestuoso y lleno de poder. Pablo lo afirma en Romanos 1:19-21, y en

---

[1] El Dr. Frank Turek es un autor y apologista cristiano y presidente de CrossExamined.org.

Hechos 17:28 pone por testigo a un poeta griego de que
los humanos han sido creados por Dios. Afirma también
que la bondad de este Creador se hace evidente en Su
generosa providencia (Hech. 14:17; comp. Rom. 2:4), y
que al menos algunas de las exigencias de Su santa ley
son conocidas por la conciencia de todos los seres humanos (Rom. 2:14-15), junto con la incómoda certeza
de un juicio retributivo al final de todo (Rom. 1:32).
Estas evidentes certezas constituyen el contenido de la
revelación general.[2]

A partir de lo que vemos que las Escrituras dicen del origen del
universo, debemos concluir que dan por sentado que Dios es el Creador y por lo tanto su existencia no necesita ser demostrada. A tal
punto lo afirma que hay varios textos que nos dicen que sería una
necedad decir que Dios no existe (Sal. 10:4; 14:1; 53:1). El apóstol
Pablo señala que el pecado (el cual traemos de nacimiento) hará que
nuestro entendimiento de Dios sea nulo o distorsionado (Rom. 1:18)
porque, a pesar de la evidencia de lo creado, el ser humano se resiste
a reconocer Su obra.

Por otro lado, la única manera que tenemos para alcanzar una
percepción correcta de la persona de Dios es mediante la obra de Jesucristo en la cruz. En otras palabras, nadie puede tener un conocimiento
correcto de Dios si no es a través de Su Hijo. Esta verdad se establece
cuando el mismo Señor declara: «Jesús le dijo: Yo soy el camino, y la
verdad, y la vida; nadie viene al Padre, sino por mí» (Juan 14:6).

En este capítulo, quiero resaltar quién es Dios y Su creación, de
manera especial la creación de nosotros, los humanos, como hechura
Suya y la importancia de cómo nos distinguimos del resto de la creación
al ser a imagen y semejanza de Dios.

LO QUE SABEMOS DE DIOS ES POR SU REVELACIÓN

La historia nos muestra las hazañas de los seres humanos en búsqueda
de aquello que los obsesiona o que necesitan. Esa búsqueda se ve en

---

[2] J. I. Packer, *Teología concisa: Una guía a las creencias del Cristianismo histórico*
(Miami, FL: Editorial Unilit, 1998), 21. El doctor Packer es un teólogo inglés anglicano.
Es muy respetado por su erudición y muy influyente en distintas generaciones.

todas las áreas y en todos los sentidos, incluso en el sentido de la vida, en la búsqueda de la verdad o de la esencia de todo lo que nos rodea.

Para muchos, la verdad es algo que se busca. Es algo que está oculto y que solo algunos «iluminados» pueden llegar a descubrir. Esto no se aplica a Dios porque Él no espera que lo descubran, ya que el ser humano no tiene la capacidad de «descubrirlo» (1 Cor. 2:14). Lo que conocemos de Dios es porque Él mismo nos lo ha revelado. Dios se autorrevela por medio de Su creación y por medio de Su Palabra. La Biblia nos indica que el ser humano puede llegar a tener un conocimiento básico y general de Dios a través de Su creación, pero solo es posible conocerlo y tener una relación personal con Él a través de Jesucristo (Juan 14:6; 2 Cor. 5:18-21; 1 Tim. 2:15).

Los que hemos sido salvados por Jesucristo tenemos el privilegio de conocer a Dios a través de Su Palabra y por la obra Su Espíritu Santo en nosotros que nos da el entendimiento y nos guía a toda verdad (Juan 14:17; 16:13). Sin embargo, aunque Él se autorrevela, nuestro conocimiento está limitado por Su naturaleza eterna y por nuestras limitaciones humanas. Wayne Grudem lo explica de la siguiente manera:

> Debido a que Dios es infinito y nosotros finitos o limitados, nunca podremos entender completamente a Dios. En este sentido se dice que Dios es *incomprehensible* en donde el término *incomprehensible* se usa en el sentido más antiguo y menos común, 'que no se puede entender *totalmente*'. No es cierto decir que no se puede entender a Dios, pero sí es cierto decir que no se lo puede entender plena o exhaustivamente.[3]

Los mismos escritos bíblicos dan testimonio de que no podemos entender toda la grandeza y majestuosidad de Dios (Sal. 145:3), pero, aunque no podamos entender quién es Dios por completo, sí podemos tener una compresión que nos permitirá relacionarnos con Él y conocer Su carácter y voluntad lo suficiente como para obedecerlo y amarlo con todo nuestro corazón.

---

[3] Wayne Grudem, *Teología sistemática: una introducción a la doctrina bíblica* (Grand Rapids, MI: Editorial Vida, 2009), 152. De acuerdo a al RAE, la palabra *incomprehensible*, también puede ser *incomprensible*.

LO QUE DIOS ES Y LO QUE HACE

La imposibilidad de conocer todo sobre Dios no quita que podamos conocerlo lo suficiente. Esto es maravilloso y nos trae gran esperanza porque ese conocimiento será de gran utilidad para nuestras vidas.

Dios, por medio de Su Palabra, revela todo aquello que tiene que ver con Su carácter. Esto es vital para poder relacionarnos con Él porque así sabremos lo que hace, qué le gusta, qué repudia y cómo espera relacionarse con nosotros. A partir de Su carácter podemos conocer, por ejemplo, que Él es lo siguiente:

Amor (1 Jn. 4:8)
Luz (1 Jn. 1:5)
Espíritu (Juan 4:24)
Justo (Rom. 3:26)

Como hemos visto, podemos conocer mejor a Dios por medio de Su revelación especial que es la Biblia y, aunque no alcanzaremos un conocimiento completo, igual conoceremos lo que necesitamos. Cuando vayamos conociendo los pensamientos de Dios, «cuando los sabemos, nosotros, como David, hallaremos que son "preciosos" (Sal. 139:17)».[4] El reconocer nuestras limitaciones debe llevarnos a ser humildes y buscar no solo una comprensión correcta de Dios, sino una relación profunda y amorosa con Él.

También podemos conocer los atributos de Dios. Arthur Pink en su obra clásica *Los atributos de Dios* dice lo siguiente:

> El fundamento de todo conocimiento verdadero de Dios ha de ser la clara comprensión mental de Sus perfecciones, tal como se revelan en la Sagrada Escritura. No se puede servir ni adorar a un Dios desconocido, ni depositar nuestra confianza en Él.[5]

Pink en su libro recopila una lista de lo que llama «los atributos de Dios». Entre ellos se encuentran la soledad de Dios, los decretos de Dios, la omnisciencia de Dios, la presencia de Dios, la supremacía

---

[4] Ibíd.
[5] Arthur Pink, *Los atributos de Dios* (Carlisle, PA: Banner of Truth, 1997), 8.

de Dios, la soberanía de Dios, la inmutabilidad de Dios, la santidad de Dios, el poder de Dios, la fidelidad de Dios, la bondad de Dios, la paciencia de Dios, la gracia de Dios, la misericordia de Dios, el amor y la ira de Dios.[6] Todos esos atributos los vemos revelados en Su Palabra. Por eso, para conocerlo mejor debemos recurrir a ella. J. I. Packer confirma esta verdad:

> Las Escrituras hablan de «conocer» a Dios como el ideal para la persona espiritual: esto es, llegar a una plenitud de fe y relación que traiga salvación y vida eterna, y produzca amor, esperanza, obediencia y gozo. (Véanse, por ejemplo, Ex. 33:13; Jer. 31:34; Heb. 8:8-12; Dan. 11:32; Juan 17:3; Gál. 4:8-9; Ef. 1:17-19; 3:19; Fil. 3:8-11; 2 Tim. 1:12). Las dimensiones de este conocimiento son intelectuales (conocer la verdad acerca de Dios: Deut. 7:9; Sal. 100:3); volitivas (confiar en Dios, obedecerlo y adorarlo en función de esa verdad) y morales (practicar la justicia y el amor: Jer. 22:16; 1 Jn. 4:7-8). La fe —conocimiento que se centra en Dios encarnado, Cristo Jesús hombre, el mediador entre Dios y nosotros los pecadores, por medio del cual llegamos a conocer a Su Padre como Padre nuestro (Juan 14:6)— busca conocer de manera concreta a Cristo y a Su poder (Fil. 3:8-14). El conocimiento de la fe es el fruto de la regeneración, la entrega de un corazón nuevo (Jer. 24:7; 1 Jn. 5:20), y de la iluminación del Espíritu (2 Cor. 4:6; Ef. 1:17). La relación de conocimiento es recíproca, e implica afecto y pacto por ambas partes: nosotros conocemos a Dios como nuestro, porque Él nos conoce a nosotros como Suyos (Juan 10:14; Gál. 4:9; 2 Tim. 2:19).
>
> Todas las Escrituras nos han sido entregadas para ayudarnos a conocer a Dios de esta forma. Esforcémonos por usarlas de la manera correcta.[7]

Este mundo tiene *déficit de atención* con todo lo relativo a Dios, pero no debería de extrañarnos porque siempre ha sido así. En todas las épocas, el ser humano no le ha prestado atención a Dios

---

[6] Ibíd.
[7] Packer, *Teología concisa*, 31.

(Rom. 3:10-18,23). Lo que sí debe preocuparnos es que los cristianos nos distraigamos y perdamos de vista Su carácter y, por lo tanto, caigamos en una religiosidad vacía y sin ningún propósito.

Dios es como es y existe en lo que llamamos la absoluta perfección de ser. Él no nos necesita, pero nosotros sí lo necesitamos a Él. Por lo tanto, no debemos dejar que esa distracción del mundo en cuanto a Dios nos contagie también a nosotros. No puedo dejar que los espejos y las golosinas de este mundo me distraigan de dos aspectos fundamentales de Dios: lo que Él es y lo que Él hace.

Debemos saber que hay una absoluta armonía y equilibrio entre lo que Dios es y lo que Él hace. Él no es contrario a lo que hace ni hace nada contrario a lo que es. Por ejemplo, si la Biblia dice que es amor (1 Jn. 4:8), Sus acciones no serán contrarias a Su amor. Si es Todopoderoso, Sus acciones reflejarán Su poder. Es importante saberlo porque debemos creer todo lo que la Biblia dice acerca del carácter de Dios. Esto no lo recibimos por nuestra razón humana, sino por la fe (Rom. 10:17; Heb. 11:1), que también es un regalo de Dios (Ef. 2:8). Vamos a entenderlo por lo que Él mismo revela de Su carácter en la Biblia. Como la Biblia es Su revelación, si ella dice que Dios es amor, nosotros lo creeremos aunque lo veamos enviando un diluvio universal.

Algunas personas tienen problemas con el enunciado anterior porque tienden a malinterpretar a Dios por Sus acciones (que siempre son perfectas), sin entender las circunstancias por las que Dios obró de tal o cuál manera. Quieren entender a Dios más por su razón, prescindiendo de la fe. Aunque reconozco que hay argumentos racionales excelentes y muy buenos para dar a conocer la realidad de Dios, debo afirmar que conocerlo es una obra espiritual que solo se da cuando una persona es alcanzada por nuestro Señor Jesucristo. Solo a partir de ese momento es que el ser humano podrá conocer a Dios por medio de la Palabra revelada. A Dios no se lo conoce por argumentos organizados y bien estructurados, sino por medio de Su Palabra y la dirección de su Espíritu Santo.

J. I. Packer en su libro *Hacia el conocimiento de Dios* hace cinco afirmaciones relacionadas a este conocimiento que sostienen los cristianos:

Dios ha hablado al hombre, y la Biblia es Su palabra [...].

Dios es Señor y Rey sobre el mundo [...].

Dios es Salvador, activo en Su amor soberano mediante el Señor Jesucristo [...].

Dios es trino y uno; en la Deidad hay tres personas, Padre, Hijo y Espíritu Santo; y en la obra de salvación las tres personas actúan unidas [...].

La santidad de Dios consiste en responder a la revelación de Dios con confianza y obediencia, fe y adoración, oración y alabanza, sujeción y servicio.[8]

LA EXCLUSIVIDAD DE DIOS

La Biblia no solo me habla de lo que Dios es y hace, sino de Su exclusividad como único Dios verdadero. Cuando Moisés recibe los Diez Mandamientos, vemos cómo Dios se revela a sí mismo como un Dios único:

«No tendrás dioses ajenos delante de mí» (Ex. 20:3).

Dios da estas instrucciones a un pueblo liberado, pero que todavía está influenciado por la idolatría y el politeísmo de Egipto.[9] Eran libres, pero todavía tenían mentalidad de esclavos. Una vez más, les revela Su carácter al mostrarles que solo Él debe ser el objeto de su adoración. Dios sabía con cuánta facilidad el pueblo recién liberado podía desviarse por el camino de la perdición. De hecho, la Palabra de Dios evidencia estas tristes y pecaminosas acciones del pueblo hebreo (Ex. 32; Deut. 1:26-33; 31:27; Neh. 9:29).

Dios no admite que aquellos que dicen ser Sus siervos compartan su devoción con los ídolos.[10] Aunque hoy en día no tenemos a *Astoret, Baal, Moloc*,[11] los seres humanos tenemos la tendencia a rechazar o

---

[8] J. I. Packer, *Hacia el conocimiento de Dios* (Miami, FL: Editorial Unilit, 1997), 14.

[9] Los egipcios adoraban a las estatuas que representaban a sus dioses, por ejemplo el toro Apis, que representaba al dios Osiris; en la parte más santa de sus templos se hallaba el emblema de un dios o de un animal divinizado.

[10] La palabra *ídolo* viene de la palabra griega para *imaginación*. Es algo que el hombre inventa, pero que no existe.

[11] Todas estas y muchas más eran divinidades antiguas cananeas; los hebreos también estuvieron influenciados por ellas.

romper esa exclusividad de Dios al buscar ídolos modernos y rendirles nuestra devoción. Jochem Douma[12] nos habla de la exclusividad de Dios en Éxodo 20:3:

> El primer mandamiento es para israelitas ordinarios y para discípulos ordinarios de Jesucristo. Los discípulos que encontramos en el Nuevo Testamento podían ser torpes para entender y tardos de corazón (Luc. 24:25). En el Jardín de Getsemaní, no pudieron permanecer despiertos ni siquiera una hora para velar con su Maestro (Mat. 26:40). Pedro incluso lo negó (Mat. 26:69-75). Todos ellos tuvieron problemas en aceptar el informe de la resurrección de Cristo. Pero por estas personas, conociendo sus debilidades, Jesús oró al Padre en Su oración sacerdotal: «Siempre fueron tuyos. Tú me los diste, y ellos han obedecido tu palabra» (Juan 17:6, NTV). Débiles, incrédulos, adormecidos y rebeldes, esos hombres fueron una y otra vez restaurados porque las palabras de Dios y de Cristo habían morado permanentemente en su corazón. Se mantuvieron en su elección, aunque Satanás con su cedazo los zarandeara (Luc. 22:31-32) y a veces quedaran atrapados en las redes de la idolatría.[13]

Dios mantiene su ley tanto para los idólatras antiguos como para los modernos. Jehová Dios, el Dios Creador del universo, es dueño y Señor absoluto de todo (Sal. 24:1)

DIOS, EL CREADOR

Cuando abrimos un libro, normalmente comenzamos por sus primeras páginas y así proseguimos en orden. Hay libros que nos tientan a pasar por alto ciertos párrafos o capítulos por diversas razones, pero lo natural es leer un libro desde el principio. Si una persona abre la Biblia por primera vez, lo más probable es que siguiendo su instinto

---

[12] Jochem Douma ha sido profesor por muchos años de Ética en la Universidad Teológica de Kampen de los Países Bajos, su país de nacimiento.
[13] Jochem Douma, *Los Diez Mandamientos: manual para la vida cristiana* (Grand Rapids, MI: Libros Desafío, 2000), 35.

quiera leerla desde el inicio. Esta persona encontrará que lo primero que la Biblia revela es que Dios es el Creador de todo lo que existe en el universo. Para tener una compresión de Su persona, Dios se revela como Creador antes de Salvador; sin embargo, como hemos visto, solo tendremos un conocimiento pleno de Dios por medio de la obra de nuestro Señor Jesucristo.

El libro de Génesis nos presenta esta verdad dando respuestas a una serie de preguntas que el ser humano se ha hecho a través de los siglos:

¿Quién soy?
¿De dónde vengo?
¿Adónde voy?

Estas preguntas han sido respondidas de diversas maneras con teorías especulativas que no han podido resistir ni siquiera el paso del tiempo. Sin embargo, cuando vamos a las Escrituras, nos damos cuenta de que sus respuestas son contundentes y satisfactorias para aquel que busca sinceramente la verdad y a quien Dios guía a encontrarla.

¿Quién soy? Soy creación de Dios. ¿De dónde vengo? De la acción creadora de Dios. ¿Adónde voy? Depende del propósito de Dios, que explicaremos en el desarrollo de este libro. Por eso comenzaremos por contestar la primera pregunta: ¿Quién soy? Soy creación de Dios.

¿QUIÉN SOY?

Es de vital importancia para el ser humano saber quién es en sí mismo. Desde tiempos muy remotos, las preguntas que ya hemos formulado han provocado la búsqueda incansable de respuestas porque los seres humanos somos buscadores empedernidos. R. C. Sproul describe muy bien esa búsqueda frenética del ser humano:

> Una búsqueda puede ser divertida: desde jugar a las escondidas hasta tratar de encontrar «huevos de Pascua» en el jardín de la Casa Blanca; desde buscar un punto clave donde los peces estén «picando» hasta la «cacería» de dulces en Halloween.

Una búsqueda puede ser inútil: desde el Diógenes de la antigüedad que examinaba los más oscuros rincones de Atenas con su linterna, buscando en vano un hombre honesto, hasta los caballeros medievales que buscaban el Santo Grial; desde la búsqueda de la piedra filosofal hasta lo obsesión por descubrir a Shangri-La.

Una búsqueda puede ser tediosa, y rendir frutos tras incontables horas y prolongados momentos de fracasos: Thomas Edison, al experimentar con miles de sustancias antes de hallar la apropiada para usarla como filamento incandescente; Jonas Salk, al atisbar a través de miles de microscopios antes de encontrar una vacuna para la polio.

Una búsqueda puede ser quijotesca: el alquimista que buscaba una fórmula para convertir el plomo en oro; Ponce de León tras la Fuente de la Juventud. Es buscar oro al final del arco iris y cazar fuegos fatuos con una red de mariposas.

Una búsqueda puede ser maníaca: el capitán Ahab que paseaba en barco su alma atormentada en aguas inexploradas, poniendo en peligro a su tripulación y su misión para vengarse de su odioso castigo, la gran ballena blanca Moby Dick.

El ser humano es un buscador por naturaleza. Ansía descubrir la nueva frontera, el horizonte perdido, la fórmula mágica y el máximo trofeo. Desde Nimrod al acecho del león hasta la persecución tenaz del cazador de criminales nazis Simon Wiesenthal tras Adolf Eichmann y el Dr. Josef Mengele, la cacería es feroz. Es Cristóbal Colón en busca de un nuevo mundo, Galileo en busca de una nueva luna alrededor de Júpiter y Christian Dior en busca de implantar una nueva moda.

Somos buscadores. Cazamos animales y gemas preciosas; buscamos una cura para el cáncer y un modo de resolver la deuda nacional. Buscamos trabajos, citas, gangas y

emociones. La búsqueda de la felicidad es nuestro derecho inalienable. Somos como Dorotea, en marcha para
ver el mago, al maravilloso mago de Oz. Sencillamente
buscamos de todo.[14]

¡Somos buscadores de respuestas y de significado! Pero la paradoja
es que aquello que buscamos también nos persigue. Como dice John
Stott citando a Malcolm Muggeridge:[15]

Tenía la sensación de que de algún modo, además de buscar, estaba siendo perseguido. Pisadas resonando detrás
de mí; una sombra me seguía [...] tan cerca que podía
sentir su aliento en mi cuello… Yo también estaba huyen-
do. Persiguiendo y siendo perseguido; el perseguidor y el
perseguido, la búsqueda y la huida…[16]

Los científicos, filósofos y religiosos han buscado respuestas, pero
su búsqueda no termina porque siempre surgen nuevas propuestas
que, según ellos, explican y justifican el origen de todo cuanto existe.
Siempre habrá posibilidad de nuevas versiones, de nuevas esperanzas
que se construyan al margen de lo que Dios ha revelado.

Una de las versiones más populares es la que dice que existimos como
producto de una gran explosión cósmica llamada *big bang*; otros dicen
que somos parte de un gran proceso de una cadena evolutiva; otros,
que venimos de seres extraterrestres que visitaron nuestro planeta. Y
así, cada quien da su respuesta de acuerdo a sus creencias, trasfondos,
formación, construcción social y cultural. Sin embargo, lejos de traer
soluciones, estas versiones atormentan más la vida del ser humano por
sus contradicciones y lo dejan cada vez más sediento de significado y
propósito. ¡Estas versiones humanas del origen de todo requieren más
fe! Como dice el autor Frank Turek, «no tengo la fe suficiente para
ser un ateo».

---

[14] R. C. Sproul, *La dignidad del hombre* (Miami, FL: Editorial Unilit, 1994), en la
introducción. Robert Charles Sproul, mejor conocido como R. C., es un teólogo, autor
y pastor norteamericano. Él es el fundador y presidente de Ministerios Ligonier.
[15] Malcolm Muggeridge fue un periodista británico y personalidad de la televisión.
[16] John Stott, *Por qué soy cristiano* (Barcelona, España: Publicaciones Andamio, 2007),
22-23. Stott fue una de las personas más influyentes del siglo xx y autor de numerosos
libros que tienen que ver con diferentes aspectos de la vida cristiana.

«En el principio creó Dios los cielos y la tierra» (Gén. 1:1). En esta porción de las Escrituras, Dios se revela a sí mismo como el Creador de todo lo que existe en el universo. De todo lo creado, nosotros los humanos somos la obra maestra de Dios y nos distinguimos del resto de la creación. ¿Por qué? Porque los humanos tenemos algo que no tiene el resto de lo creado y es la imagen y la semejanza de Dios:

> «Entonces dijo Dios: Hagamos al hombre a nuestra imagen, conforme a nuestra semejanza; y señoree en los peces del mar, en las aves de los cielos, en las bestias, en toda la tierra, y en todo animal que se arrastra sobre la tierra. Y creó Dios al hombre a su imagen, a imagen de Dios lo creó; varón y hembra los creó» (Gén. 1:26-27).

¿QUÉ SIGNIFICA SER HECHOS A IMAGEN Y SEMEJANZA DE DIOS?

El ser humano fue creado para ser diferente de todas las criaturas que habían sido hechas hasta entonces, porque fue creado a imagen y semejanza de Dios. Esta es una distinción peculiar, pero ¿en qué consiste esta imagen de Dios? No en las facciones del hombre; no en su inteligencia porque en ese sentido el diablo y los ángeles son muy superiores; no en su inmortalidad porque, a diferencia de Dios, no tienen una eternidad pasada a la vez que una futura.[17]

Se han planteado diversas propuestas a esta condición especial y única que el ser humano tiene y que lo distingue del resto de lo creado. La más convincente es que haber sido creado a imagen y semejanza de Dios tiene que ver con las disposiciones morales de su alma. *Imagen* y *semejanza* son términos muy parecidos, y James Swanson, experto en hebreo, nos presenta una ampliación del significado de estas palabras: «*imagen y semejanza*, o sea, aquello que sirve como modelo, molde, o ejemplo de algo».[18] La imagen y semejanza son reflejo de Dios, no en

---

[17] Robert Jamieson, Andrew R. Fausset y David Brown, *Comentario exegético y explicativo de la Biblia, Tomo 1: El Antiguo Testamento* (El Paso, TX: Casa Bautista de Publicaciones, 2003), 21.

[18] James Swanson, *Dictionary of Biblical Languages with Semantic Domains: Hebrew*, edición digital, también disponible en español, parte de Logos Bible Software (Bellingham, WA: Faithlife, 2014).

el sentido físico o corporal, puesto que Dios es espíritu. Es más bien en un sentido espiritual y moral.[19] Al ser creado a *imagen y semejanza* de Dios, el ser humano es una criatura superior al resto de la creación. Esa superioridad era para administrar el resto de lo creado:

> «Y creó Dios al hombre a su imagen, a imagen de Dios lo creó; varón y hembra los creó. Y los bendijo Dios, y les dijo: Fructificad y multiplicaos; llenad la tierra, y sojuzgadla, y señoread en los peces del mar, en las aves de los cielos, y en todas las bestias que se mueven sobre la tierra» (Gén. 1:27-28).

Esta gracia de Dios le otorga al ser humano una gran responsabilidad de trabajar y cuidar la creación; y por otro lado lo marca con una distinción especial por encima de todos los seres vivos. El ser humano también es un organismo viviente que se alimenta de materia orgánica y que cuenta con órganos especializados y un sistema nervioso central. Pero al ser hechos a imagen y semejanza de Dios, somos muy diferentes de los animales y de las plantas porque nuestro diseño y nuestras funciones difieren en muchos otros aspectos. Dios nos entregó conciencia e individualidad, la posibilidad de rendir cuentas; y con ello también nos delegó la autoridad para gobernar y la capacidad para administrar todo lo creado.

Ampliemos la idea anterior. Ser creados a imagen y semejanza de Dios significa que Él nos capacitó para gobernar y disponer de los recursos necesarios para controlar, dirigir, organizar y procurar el avance y desarrollo de todo lo creado. Los encargos de mayordomía y administración de la creación, primeramente a Adán y después a Eva, nos muestran cualidades que sobresalen en ellos como raza humana, pero que están ausentes en el resto de la creación. Por eso es importante que interpretemos Génesis 1:27-28 a la luz de Génesis 2:15-17 para tener una mayor comprensión de la distinción de imagen y semejanza:

> «Tomó, pues, Jehová Dios al hombre, y lo puso en el huerto de Edén, para que lo labrara y lo guardase. Y mandó Jehová Dios al hombre, diciendo: De todo árbol del

---

[19] Carroll Gillis, *El Antiguo Testamento: un comentario sobre su historia y literatura, Tomo 1* (El Paso, TX: Casa Bautista de Publicaciones, 1991), 161.

huerto podrás comer; mas del árbol de la ciencia del bien y del mal no comerás; porque el día que de él comieres, ciertamente morirás» (Gén. 2:15-17).

Dios les otorga a Adán y a Eva responsabilidades gerenciales sobre todo lo creado, que queda bajo su responsabilidad. Estos versículos recién leídos implican que el Señor le estaba delegando a Adán lo siguiente:

Trabajo. «Tomó, pues, Jehová Dios al hombre, y lo puso en el huerto de Edén, para que lo labrara…» (Gén. 2:15a). El trabajo no es un castigo de Dios para el ser humano porque no viene como consecuencia de la caída, sino que es una responsabilidad y un privilegio. Adán y Eva no habían caído y ya Dios había dispuesto que trabajaran. El trabajo se convirtió en una oportunidad para relacionarse con el Dios Creador y con la naturaleza.

Responsabilidad. «… y lo guardase» (Gén. 2:15b). La responsabilidad que Dios le asigna al ser humano es la de cultivar y guardar el jardín. No solo debía cultivarlo, sino cuidarlo en toda la extensión de la palabra. El ser humano no es señor de la creación; es solo un mayordomo (administrador) bajo las órdenes del verdadero dueño de todo lo creado.

Los seres humanos somos capaces de hacer uso de facultades intelectuales, espirituales y morales que el resto de la creación no tiene. Podemos razonar, organizar, planificar y evaluar. Es lamentable que cuando entró el pecado, los seres humanos usaron el poder y los privilegios recibidos para rebelarse contra su Dios y, por consiguiente, para atacar y abusar de todo aquello que debía administrar con justicia y orden. Podemos resumir que el significado de imagen y semejanza tiene que ver con las siguientes características:

- Significa que tenemos la capacidad de relacionarnos con Él.
  - Somos capaces de encarnar los atributos comunicables de Dios.[20] (Gén. 9:6b; Col. 3:10; Sant. 3:9b).

---

[20] Los atributos comunicables de Dios son aquellos que le pertenecen a Dios, pero que, de manera soberana, el Señor ha compartido con los seres humanos.

- Significa que tenemos una capacidad moral.
  - A diferencia de los animales y las plantas, no solo podemos comunicarnos con Dios, sino que también somos capaces de hacer las cosas que reflejan nuestra semejanza con Dios y por lo que deberemos rendir cuentas delante de Él. (Rom. 1:21; Rom. 2:14-15).

- Significa que tenemos dignidad.
  - Se puede definir dignidad como el valor intrínseco con que el ser humano fue creado. Este debe manifestarse también a través de la excelencia y el decoro que se muestran en esa vida recibida por el Señor. Dios se ha esmerado para darnos una vida que honre Su intención original. (Juan 10:10; Rom. 1:23-32).

- Significa que tenemos responsabilidad.
  - Somos responsables de nuestros actos. Es por esto que, cuando Adán y Eva pecaron, tuvieron que dar cuenta a Dios de lo que hicieron (Gén. 3:8-24).

Somos especiales, únicos, irrepetibles y privilegiados por haber sido hechos a imagen y semejanza de Dios. Estos privilegios deben llevarnos a la conciencia clara de la gran responsabilidad que tenemos al habernos hecho diferentes del resto de la creación.

RESUMEN DEL CAPÍTULO 1

(1) ¿Quién es Dios?

- a. Lo que sabemos de Dios viene por Su revelación.
- b. El carácter y las acciones de Dios siempre concuerdan.
- c. Dios es exclusivo.
- d. Dios es el Creador.

(2) ¿Quién soy?

- a. El hombre es un buscador de respuestas.
- b. La respuesta de los hombres (el *big bang*).
- c. La respuesta bíblica: soy creación de Dios (Gén. 1:27).

(3) ¿Qué significa ser hechos a imagen y semejanza de Dios?

    a. Tenemos trabajos y responsabilidades.
    b. Tenemos la capacidad de relacionarnos con Él (Col. 3:10).
    c. Tenemos una capacidad moral (Rom. 2:14-15).
    d. Tenemos una dignidad (Gén. 9:6b; Juan 10:10).
    e. Tenemos una responsabilidad (Gén. 3:8-24).

PARA ESTUDIAR

Dios se ha revelado en Su Palabra; ¿cuáles son las características que Dios ha dado a conocer de sí mismo en la Biblia?

¿Qué implica para nosotros conocer el carácter de Dios y Su modo de actuar?

¿Quiénes somos nosotros y cómo llegamos a este mundo?

¿Qué tenemos al haber sido creados a imagen y semejanza de Dios?

¿Cómo descubrimos la imagen de Dios en nosotros?

¿Qué implica prácticamente saber que somos creados por Dios?

DÍA 1

Reconoced que Jehová es Dios; Él nos hizo, y no noso-
tros a nosotros mismos; Pueblo suyo somos, y ovejas
de su prado (Sal. 100:3).

¿Qué pensamientos vienen a tu mente cuando piensas en las palabras «Él nos hizo, y no nosotros a nosotros mismos; Pueblo suyo somos, y ovejas de su prado?».

Esto es tanto una bendición como una responsabilidad. Es una bendición porque podemos estar seguros de que, como creación y propiedad de Dios, Él nos conoce a la perfección y sabe lo que podemos resistir física y emocionalmente; conoce nuestras habilidades e incapacidades y es por eso que cada día nos provee la fortaleza necesaria y nos da la oportunidad de cumplir Su voluntad. También es una bendición porque expresa que somos pueblo Suyo y ovejas de Su prado. En otras palabras, estamos protegidos por Él, estamos bajo Su cuidado perfecto. Dios no solo es nuestro Dios porque nos ordena obedecerlo, sino que también lo es en un sentido paternal; Él cuida de nosotros, nos protege, nos ama y vela por el bien de nuestras almas. Por eso, también es nuestro Padre celestial.

Pero también es una responsabilidad porque debemos reconocer esa verdad y vivir de acuerdo a ella. Cuando nos falte dinero para cubrir las necesidades de la casa, confiemos en que Dios cuidará de nosotros. Cuando enfrentemos críticas injustas de otros, confiemos que estamos en las manos de Dios. Cuando nos quedemos sin empleo, cuando todo parezca salir mal, cuando nos enfermemos de gravedad, cuando perdamos a un ser querido, cuando tengamos un accidente, cuando el negocio no salga bien, reconozcamos que Dios es Dios sobre todo, que Él nos hizo y somos pueblo y ovejas Suyas. Si te sientes tentado a quejarte o ponerte ansioso porque las cosas no salen como entiendes que es mejor, entonces recuerda que Dios es Dios y Él fue quien te hizo, no tú a Él.

Padre Santo, ayúdame cada día a reconocer que solo tú
eres Dios, que todo lo que soy te lo debo a ti. Te alabo
porque aunque eres todopoderoso y Dios del universo,
aun así te has acordado de mí. Amén.

¿QUÉ HAGO CON ESTO?

Si el salmo 100:3 dice: «Él nos hizo, y no nosotros a nosotros mismos», ¿crees que estás administrando tu vida conforme a su dueño?

DÍA 2

Así dice Jehová Dios, Creador de los cielos, y el que los despliega; el que extiende la tierra y sus productos; el que da aliento al pueblo que mora sobre ella, y espíritu a los que por ella andan (Isa. 42:5).

Algunos científicos atribuyen el origen del mundo y lo que en él hay a varias causas: la gran explosión cósmica o *big bang*. Le atribuyen la vida del hombre a la evolución; afirman que procedemos del mono y aducen que todo lo que ahora disfrutamos se debe a la habilidad del hombre. De hecho, este es un problema que caracteriza al hombre desde su primer pecado; Romanos 1:21-23 nos dice:

> «Pues habiendo conocido a Dios, no le glorificaron como a Dios, ni le dieron gracias, sino que se envanecieron en sus razonamientos, y su necio corazón fue entenebrecido. Profesando ser sabios, se hicieron necios, y cambiaron la gloria del Dios incorruptible en semejanza de imagen de hombre corruptible, de aves, de cuadrúpedos y de reptiles».

Desde sus inicios el ser humano ha tratado de vivir y de explicar la vida sin un Dios soberano. En la antigüedad se creaban sus propios dioses de piedra y madera; hoy la idolatría se ha trasladado al individuo, pero se sigue negando la existencia de un Dios soberano. Sin embargo, a pesar de todas las versiones o teorías filosóficas de ayer y de hoy, la Biblia nos da una respuesta absoluta a tan antiguo acertijo: nos dice que tú, yo y todo el universo somos producto de la mente y la obra creativa de Dios. Él nos hizo y, además, sostiene a toda Su creación por el poder de Su Palabra.

Así como la desgracia del hombre ha sido olvidar y despreciar a su Creador, así mismo la bendición, la sabiduría y el gozo están en reconocer que Dios es el Creador de todo y, por tanto, el único que da razón y propósito a la vida. Eso debe llenarnos no solo de alegría, sino también de tranquilidad y esperanza.

Señor, ayúdame cada día a entender el lenguaje
de la creación que a una canta reconociendo tu gloria.
Quiero ver tu gloria en la revelación de la creación.
Amén.

¿QUÉ HAGO CON ESTO?

Según lo aprendido en nuestro devocional de hoy, ¿cómo afecta tu estilo de vida saber que Dios es el Creador?

DÍA 3

Tus manos me hicieron y me formaron; hazme enten-
der, y aprenderé tus mandamientos (Sal. 119:73).

En una ocasión, alguien compra una sierra moderna de última tecnología, lo último en el mercado. El comprador muy feliz se dispone a usarla y, para su decepción, la sierra no funciona. Vez tras vez da con fuerza a la palanquita de encendido sin resultado alguno. Frustrado ve que su vecino viene de camino hacia él y amablemente le dice que debe presionar un botón de seguridad que elimina el bloqueo y permite que encienda. Pero el comprador ignora su consejo y le dice:

—Esta sierra está dañada.
—No, está bloqueada.

—Yo llevo más de quince años trabajando con sierras y usted trabaja en una oficina ¿Por qué cree que sabe más que yo para decirme cómo encender la sierra?

El vecino amablemente responde:

—Porque yo fui el que la hice. Yo soy el creador de esa nueva sierra.

El salmo de hoy nos habla de alguien que le suplica al Señor que esas manos divinas que lo formaron lo ayuden a entender y aprender los mandamientos de Dios y las leyes divinas. Dicho de otra manera, el autor está reconociendo que Dios es quien lo ha hecho y que, por lo tanto, desea que Él lo instruya.

Dios, como buen alfarero, nos tomó del polvo y con Sus manos nos formó. Nos dio Su imagen, la forma más perfecta que encontró, y luego sopló en nosotros el aliento de vida. Como Creador nuestro, Él es quien conoce la mejor manera de vivir y lo que más nos conviene. Es quien conoce el botón de seguridad para que podamos funcionar correctamente. Por lo tanto, busquemos siempre la guía de nuestro Dios en todos nuestros caminos y solamente en Él encontraremos entendimiento y aprenderemos a vivir vidas mejores cada día haciendo Su voluntad.

Señor mi Dios, gracias por tu gran amor. Guíame en todo momento a guardar tus palabras para así limpiar mis caminos. Amén.

¿QUÉ HAGO CON ESTO?

El Salmo 119:73 dice: «Tus manos me hicieron y me formaron...». Este texto muestra que Dios nos conoce profundamente. ¿Te esfuerzas tú en conocerlo personalmente a través de los medios que ha provisto?

DÍA 4

Porque en él fueron creadas todas las cosas, las que hay en los cielos y las que hay en la tierra, visibles e invisibles; sean tronos, sean dominios, sean principados, sean potestades; todo fue creado por medio de él y para él (Col. 1:16).

¿Cuáles son las cosas que más te asombran de la creación? ¿Los grandes mares? ¿Las montañas altas? ¿El gran esplendor de todos los seres vivientes o la espesura de los grandes bosques?

No importa cuál sea nuestra opinión con respecto al origen de la creación: todo lo que existe fue creado por Dios, desde una diminuta y laboriosa hormiga hasta las estaciones del año; todo fue creado por el poder de Su voz, por el alto designio de Su voluntad. Ahora bien, esta creación tiene una tarea hermosa: contar la gloria de Dios. Ella expresa la excelencia, la belleza, la sabiduría, el poder, el dominio y la soberanía de Dios. Así como cuando vemos una obra de arte hermosa o escuchamos una pieza musical que nos conmueve, reconocemos a su creador y queremos saber más sobre él, la creación apunta a Dios y debe movernos a considerar y reconocer a su Creador y querer saber más sobre Él.

Cuando solo contemplamos la hermosura de la creación, nos maravillamos de su belleza y perfección, no honramos su propósito. La creación no quiere que la miremos y pensemos en la sabiduría de «la madre naturaleza». No, ella nos apunta hacia Dios. Su propósito es guiar nuestra mirada hacia la gloria de Dios. No seguir esta guía es parte de nuestro pecado original (Rom. 1:19-21). Sin embargo, el propósito original de Dios es que disfrutemos de la creación, disfrutando de Su gloria. Existimos para darle gloria a Dios; no se trata de añadirle gloria, sino de reconocerla y proclamarla.

Démosle a Él toda la gloria, la honra, la alabanza, toda nuestra vida.

Te damos gracias, Señor, porque reconocemos que Tú has creado todo, ayúdanos a reconocer tu poder y a darte toda gloria por ello. Amén.

¿QUÉ HAGO CON ESTO?

A la luz de nuestro texto de hoy, ¿eres consciente de que formas parte de la creación y de que fuiste creado *para Él?*

DÍA 5

*Porque todo lo que Dios creó es bueno, y nada
es de desecharse, si se toma con acción de gracias
(1 Tim. 4:4).*

El veredicto final de Dios respecto a la creación fue que todo era bueno y se confirma a lo largo de toda la Biblia. Todo funcionaba a la perfección. Dios vio todo lo que había hecho y dijo que era bueno.

Sin embargo, hoy en día vemos los desastres naturales, el dolor, las enfermedades, las muertes y las guerras, y culpamos a Dios, pero no nos detenemos a analizar lo que sucedió en Génesis 3 y todo lo subsiguiente. Es el hombre quien ha alterado el funcionamiento de la creación al apartarse de Dios debido al pecado que mora en él. Es el hombre quien en su pecado de orgullo construye imperios a base de la destrucción, quien en su egoísmo vela por su bien a costa del de los demás, quien por su pecado no se entiende con los otros y causa las guerras; es el hombre quien mata, roba, viola, promueve la desigualdad social, provoca el desarrollo de nuevas enfermedades, provoca dolor y sufrimiento para los demás y para sí mismo.

Pero, gracias a Su amor, Dios nos da la oportunidad de volver a Sus brazos y a Su control, donde todo lo que hay es bueno. En Cristo, tenemos el perdón de Dios y la reconciliación con Dios que nos permitirá disfrutar del mayor bien posible, Cristo mismo. Solo en Él tenemos la esperanza de que, en el futuro, todo será reconstruido y moraremos con Cristo en una nueva tierra sin sufrimiento, dolor, desastres naturales, guerras, enfermedades ni muertes. ¡Gloria a Dios por Cristo!

*Maravilloso Dios, te alabamos porque todo lo que has
hecho es perfecto. Perdónanos por nuestros pecados*

43

que han afectado toda la creación. Ayúdanos a vivir
aferrados a ti y gracias por darnos la esperanza de una
nueva vida donde todo volverá a ser perfecto y el mal
ya no existirá. Amén.

¿QUÉ HAGO CON ESTO?

¿Cuáles actitudes y acciones presentes en tu vida hoy están provocando daños a la naturaleza y a sus criaturas?

DÍA 6

Señor, digno eres de recibir la gloria y la honra y el po-
der; porque tú creaste todas las cosas, y por tu volun-
tad existen y fueron creadas (Apoc. 4:11).

Dos niños, Pedrito y Juan, conversaban y cada uno hacía alarde de la grandeza de su padre.

—Mi papá es tan grande y fuerte que me regaló un carro hecho por él —dijo Pedrito.

—El mío es más grande que el tuyo porque me regaló un barco de verdad hecho por él mismo —dijo Juan con cara de haber ganado el debate.

—El mío es mucho más grande porque me regaló el mundo para que viva en él.

Esta vez Juan pensó un poco y al final dijo:

—Y el mío es más grande porque fue quien hizo el mundo y se lo vendió a tu papá.

Tan absurdo como pensar que un hombre creó el mundo es pensar que ese mundo y todo lo que en él hay se creó de la nada. Dios creó el universo y todo lo que hay en él; por tanto, solo Él es digno de recibir la gloria y la honra. No es una gloria inmerecida, sino que es una gloria que merece recibir, pues nadie hay más grande que Él y nadie más perfecto. Es inigualable y de Él procede todo el bien. Lo mejor que podemos hacer delante de Dios es caer postrados ante Su presencia para darle toda la gloria, la honra y el poder, y reconocer que es el único Creador de los cielos y la tierra, y de todo lo que en ella hay.

Padre Santo, ayúdame a que en todo momento pueda
darte el primer lugar de mi vida, solo tú eres merecedor
de ello. Amén.

¿QUÉ HAGO CON ESTO?

¿Es el Señor la verdadera razón de tu adoración? Ahora es un buen momento para reafirmar que Dios es el único que merece toda lo honra y la gloria.

PARTE II

¿QUÉ HA HECHO DIOS POR NOSOTROS?

Capítulo 2

SOMOS HIJOS DE DIOS

Mis padres murieron en mi adolescencia, pero nunca fui huérfana porque tengo un Padre en los cielos.
(Escuchado en una conversación)

«Todos somos hijos de Dios» es una expresión que he escuchado con cierta frecuencia y estoy seguro que tú también. Pero me pregunto: ¿qué hay de cierto en esa afirmación? ¿Realmente todos somos hijos de Dios? La repuesta es «sí» y «no». Es «sí» en el aspecto amplio del término, y es «no» en su aspecto restringido. En el sentido amplio del término, Dios es Padre de todos nosotros, los humanos. En ese sentido, Él es el Padre de toda la creación y todos, creyentes y no creyentes, somos hijos de Dios porque es Padre Creador de todo lo que existe. Hay algunos textos que confirman esta verdad:

> «¿No tenemos todos un mismo padre? ¿No nos ha creado un mismo Dios? ¿Por qué, pues, nos portamos deslealmente el uno contra el otro, profanando el pacto de nuestros padres?» (Mal. 2:10).

> «Siendo, pues, linaje de Dios, no debemos pensar que la naturaleza divina sea semejante a oro, plata o piedra, escul-

pidos por el arte y el pensamiento humano» (Hech. 17:29, LBLA).

Esto nos presenta a Dios como Creador y, por tanto, es el Padre de la creación, lo que quiere decir que todos venimos como resultado de Su obra creadora. Por eso el conocido experto en Nuevo Testamento, F. F. Bruce, al comentar sobre el texto de Hechos 17:29, explica:

> «Somos, pues, simiente de Dios, dice Pablo, no en algún sentido panteísta, sino en el sentido de la doctrina bíblica del hombre, como seres creados por Dios a Su propia imagen» (Gál. 3:26).[21]

Toda la humanidad es hija de Dios, ya que Él es el Creador. Otro autor, Craig Keener, lo confirma en su libro *Comentario del contexto cultural de la Biblia: Nuevo Testamento*:

> Por lo común, los judíos hablaban de Dios como de un padre para su pueblo (en el A.T., [véase] Deut. 32:6; Isa. 63:16; 64:8; Jer. 3:4). Pero los griegos, los judíos de la diáspora y algunos autores cristianos del segundo siglo hablaban de Dios como del padre del mundo en el sentido de creador, como aquí [en Hechos 17:29].[22]

John Stott también afirma esta paternidad de Dios sobre todo lo creado de una forma más amplia. Al comentar Hechos 17:28-29 afirma:

> Dios es el padre de todos los seres humanos: «como algunos de vuestros propios poetas también han dicho: Porque linaje suyo somos. Siendo, pues, linaje de Dios, no debemos pensar que la Divinidad sea semejante a oro, o plata, o piedra, escultura de arte y de imaginación de hombres». Esta segunda cita viene del autor del siglo III

---

[21] F. F. Bruce, *Hechos de los apóstoles: introducción, comentarios y notas* (Grand Rapids, MI: Libros Desafío, 2007), 399. El Dr. Bruce fue un teólogo escocés experto en el Nuevo Testamento.
[22] Craig S. Keener, *Comentario del contexto cultural de la Biblia: Nuevo Testamento* (El Paso, TX: Casa Bautista de Publicaciones, 2003), 373.

Aratus, quien viene de la ciudad de Cilicia de donde Pablo era nativo, puede que quizás se esté haciendo eco de un poema anterior del filósofo estoico Cleantes. Es notable que Pablo tenga citas de dos poetas paganos. Su precedente nos da garantías [justificación] para hacer lo mismo, e indica que destellos [percepciones] de verdad, que vienen de la revelación general, pueden ser encontrados en autores no cristianos. Al mismo tiempo necesitamos ejercitar precaución, al declarar que somos sus descendientes [«linaje suyo somos»], Aratus se refería a Zeus, y Zeus enfáticamente no es idéntico al Dios vivo y verdadero. ¿Pero es correcto decir que todos los seres humanos son descendientes de Dios [«linaje suyo somos»]? Sí, es correcto.[23]

Aun con las precauciones que Stott indica que debemos tener con este texto, podemos afirmar que Dios es el Padre de todo lo creado. Sin embargo, en el sentido restringido del término, no todos son hijos de Dios porque hijos son aquellos que ya han sido adoptados por Él, que se han convertido a Cristo. Encontramos apoyo en las Escrituras a esta verdad en los siguientes textos:

«Mas a todos los que le recibieron, a los que creen en su nombre, les dio potestad de ser hechos hijos de Dios; los cuales no son engendrados de sangre, ni de voluntad de carne, ni de voluntad de varón, sino de Dios» (Juan 1:12-13).

«Porque todos los que son guiados por el Espíritu de Dios, éstos son hijos de Dios» (Rom. 8:14).

«[P]ues todos sois hijos de Dios mediante la fe en Cristo Jesús» (Gál. 3:26).

«[P]ara que redimiese a los que estaban bajo la ley, a fin de que recibiésemos la adopción de hijos» (Gál. 4:5).

---

[23] John Stott, *The Message of Acts* (Downers Grove, IL: InterVarsity Press. 1990), 286.

Estos textos comprueban que solo aquellos que han confesado sus pecados a Dios, se han arrepentido y le han pedido perdón son hijos de Dios. Él no solo es su Padre Creador; también es su Salvador por medio de la obra de Cristo en la cruz. Como vemos aquí, la Biblia establece que son verdaderamente hijos de Dios aquellos que le han entregado sus vidas. En otras palabras, son hijos de Dios quienes se han convertido a Jesucristo.

¡Qué tremendo privilegio es ser llamados hijos de Dios! Debemos entender que no importa lo buenos que nos consideremos, ni las buenas obras que hayamos hecho, ya que nada de esto nos hace merecedores de ser llamados hijos de Dios. La única forma de ser Sus hijos es por medio de la conversión, es decir, entregando nuestra vida a Jesucristo. A continuación, veremos algunas diferencias en nuestras vidas antes y después de convertirnos a Cristo.

ANTES Y DESPUÉS

Antes de Cristo	Después de Cristo
Criaturas de Dios (Gén. 1:26)	Hijos de Dios (Juan 1:12)
Perdidos (Rom. 6:23a)	Salvados (Juan 3:16)
Separación de Dios (Rom. 3:23)	Comunión con Dios (Apoc. 3:20)
Impíos/muertos (Ef. 2:1)	Santos (1 Ped. 2:9)
Vivíamos en el pecado (Ef. 2:3)	Vivimos para Dios (Rom. 14:8)

La única manera que tenemos para llegar a ser hijos de Dios y, por consiguiente, que Él sea nuestro Padre es por medio de Jesucristo. A través de Él, somos adoptados; con esto queremos decir que Cristo nos hace hijos de Dios por medio de Su sacrificio en la cruz y por esa obra nos lleva a gozar del privilegio de ser hijos de Dios.

«[E]n amor habiéndonos predestinado para ser adoptados hijos suyos por medio de Jesucristo, según el puro afecto de su voluntad» (Ef. 1:5).

«Pues no habéis recibido el espíritu de esclavitud para estar otra vez en temor, sino que habéis recibido el espíritu de adopción, por el cual clamamos: ¡Abba, Padre!» (Rom. 8:15).

En la conversión suceden varias cosas en el mismo instante:

- Nos convertimos en hijos de Dios (Juan 1:12).
- Viene el Espíritu Santo a nuestras vidas (Gál. 4:6; Ef. 1:13).
- Tenemos dones para servirlo (Rom. 12:6-8; 1 Cor. 12:7-11; Ef. 4:11).

Todo esto acontece desde el mismo momento de nuestra conversión. Además de ser criaturas, ahora tenemos el privilegio de ser también hijos de Dios. Él viene a nuestra vida por medio de Su Espíritu Santo, que mora ahora en nosotros, para guiarnos, hablarnos, reprendernos, consolarnos, y muchas otras cosas más. Además de ser hijos de Dios, Su Espíritu Santo viene a morar en nosotros y nos otorga dones (capacidades espirituales) para servirlo.

NUESTRA ANTIGUA IDENTIDAD COMO HIJOS DE DIOS

Adán y Eva vivían en un ambiente de santidad y perfección que era aprobado totalmente por Dios, porque «vio Dios todo lo que había hecho, y he aquí que era bueno en gran manera» (Gén. 1:31). En ese ambiente, Adán y Eva tenían todo lo que necesitaban no solo porque toda la creación estaba a su disposición, sino que también porque tenían perfecta comunión con Dios, su Creador y su Padre. Dicen las Escrituras que Dios hablaba con Adán y no tenía miedo (Gén. 2:16-17), y que tanto Adán como Eva estaban desnudos, pero no se avergonzaban (Gén. 2:25).

LAS CONSECUENCIAS DE LA CAÍDA

Cuando leemos los cuatro primeros capítulos de Génesis, es fácil darnos cuenta de las consecuencias de la caída. Allí vemos lo que el pecado produjo en Adán y Eva, y, por consiguiente, en nosotros también. La pérdida de la inocencia produjo en ellos un conocimiento del mal que antes no tenían. Dicho en lenguaje informático, se podría decir que la caída hizo que se *instalara* la maldad en su *sistema operativo* humano.

Por la desobediencia de Adán y Eva, nosotros heredamos el pecado que también está presente en nuestro *sistema*. Todos nuestros pensamientos y acciones pecaminosas vienen como consecuencia de la caída de nuestros primeros padres, Adán y Eva, y junto con esa caída las consecuencias que a ella le acompañan. La Biblia dice:

«No obstante, reinó la muerte desde Adán hasta Moisés, aun en los que no pecaron a la manera de la transgresión de Adán, el cual es figura del que había de venir» (Rom. 5:14).

La Nueva Traducción Viviente lo traduce:

«Sin embargo, desde los tiempos de Adán hasta los de Moisés, todos murieron, incluso los que no desobedecieron un mandamiento explícito de Dios como lo hizo Adán» (Rom. 5:14 NTV).

Al examinar la vida de esa primera familia, nos damos cuenta de las consecuencias inmediatas. He aquí algunas de ellas:

Vergüenza. «Entonces fueron abiertos los ojos de ambos, y conocieron que estaban desnudos; y cosieron hojas de higuera y se hicieron delantales» (Gén. 3:7, LBLA). Cosieron para sí vestimentas para cubrir su vergüenza. Todos los seres humanos de alguna manera siguen haciendo lo mismo: tratan de cubrir todo aquello que les avergüenza.

Culpa. «Y oyeron al Señor Dios que se paseaba en el huerto al fresco del día; y el hombre y su mujer se escondieron de la presencia del Señor Dios entre los árboles del huerto» (Gén. 3:8). Al que sabe que hizo algo malo y no se arrepiente, la culpa lo consume. Hay culpa buena[24] que nos lleva al arrepentimiento. Pero aquí Adán y Eva huyen porque saben que están mal, sin arrepentirse de su desobediencia.

Miedo. «Y él respondió: Te oí en el huerto, y tuve miedo porque estaba desnudo, y me escondí» (Gén. 3:10, LBLA). La voz que antes los deleitaba ahora les produce miedo. El miedo viene por la falta de comunión con un Dios santo y bueno. El Dios cercano ahora se ha convertido en un extraño y lo han hecho lejano.

Ira. «[P]ero a Caín y su ofrenda no miró con agrado. Y Caín se enojó mucho» (Gén. 4:5a, LBLA). En Génesis, leamos:

---

[24] Podemos definir como *culpa buena* aquella carga en nuestras conciencias que nos hace sentir mal por lo malo que hemos hecho. Esa *culpa buena* se evidencia por la mortificación que nuestra conciencia produce en nosotros; nos lleva a la convicción del pecado y nos lleva a arrepentirnos por lo que hicimos y a pedirle perdón al Señor por esos pecados cometidos.

«Conoció Adán a su mujer Eva, la cual concibió y dio a luz a Caín, y dijo: Por voluntad de Jehová he adquirido varón. Después dio a luz a su hermano Abel. Y Abel fue pastor de ovejas, y Caín fue labrador de la tierra. Y aconteció andando el tiempo, que Caín trajo del fruto de la tierra una ofrenda a Jehová. Y Abel trajo también de los primogénitos de sus ovejas, de lo más gordo de ellas. Y miró Jehová con agrado a Abel y a su ofrenda; pero no miró con agrado a Caín y a la ofrenda suya. Y se ensañó Caín en gran manera, y decayó su semblante. Entonces Jehová dijo a Caín: ¿Por qué te has ensañado, y por qué ha decaído tu semblante? Si bien hicieres, ¿no serás enaltecido? y si no hicieres bien, el pecado está a la puerta; con todo esto, a ti será su deseo, y tú te enseñorearás de él. Y dijo Caín a su hermano Abel: Salgamos al campo. Y aconteció que estando ellos en el campo, Caín se levantó contra su hermano Abel, y lo mató» (Gén. 4:1-8).

La ira se apodera de Caín cuando Dios rechaza su ofrenda y no solo se enoja contra Dios, sino también contra su hermano a quien termina matando. La ira es una de las expresiones de la frustración mal canalizada. Cuando los resultados no llenan nuestras expectativas, hay momentos en que tenemos la tendencia a canalizar mal nuestras frustraciones y la ira es una de ellas.

Depresión. «[Y] decayó su semblante» (Gén. 4:5b). La depresión es otra de nuestras reacciones cuando nuestras expectativas no son satisfechas. Caín quería que la ofrenda que había hecho fuera recibida, pero, al ver que no fue aceptada, se deprimió. En ocasiones, la depresión es una reacción que viene a nuestro corazón cuando nuestro *ego* no se satisface, en otras palabras, cuando no recibimos lo que esperamos. Entonces podemos decir que la depresión no viene por lo que otros creen de nosotros, sino por lo que nosotros creemos de nosotros mismos. Nos sentimos mal y en ocasiones reaccionamos con ira y en otras nos deprimimos como es el caso de Caín.

Sin embargo, a pesar de la herencia del pecado de Adán y Eva, un nuevo Adán ha *instalado* otro *software* en nuestro *sistema operativo* que no anula el otro, pero lo combate y lo compensa de una manera excelente. La Biblia dice:

«... el cual es figura del que había de venir [Cristo]» (Rom. 5:14b).

«Porque así como en Adán todos mueren, también en Cristo todos serán vivificados» (1 Cor. 15:22).

Por Adán vino la muerte; por Cristo entró la vida. Por Adán entró la condenación; por Cristo vino la salvación. Por Adán vino la caída; por Cristo vino la restauración. Por Adán se rompió la comunión con Dios; por Cristo nos convertimos en hijos de Dios. Mira lo que Pablo le dice a los romanos:

> «Así que, como por la transgresión de uno vino la condenación a todos los hombres, de la misma manera por la justicia de uno vino a todos los hombres la justificación de vida. Porque así como por la desobediencia de un hombre los muchos fueron constituidos pecadores, así también por la obediencia de uno, los muchos serán constituidos justos» (Rom. 5:18-19).

¡Hermosa declaración! Ya somos justificados en Cristo y ninguna condenación hay para los que están en Él (Rom. 8:1). Por la obra de Adán llegó la maldición; por la obra de Cristo llegó la bendición y la restauración de lo que habíamos perdido. Al ser hijos de Dios, lo que perdimos en Adán ahora se nos restaura por medio de la obra de Cristo. Ahora tenemos una nueva identidad en Cristo como hijos de Dios. Es un gran alivio saber que todo aquello que perdimos en Adán ahora lo tenemos en Cristo.

- **Comunión restablecida:**
  - Como hijos de Dios (Juan 1:12)
  - Como amigos de Cristo (Juan 15:15)
  - Porque ahora somos justificados (Rom. 5:1)
  - Porque ahora somos santos (Ef. 1:1)
  - Porque estamos completos en Cristo (Col. 2:10)

- **Misión delegada:**
  - Ser sal y luz de la tierra (Mat. 5:13-14)
  - Llevar frutos (Juan 1:1,15)

- ○ Ser testigos de Cristo (Hech. 1:8)
- ○ Ser embajadores de Cristo (2 Cor. 5:20)
- ○ Trabajar para Cristo (Ef. 2:20)

- **Destino asegurado:**
  - ○ Estoy libre de condenación (Rom. 8:1-2)
  - ○ Estoy libre de todo cargo condenatorio (Rom. 8:31-34)
  - ○ Nada me puede separar del Señor (Rom. 8:35-39)
  - ○ Soy ciudadano del cielo (Fil. 3:20)
  - ○ Estoy escondido en Cristo (Col. 3:3)

Ser hijos de Dios es un gran privilegio, pero también una gran responsabilidad porque como hijos Suyos debemos ser dignos representantes de nuestro Padre celestial. La Biblia dice en Efesios 2:9 que somos nuevas criaturas, para que andemos en las buenas obras que Dios preparó de antemano. Somos hijos de Dios para dar testimonio de la gloria de nuestro Señor a todo el mundo.

RESUMEN DEL CAPÍTULO 2

(1) ¿Por qué hijos de Dios?

a. En el sentido amplio del término, Dios es Padre de todos nosotros, los humanos (Mal. 2:10; Ef. 3:14-15).

b. En el sentido restringido del término, no todos son hijos de Dios porque hijos de Dios son aquellos que ya han sido adoptado por el Padre como Sus hijos (Juan 1:12-13; Rom. 8:14; Gál. 3:26; 4:5).

(2) ¿Cómo se llega a ser «hijo de Dios» en el sentido más íntimo de la palabra?

a. La única manera por la que llegamos a ser hijos de Dios y que Dios sea nuestro Padre es por medio de Jesucristo (Ef. 1:5; Rom. 8:15).

b. Son verdaderamente hijos de Dios aquellos que han entregado sus vidas a Él.

(3) ¿Qué obtenemos al entregarnos a Dios?

a. Nos convertimos en hijos de Dios (Juan 1:12).

b. Viene el Espíritu Santo a morar a nuestras vidas (Gál. 4:6).

c. Tenemos dones para servirle (Rom. 12:6-8).

(4) Las consecuencias de la caída

a. Vergüenza
b. Culpa
c. Miedo
d. Ira
e. Depresión

(5) Todo lo que Adán y Eva perdieron, lo recuperamos en Cristo

a. Comunión restablecida
b. Misión delegada
c. Destino asegurado

PARA ESTUDIAR

Antes de Cristo		Después de Cristo	
_____	(Gén. 1:26)	_____	(Juan 1:12)
_____	(Rom. 6:23a)	_____	(Juan 3:16)
_____	(Rom. 3:23)	_____	(Apoc. 3:20)
_____	(Ef. 2:1)	_____	(1 Ped. 2:9)
_____	(Ef. 2:3)	_____	(Rom. 14:8)

Comparta con alguien el siguiente versículo:

«Porque de tal manera amó Dios al mundo, que ha dado a su Hijo unigénito, para que todo aquel que en él cree, no se pierda, mas tenga vida eterna» (Juan 3:16).

Para pensar:

¿Cómo describirías tu vida frente a Dios en este momento?

¿Cuál de las siguientes afirmaciones se aplica a tu vida?
○ Soy un hijo de Dios, ya que he recibido por los méritos de Cristo en la cruz Su salvación.

○ Soy un hijo de Dios (en el sentido amplio), pero aún no he entregado en arrepentimiento mi vida a Cristo.
○ Ahora entiendo lo que significa llegar a ser un hijo de Dios en Cristo. Yo quiero recibir el regalo de la salvación.

Día 1

*Entre tanto que tenéis la luz, creed en la luz, para que
seáis hijos de luz (Juan 12:36).*

Ya hemos aprendido que no todos son hijos de Dios. Todos somos criaturas, pero hijos adoptados de Dios somos solo aquellos que hemos creído en la luz, en Cristo. La única manera de ser Sus hijos es entregarle nuestro corazón y creer en Él para la salvación; es decirle: «Perdóname; toma el control de mi vida y de ahora en adelante ayúdame a vivir según tu voluntad». Ninguna obra que hagamos nos puede dar ese privilegio, ya que solo Su amor y Su infinita misericordia pueden hacerlo. Ser hijos de Dios es un privilegio solo para aquellos que le hemos entregado nuestra vida, que hemos renunciado a nuestra vida pasada y que vivimos una nueva en el poder del Espíritu Santo.

Es preciso entender que creer en Cristo implica más que una mera aseveración intelectual; implica descansar en Él como único y suficiente Salvador.

Cuenta una anécdota que en una ocasión un alpinista decidió irse a escalar una montaña en medio de la nieve sin ningún acompañante. Por el arduo trabajo que implicaba su travesía, se le hizo muy tarde y oscureció, y, como si fuera poco, en un momento perdió el equilibrio y resbaló. Gracias a sus equipos, quedó suspendido en el aire, pero no sabía cuánto había caído y no podía ver nada como para tratar de salvarse. Entonces, comenzó a orar a Dios:

—Señor sálvame de mi infortunio. Nunca te he pedido nada; por favor, esta vez sálvame, creo en ti.

—¿De verdad crees en mí? —preguntó Dios.

—Sí, Señor creo en ti; sálvame porque moriré congelado.

—Pues entonces corta la soga que te sostiene, que yo te salvaré —respondió Dios.

Al otro día, los noticieros anunciaron la muerte de un alpinista congelado suspendido de una soga, a solo un metro de distancia del suelo.

Creer en Cristo implica renunciar a todos los medios humanos para intentar salvarnos y descansar en que Él es nuestra salvación.

*Señor, ayúdame a creer y descansar en Cristo como mi
único Salvador cada día de mi vida. Amén.*

¿QUÉ HAGO CON ESTO?

¿Es Cristo la luz de tu vida? Si no lo es, ¿qué impide que lo sea
en este momento?

DÍA 2

*Y por cuanto sois hijos, Dios envió a vuestros
corazones el Espíritu de su Hijo, el cual clama:
¡Abba, Padre! (Gál. 4:6).*

Cuando nacemos, traemos con nosotros características establecidas
de nuestra familia. Biológicamente tenemos características genéticas
que nos hacen parecer a nuestros padres; obtenemos a través de ellos
nuestra nacionalidad aquí en la tierra y por su tutoría aprendemos a
ser individuos sociales.

De igual manera sucede cuando nacemos de nuevo como hijos
de Dios. Hay una marca, una característica particular que viene
inmediatamente a nuestras vidas, el Espíritu Santo, quien es enviado a estar con nosotros, nos da el pensamiento de Jesús y el poder
para vivir una vida como la de Cristo. Tal como poseemos genes
de nuestros padres físicos, todos aquellos que somos hijos de Dios
también poseemos al Espíritu Santo dentro de nosotros. Este es el
sello de Dios que nos identifica como Sus hijos, como ciudadanos
del cielo.

Es gracias a este sello del Espíritu Santo en nosotros que podemos
tener y disfrutar la confianza de acercarnos al Padre celestial cuanta
veces queramos, hablar con Él, abrirle nuestros corazones y desahogar
nuestras penas, refugiarnos en Él, contar con Su consuelo y pedirle Su
ayuda. ¡Qué gran privilegio! No hay otro más grande que poder entrar
con confianza al trono del Dios Creador y Sustentador del universo.
No hay visita al palacio de ningún presidente o rey en la tierra que

se compare con el enorme privilegio de entrar a la presencia del Dios de los cielos y la tierra, del Rey de reyes, del Dios que pone y quita presidentes y reyes en el mundo.

Padre amado, ayúdame a llevar con gozo el sello de
tu Espíritu Santo; ayúdame a comportarme cada día
como un hijo tuyo y disfrutar de ti como el enorme
privilegio que es. Amén.

¿QUÉ HAGO CON ESTO?

¿Estás disfrutando del enorme privilegio de una relación con Dios? ¿Estás disfrutando de tu relación con Él como un privilegio o como algo ordinario?

Día 3

Así que ya no eres esclavo, sino hijo; y si hijo, también
heredero de Dios por medio de Cristo (Gál. 4:7).

En Jamaica, el predicador bautista William Knibb (1803-1845) hizo una fosa y comenzó a exclamar: «¡El monstruo se está muriendo!». Al dar las doce de la noche gritó: «¡El monstruo ha muerto!», y enterró un látigo y unas cadenas que hoy pueden verse en la Casa Bautista de Londres, Inglaterra. La exclamación «¡El monstruo ha muerto!» significaba que la esclavitud había sido abolida.

Esa misma noche, otros esclavos congregados en la cercana isla de Antigua estaban tan impresionados con lo que ocurría en torno a su liberación que estaban estupefactos, pero de repente cayó un rayo y, como si despertaran, comenzaron a cantar y a abrazarse.

Nosotros no solo contamos con la libertad de las cadenas humanas, sino también con la libertad espiritual. La Biblia es bastante clara al referirse a nuestro estado sin Cristo como esclavitud espiritual, muerte espiritual y mente depravada. Éramos esclavos del pecado; nuestra voluntad estaba atada a nuestra naturaleza pecaminosa. Así como un cerdo prefiere el lodo en vez del agua limpia, del mismo modo nosotros preferíamos el pecado en vez de la santidad de Dios.

Como bien dijo Agustín de Hipona, «somos libres para hacer lo que queramos, pero no somos libres para querer lo que debemos querer». Nuestros pensamientos eran de continuo hacia el mal, y aunque no todos éramos tan malos como podíamos ser, todos nos desviamos de Dios para hacer lo que queríamos a nuestro modo. Pero no nos dábamos cuenta de que estábamos obedeciendo los designios de la carne y éramos cautivos de Satanás (2 Tim. 2:25-26).

Pero gloria a Dios que nuestra esclavitud fue abolida por Jesús con Su sangre en la cruz del Calvario, la cual nos ha convertido en hijos de Dios juntamente con Cristo. Ahora somos libres para hacer la voluntad de Dios no solo porque tenemos el Espíritu Santo que nos capacita, sino que también un nuevo deseo por hacer la voluntad de Dios ha nacido en nuestros corazones. Ahora somos libres para querer lo que debemos querer y para hacer lo que debemos hacer.

Gracias, Padre, por esa libertad preciosa que me has dado, y gracias porque me has convertido en tu hijo. Amén.

¿QUÉ HAGO CON ESTO?

La esclavitud espiritual es abolida en la cruz de Cristo. ¿Vives como esclavo o como hijo?

Día 4

*[E]n amor habiéndonos predestinado para ser adopta-
dos hijos suyos por medio de Jesucristo, según el puro
afecto de su voluntad (Ef. 1:5).*

La gran inmigración que llegó a la ciudad de Nueva York en el año
1850 trajo consigo el crecimiento de un gran número de huérfanos,
a quienes nadie podía cuidar, excepto el pastor Charles L. Brace.
Horrorizado por la situación de los niños, tuvo una fabulosa idea: *el
tren de los huérfanos*. Consistía en llevar a cientos de estos huérfanos
en un tren que viajaba por todo el oeste de Estados Unidos. Al pasar
por cada uno de los pueblos, anunciaba que cualquiera podía pedir
un niño o niña en adopción. El último de estos trenes viajó en 1929 y
para entonces 100.000 huérfanos habían encontrado nuevos hogares
y nuevas vidas.

Del texto y la historia podemos aprender dos cosas:

> Lo primero es que a diario Dios nos da la oportunidad de
> montarnos en ese tren espiritual y encontrar una nueva
> vida que solo Él, según el puro afecto de Su voluntad,
> nos puede dar. ¡Aprovechémosla! En Cristo podemos ser
> adoptados como hijos de Dios y disfrutar de ese enorme
> privilegio.
>
> Lo segundo es que, si ya eres un hijo de Dios que dis-
> fruta de una relación con Él, debería inquietarte y ho-
> rrorizarte el hecho de que haya tantas personas que no
> conocen a Dios y vagan por el mundo sin Su Paternidad,
> vagando como ovejas sin pastor y con un fin miserable.
> Utiliza el tren de la evangelización y hazle saber a todos
> la oportunidad que Dios ha dado de ser hijos adoptados
> por la fe en Cristo.

*Oh, Señor, ¿qué sería de mí si tu amor y voluntad no
me hubieran alcanzado? Simplemente sería un huér-
fano más en este mundo. Ayúdame a extender hacia
otros por gracia lo que por gracia me ha sido dado.
Amén.*

¿QUÉ HAGO CON ESTO?

¿Qué estás haciendo como un hijo de Dios para que otros huérfanos sean adoptados por Dios?

DÍA 5

Sed, pues, imitadores de Dios como hijos amados (Ef. 5:1).

Cuando somos pequeños, anhelamos ser como nuestros padres, queremos hacer todo como ellos lo hacen, queremos desarrollar las mismas profesiones que tienen y nos comportamos según su ejemplo.

Sin embargo, resulta bastante chocante conocer a tantas personas que dicen ser hijos de Dios, pero cuyas vidas no reflejan el carácter, los modales ni la conducta de su Padre. Como hijos de Dios, debemos imitar el comportamiento y la forma de pensar de nuestro amado Padre celestial, procurando cada día la pureza en nuestras vidas, siendo ejemplo de amor y honestidad ante el mundo que nos rodea.

Como hijos de Dios somos llamados a reflejar a Dios en nuestras vidas. Debemos ser lumbreras que señalan hacia Dios, haciendo que nuestras vidas sean tales que el mundo nos odie o desee saber más acerca de nuestro Dios.

Tal como lucen las estrellas en el firmamento, así Dios luce muy pequeño, pero es inmensamente más grande que nuestro pequeño sistema solar. Tú y yo somos como telescopios, que, usados de manera correcta, podemos servir para reflejar a Dios de una manera más cercana en nuestra realidad. Pero también es posible que con nuestro mal testimonio podamos ser como un telescopio usado al revés, ya que haremos que Dios luzca ante los demás aún más pequeño en nuestras vidas.

Bondadoso Dios, gracias porque me has convertido en tu hijo; quiero cada día que la gente vea tu rostro a través de mí, que mi forma de andar en este mundo sea un reflejo tuyo. Amén.

¿QUÉ HAGO CON ESTO?

¿Refleja tu vida a Dios de una manera más cercana a la realidad? Cuando los demás miran tu vida, ¿ven a un Dios pequeño o a un Dios grande?

Día 6

Mirad cuál amor nos ha dado el Padre, para que seamos llamados hijos de Dios; por esto el mundo no nos conoce, porque no le conoció a él (1 Jn. 3:1).

El amor que Dios nos tiene es tan profundo que nos resulta difícil comprenderlo. Nos llega atravesando este mundo oscuro y pecador, a pesar de que no hay manera de que lo podamos merecer. Fuimos nosotros quienes pecamos contra Él y lo ofendimos, desechándolo como el Dios de nuestras vidas, y haciéndonos dioses a nuestra imagen y semejanza. En la práctica le dijimos: «Queremos ser nuestro propio dios», rechazamos Su bondad y nos creímos con el derecho de hacer lo que quisiéramos, cuando por derecho de creación, Dios es dueño de todo.

En mis pensamientos puedo ver al Señor creando las grandes montañas y los hermosos valles; lo imagino creando los poderosos océanos y hermosos lagos. Luego lo veo hacer una pausa y contemplar cuán buena y hermosa es Su creación, el lugar donde nacería Su Hijo; lo imagino mirando desde ese entonces la escena de la crucifixión de Jesús y sabiendo que esto pasaría (y aun así lo envió a morir por ti y por mí). A pesar de que ni tú ni yo merezcamos para nada Su bondad, Él nos amó de tal manera que proveyó un medio para salvarnos de Su ira justa contra nuestros pecados.

Fue debido al gran amor de Dios que Jesús vino a la tierra para ser crucificado, y así pagar la pena por nuestros pecados; un amor diferente a todos, un amor tan grande que nos convierte en hijos de Dios.

*Padre Santo, nada puedo hacer para pagar tu amor,
sino entregarte mi corazón para que solo tú seas el
dueño de él. Amén.*

¿QUÉ HAGO CON ESTO?

Piensa brevemente acerca del amor de Dios por ti. Ahora responde lo siguiente: ¿es el amor a Dios la motivación de todas las acciones en tu vida?

Capítulo 3

¿ESTÁS SEGURO?

Un insensato no aprende nada de su vida pasada;
pero el sabio ha aprendido el arte de examinar y
reexaminar continuamente su propia conducta. Su
meta es evitar la repetición de sus dolorosos erro-
res del pasado. La memoria es su libro de referen-
cia constante. Su ambición es llegar a ser perfecto
en sus caminos. [...] La conciencia es el policía del
alma; pero la memoria es el bibliotecario del alma.

Maurice Roberts[25]

La historia registra el 12 de octubre de 1492 como el día del descubrimiento del continente que hoy llamamos América. La figura principal de este suceso, que cambió la historia, fue Cristóbal Colón, el navegante genovés. La llegada de Colón a América marcó un hito en la historia por tratarse de un continente grande y rico. Sin embargo, algunos prefieren referirse a este suceso como un encuentro entre dos culturas, en vez de un simple descubrimiento. Cristóbal Colón, en su

---

[25] Maurice Roberts es un pastor, editor y autor inglés nacido en 1938. Fue director de la prestigiosa revista *The Banner of Truth* de 1988 a 2003.

afán de encontrar un camino más corto y más seguro hacia las Indias Orientales (que comprendía todo el sudeste y sur de Asia), cambió la ruta tradicional hasta encontrarse con el nuevo continente. Pero algunos historiadores señalan que Colón murió creyendo que solo había encontrado otro camino hacia las Indias Orientales.

De ser cierta esta última afirmación, podríamos decir que murió con una convicción infundada y que vivió parte de su vida autoengañado. Creo que las convicciones por sí solas no sirven de mucho si no están fundamentadas en la verdad. La posibilidad de autoengañarse es muy común. Esto implica convencerse a uno mismo de algo que no es verdad. Hay veces que creer en algo incorrecto no tiene consecuencias, pero, cuando ese autoengaño tiene que ver con la vida espiritual y nuestra relación con Dios, las consecuencias pueden ser irreversibles y eternas. Por ejemplo, ¿qué consecuencias puede acarrear creer que uno es cristiano y realmente no serlo? La consecuencia es la perdición eterna. Por eso, en este capítulo veremos cómo puede una persona saber que es cristiana.

No se es cristiano por levantar la mano en un culto de una iglesia, ni tampoco por repetir una oración, ni por hacer un «pacto» con Dios. Ser cristiano es un acto que se origina en el corazón de Dios y se materializa cuando la persona entiende el evangelio y, guiado por el Espíritu Santo, confiesa, se arrepiente y pide perdón por sus pecados. Es imprescindible que una persona que cree estar en los caminos del Señor esté segura de que ha tenido una conversión real.

Hace muchos años estuve en una reunión de líderes donde el predicador hablaba de la necesidad de que los líderes allí presentes estuvieran seguros de ser cristianos. Al terminar la reunión pude ver cómo una cantidad considerable de personas que decían ser líderes cristianos confesaban sus pecados, dramáticamente le pedían perdón al Señor y se convertían a Él. ¿Entiendes lo que digo? ¡Se trataba de una reunión de líderes! Se suponía que todos eran cristianos; sin embargo, no era así. Debe ser trágico estar en una iglesia toda la vida y, peor aún, servir como líder, pero sin ser creyente. Este capítulo trata de cómo estar seguro de que eres un creyente, un verdadero cristiano.

Para que podamos explicarte mejor este plan, permítenos antes que nada hacerte dos preguntas que, a la luz de la Biblia, son muy importantes; es más, resulta imprescindible saber las respuestas para poder continuar con la explicación:

- Primera pregunta:
  - ¿Has llegado al convencimiento espiritual de que, si murieras hoy, irías al cielo?

- Segunda pregunta:
  - Si llegaras al cielo y Dios te preguntara: «¿Por qué debo permitirte entrar al cielo?», ¿qué le contestarías?

ALGUNOS ASPECTOS IMPORTANTES DEL PLAN DE DIOS PARA DARNOS VIDA ETERNA[26]

El cielo es un regalo: es algo que simplemente se recibe por medio de la fe en Cristo. No podemos comprarlo ni tampoco lo merecemos. En otras palabras, no somos capaces de hacer nada para obtenerlo porque ese cielo, que es real, le pertenece a Dios y Él lo regala a quién Él desea. La Biblia dice:

> «[M]as la dádiva [el regalo] de Dios es vida eterna en Cristo Jesús Señor nuestro» (Rom. 6:23b).

Debido a que el cielo es un regalo de Dios y, como todo auténtico regalo, no puede ganarse, ni tú, ni yo, ni nadie puede merecerlo, comprarlo o ganárselo. La Biblia dice:

> «Porque por gracia sois salvos por medio de la fe; y esto no es de vosotros, pues es don de Dios; *no por obras*, para que nadie se gloríe» (Ef. 2:8-9, énfasis añadido)

Como consecuencia, es imposible «autosalvarnos»; ese concepto no existe en la Biblia. Esto quiere decir que ni tú ni nadie podrá entrar al cielo por ningún esfuerzo personal, por ninguna buena obra, ni por ninguna actividad religiosa. El ser humano no puede pretender bajo ningún aspecto obtener la vida eterna por sus propios medios o méritos.

El hombre es pecador: «[P]or cuanto todos pecaron, y están destituidos de la gloria de Dios» (Rom. 3:23).

---

[26] He tomado parte del bosquejo usado en *Evangelismo explosivo*. Usado con permiso.

Pecar es violar la ley de Dios. Por esa razón, el ser humano *no puede* salvarse a sí mismo. Si estás deseando salvarte por tu buena conducta, ¿sabes cuán bueno deberías ser? La Biblia dice que tienes que ser perfecto:

> «Sed, pues, vosotros perfectos, como vuestro Padre que está en los cielos es perfecto» (Mat. 5:48).

> «Porque cualquiera que guardare toda la ley, pero ofendiere en un punto, se hace culpable de todos» (Sant. 2:10).

Dios es misericordioso: Él *no desea castigarnos*; la Biblia dice:

> «Dios es amor» (1 Jn. 4:8b)

> «Con amor eterno te he amado» (Jer. 31:3b).

Sin embargo, la misma Biblia que dice que Dios es amor también dice que *Dios es justo* y, por lo tanto, debe *castigar al pecador*.

> «[N]o tendrá por inocente al culpable» (Nah. 1:3b).

> «[E]l alma que pecare, esa morirá» (Ezeq. 18:4).

Jesucristo: ¿quién es Jesucristo? No todo el mundo ha contestado correctamente esta pregunta. Nuestro mismo Señor se la hizo a Sus discípulos:

> «Viniendo Jesús a la región de Cesarea de Filipo, preguntó a sus discípulos, diciendo: ¿Quién dicen los hombres que es el Hijo del Hombre? Ellos dijeron: Unos, Juan el Bautista; otros, Elías; y otros, Jeremías, o alguno de los profetas. Él les dijo: Y vosotros, ¿quién decís que soy yo? Respondiendo Simón Pedro, dijo: Tú eres el Cristo, el Hijo del Dios viviente» (Mat. 16:13-16).

Puedes notar que el pueblo estaba algo confundido respecto a la verdadera identidad de Jesucristo. A través de los siglos, no todo el mundo ha tenido una idea clara de la verdadera identidad de Jesús.

Para los musulmanes, por ejemplo, Jesús fue un profeta más; para los gnósticos, un maestro iluminado; para los hindúes, una reencarnación de algún gurú; para algunos marxistas, un gran revolucionario. Así cada quien ha formado en sus mentes el Jesús que ellos quieren o en que prefieren creer. Pero estas versiones dicen más de quienes las han creado que de Cristo mismo. La Biblia dice claramente quién es Jesús:

> Jesús es el Cristo (Mesías): «Respondiendo Simón Pedro, dijo: Tú eres el Cristo, el Hijo del Dios viviente» (Mat. 16:16).

> Jesús es el Hijo de Dios: «el Hijo del Dios viviente» (Mat. 16:16).

> Jesús es Dios encarnado: «En el principio era el Verbo [Jesús], y el Verbo era con Dios, y el Verbo era Dios. [...] Y aquel Verbo fue hecho carne» (Juan 1:1,14a).

Jesucristo vino a la tierra y vivió una vida sin pecado, pero, mientras estuvo aquí, ¿qué es lo que hizo?
- Vino a predicar el evangelio de salvación (Luc. 1:38)
- Vino a buscar y salvar a Su pueblo (Luc. 19:10; Hech. 13:48)
- Murió en la cruz para pagar nuestros pecados (Rom. 5:8)
- Resucitó de la tumba para darnos vida eterna (1 Cor. 15:3-58)
- Ascendió al cielo para preparar allí un lugar para nosotros (Hech. 1:11)

La Biblia dice con respecto a nosotros y lo que el Señor Jesucristo hizo por nosotros:

> «Todos nosotros nos descarriamos como ovejas, cada cual se apartó por su camino; mas Jehová cargó en él el pecado de todos nosotros» (Isa. 53:6).

Dios odia nuestros pecados, pero, como nos ama, los puso todos en la cuenta de Su Hijo, quien pagó por ellos en la cruz del Calvario. Hoy

Jesucristo nos ofrece ese regalo (una nueva vida eterna, el cielo). Este regalo se recibe única y exclusivamente por medio de la *fe*.

La fe: la fe es la llave que abre la puerta del cielo. Mucha gente confunde la verdadera fe con dos cosas:

El conocimiento intelectual: se trata de la creencia en ciertos hechos históricos o algunos puntos tomados de la Biblia. Si les preguntas a algunas personas quién es Jesús y si lo conocen, y te dicen que sí, que lo conocen, estas personas solo pueden darte datos acerca de la vida de Jesús, como también lo pueden dar de Cristóbal Colón o Miguel de Cervantes. El conocimiento intelectual no es fe verdadera.

La fe temporal: se trata de la confianza en Dios para que nos libre de una crisis, sea familiar, financiera, de salud o de tantas otras situaciones difíciles de la vida. Yo viajaba en un avión y una señora muy mayor que iba conmigo en el mismo vuelo estaba tomando alcohol. La vi ordenar de esas botellas en miniaturas que sirven en los aviones y tomó unas cuantas durante todo el vuelo. En un momento determinado, pasamos por una zona de mucha turbulencia y la señora que tomaba alcohol ahora oraba y le hacía promesas al Señor con una Biblia en la mano que no sé de dónde había sacado. Minutos después, ya habíamos pasado la zona de turbulencia y todo volvió a la normalidad. La señora guardó la Biblia, dejó de «orar» y siguió tomando. ¡Esto es fe temporal! Las personas con este tipo de fe se caracterizan por ser muy sensibles y devotas del Señor, pero esa devoción permanece mientras esté presente el problema. En cuanto este desaparece, desaparece la fe. O si no se resuelve el problema, la fe también desaparece. Este tipo de fe no conduce a Cristo, por lo que no tiene ninguna validez.

La fe «salvadora» es la verdadera. Es confiar únicamente en Jesús para nuestra salvación. Implica descansar en Cristo, por lo que Él ha hecho y no en lo que tú y yo podamos hacer. La Biblia dice:

«Cree [confía] en el Señor Jesucristo, y serás salvo»
(Hech. 16:31b).

La vida eterna: cuando creemos en Jesucristo, somos salvos y recibimos vida eterna. Recibir la vida eterna implica cuatro aspectos importantes:

1. Poner tu confianza en lo que Cristo ha hecho por ti para salvarte y no en lo que tú puedas hacer.

2. Implica que te *arrepientes de tus pecados* y que le pides perdón por ellos. Esto no solo significa sentirse mal por haber hecho cosas que no le agradan a Dios, sino también estar dispuesto a dejarlas por completo y obedecerlo en lo que Él indique.
3. Implica que Cristo te llama y vas a Él para hacerlo el *Salvador* de tu vida. La Biblia dice: «Venid a mí todos los que estáis trabajados y cargados, y yo os haré descansar» (Mat. 11:28).
4. Implica, finalmente, que Cristo te recibe como Su hijo. Comienzas a vivir en obediencia a la convicción de que Cristo es el Señor de tu vida.

Si diste estos pasos, entonces eres un cristiano. Si no estás seguro de haberlos dado, entonces te invito a que vengas a Cristo siguiendo las orientaciones que hasta aquí hemos dado en este capítulo.

Esta es una oración modelo que te puede servir de guía para recibir la salvación que Dios ofrece si es que has entendido y observado lo explicado en esta presentación del plan de Dios:

> Señor, sé que soy pecador, y que no merezco la vida eterna. Pero creo que tú moriste y resucitaste por mí para darme un lugar en el cielo. Señor, acudo a ti; perdona mis pecados; me arrepiento de haberlos cometido. Ahora te pido que me salves porque confió solo en ti para mi salvación. Gracias por recibirme como tu hijo.

RESUMEN DEL CAPÍTULO 3

(1) El cielo es un regalo (Rom. 6:23b; Ef. 2:8-9)

  a. No puede ganarse.
  b. No puede merecerse.

(2) El hombre es pecador (Rom. 3:23)

  a. Dios demanda perfección (Mat. 5:48; Sant. 2:10).

(3) El dilema: la misericordia y la justicia

  a. Dios es misericordioso, no se deleita en castigarnos (Lam. 3:33; Ezeq. 18:23).
  b. Dios es justo y debe castigarnos (Nah. 1:3b; Ezeq. 18:4).

(4) Jesucristo, la solución (Isa. 53:6; Rom. 3:23-26)

    a. Murió en la cruz para pagar nuestros pecados.

    b. Resucitó de la tumba para darnos vida eterna.

    c. Ascendió al cielo para preparar allí un lugar para nosotros.

(5) La fe

    a. No es conocimiento intelectual.

    b. No es fe temporal.

    c. Es confiar únicamente en Jesús para nuestra salvación (Hech. 16:31b).

(6) La vida eterna

  Recibir la vida eterna implica cuatro cosas:

    a. Poner tu confianza en lo que Cristo ha hecho por ti, y no en lo que tú puedas hacer.

    b. Recibir a Cristo como Salvador de tu vida (Mat. 11:28).

    c. Recibir a Cristo como Señor de tu vida.

    d. Arrepentirte de tus pecados.

PARA ESTUDIAR

Comparte tu historia.

Escribe un breve testimonio sobre cómo llegaste a recibir el regalo de la vida eterna.

Habla contigo mismo.

¿Cuáles detalles en tu vida confirman que eres un creyente genuino?

Día 1

*[S]iendo justificados gratuitamente por su gracia,
mediante la redención que es en Cristo Jesús
(Rom. 3:24).*

A todos nos gusta que nos hagan regalos, y en determinadas ocasiones estos regalos vienen a llenar alguna necesidad en nuestras vidas, ya sea emocional, física, económica, etc. Tanto es así que podemos llegar a pensar que un regalo en particular es el mejor que hemos recibido. Sin embargo, no debemos olvidar que el mejor de los regalos que podemos recibir es la vida eterna a través de nuestro Señor Jesús.

Cuando éramos débiles, impíos, pecadores y enemigos de Dios (Rom. 5:6,8,10), cuando estábamos muertos en nuestros delitos y pecados, éramos esclavos del pecado, estábamos cautivos del diablo y hacíamos su voluntad; cuando nos deleitábamos en pecar y hacer todo aquello que deshonrara a Dios, cuando nuestros corazones iban de continuo hacia el mal, cuando no podíamos obedecer a Dios ni tampoco deseábamos hacerlo, cuando merecíamos justamente la ira de Dios por haber ofendido Su santidad, a su tiempo, Cristo fue enviado por el Padre, se entregó a sí mismo y murió por nosotros.

Cristo sufrió la culpa de nuestros pecados y la consecuencia condenatoria de nuestra maldad. Murió por ti y por mí. Nos rescató del infierno y del pecado para traernos a Dios y Su santidad. Ahora ya no somos enemigos, sino hijos de Dios. En esto consiste el regalo de la vida eterna, en que por la eternidad viviremos con Cristo en santidad.

Este es el único regalo que puede llenar nuestra necesidad más importante: la necesidad espiritual. Nadie puede darnos ese regalo llamado «vida eterna», pues es una obra exclusiva de Dios.

*Padre celestial, gracias por hacerme tan bello regalo;
gracias por escogerme para regalarme la vida eterna.
Amén.*

¿QUÉ HAGO CON ESTO?

La salvación es un regalo ofrecido gratuitamente. ¿Has recibido personalmente el regalo de la salvación en Cristo?

DÍA 2

Mas Dios muestra su amor para con nosotros, en que siendo aún pecadores, Cristo murió por nosotros (Rom. 5:8).

Un empleado de una compañía minera canadiense fue capturado por soldados rebeldes mientras se encontraba trabajando en Colombia en 1998. En una acción sin precedentes, el dueño de la compañía obtuvo la liberación de Ed Leonard al tomar su lugar y quedar detenido como rehén durante 94 días.

Es difícil entender que una persona arriesgue su vida por otra, incluso con probabilidades de perderla. Sin embargo, es posible que en esta historia pudiera comprenderse que el dueño se entregue por su empleado debido a un sentido de responsabilidad hacia la seguridad laboral de los que trabajan para él. Tal vez esa acción no sea tan poco frecuente. Lo que sí es escaso y difícil de comprender es que se arriesgue una vida inocente por una culpable.

Jesús ocupó nuestro lugar y fue a morir para pagar la deuda de nuestros pecados siglos atrás. Aun cuando éramos culpables, se entregó a sí mismo para darnos la libertad que obtenemos cuando admitimos que somos pecadores y acudimos a Él por fe, para recibir Su oferta de perdón.

Dios mío, solo tú podías tener tan grande amor de ocupar mi lugar para darme la libertad, la salvación, gracias. Amén.

¿QUÉ HAGO CON ESTO?

Si Cristo murió por nosotros siendo aun pecadores, quiere decir que Dios es misericordioso. ¿Y qué dice de ti?

Día 3

Y que por la ley ninguno se justifica para con Dios, es evidente, porque: El justo por la fe vivirá (Gál. 3:11).

Un malabarista empujaba una carreta mientras caminaba sobre un cable de acero por encima de las cataratas del Niágara. Era un ejercicio de suprema habilidad. Al llegar al otro lado, la multitud prorrumpió en aplausos. El malabarista preguntó a los presentes: «¿Quiénes creen que puedo pasar a un hombre de regreso en mi carreta?». Casi todos levantaron la mano. El equilibrista entonces, preguntó: «¿Quién quisiera probarlo?». Pero entonces, no obtuvo respuesta.

Cuando Dios nos pide que vivamos por fe, a veces nos pide que hagamos algo que hasta cierto punto ya hemos experimentado u observado. Por ejemplo, cada uno de nosotros sabe lo que significa vivir y caminar por fe. Cuando vamos al supermercado y compramos carne o pescado, o quizás algunos productos enlatados, confiamos en que no están contaminados con bacterias que puedan causarnos algún daño. Cuando vamos al médico, confiamos que nos receta la medicina correcta, que no habrá ninguna equivocación.

De forma similar, podríamos citar cientos de ejemplos para ilustrar cómo en la vida estamos obligados a confiar. Dios nos está diciendo: «Pon tu confianza en mí, pues he demostrado que te amo, que soy competente y tengo el poder de cumplir lo que prometo».

Padre bendito, hazme cada día confiar más y más en ti porque sé que tú eres fiel para cumplir lo que prometes. Amén.

¿QUÉ HAGO CON ESTO?

Al observar tus decisiones y acciones, ¿demuestran que confías plenamente en el poder y la soberanía de Dios?

DÍA 4

*Porque hay un solo Dios, y un solo mediador
entre Dios y los hombres, Jesucristo hombre
(1 Tim. 2:5).*

Hace unos años, un hombre de apellido García era el dirigente de un grupo de guerrilleros que trataban de derrocar al dictador de turno de su país. Vivían en tiendas (casas de campaña) en el campo y se movían constantemente junto con sus familias. Una noche, el teniente de García se le acercó para informarle que se estaban robando las provisiones de alimentos. García, molesto porque la comida escaseaba, dijo a todo el pueblo que azotaría a cualquiera que fuera sorprendido robando alimentos.

Poco después, le informaron que habían encontrado al ladrón y que era su propia madre. Si la azotaba, seguramente moriría, pero, si no la castigaba, perdería su autoridad como líder. Entonces, García se quitó la camisa y ocupó el lugar de su madre; cumplió así la ley y al mismo tiempo mostró su amor por ella.

Cristo tomó nuestro lugar para cumplir la ley y al mismo tiempo mostrar su gran amor hacia nosotros. Se convirtió en nuestro sumo sacerdote que se compadece de nuestras debilidades y nuestro abogado ante el Padre, en quien tenemos gracia y misericordia para el oportuno socorro.

*Gracias, Padre, por tu amor incondicional, por tomar
mi lugar en la cruz del Calvario. Amén.*

¿QUÉ HAGO CON ESTO?

Dios tomó tu lugar en la cruz y satisfizo así la ira de Dios. ¿Qué estás haciendo con tu vida para honrar Su sacrificio por ti?

Día 5

He aquí, en maldad he sido formado, y en pecado me concibió mi madre (Sal. 51:5).

Cuando nos enfrentamos a la realidad de la fragilidad de nuestras vidas y reflexionamos sobre el carácter y la santidad de Dios, tenemos que reconocer que no somos nada en comparación con Él y que no hay nada que podamos hacer que nos dé acceso al cielo ni a Dios.

Sin embargo, desde pequeños nos enseñan que todas las cosas buenas que hacemos nos acercan más a Dios: si nos portamos bien en la casa, nos acercamos a Él; si sacamos buenas calificaciones en la escuela, nos acercamos a Él; si somos personas de bien en la sociedad, estamos aún más cerca de Él; incluso si asistimos a la iglesia, nos podemos acercar más a Dios.

Pero, a pesar de todo, hay algo que nos separa del Señor: el pecado que mora en nosotros. Al nacer, ya traemos con nosotros esa herencia de pecado que solo se borra con el perdón y la presencia del Señor en nuestros corazones. Por eso es necesario reconocer nuestra maldad, arrepentirnos de nuestros pecados y comprender que solo Cristo y Su sacrificio tienen el poder de limpiarnos y darnos una relación con el Padre.

Padre Santo, reconozco que tú eres santo y que yo nunca podré tener los méritos para acercarme a ti. Ayúdame a entender que por tu gracia y por los méritos de Cristo puedo hacerlo. Amén.

¿QUÉ HAGO CON ESTO?

Según lo aprendido hoy, ¿eres consciente de la influencia del pecado en tu vida? De ser así, ¿qué estás haciendo para resistir esta influencia?

DÍA 6

Pero Dios, que es rico en misericordia, por su gran amor con que nos amó, aun estando nosotros muertos en pecados, nos dio vida juntamente con Cristo (por gracia sois salvos) (Ef. 2:4-5).

Durante mucho tiempo, una vieja iglesia en un vecindario de la ciudad de Detroit se mantuvo vacía y abandonada. El deteriorado edificio encajaba naturalmente en el área. Las vidrieras de las tiendas estaban cubiertas con tablas. Una vieja escuela permanecía cerrada con candado, pero las tiendas de licor sí prosperaban. Todo se veía sombrío, sucio y olvidado.

Entonces, una noche las cosas cambiaron porque la vieja iglesia relumbraba. La calle estaba llena de autos estacionados y la música se oía por todas partes; lo que había estado muerto había cobrado vida. Un joven pastor había llegado y junto con un grupo de hermanos comenzó no solo a restaurar aquel edificio, sino también las vidas de los moradores de aquel vecindario.

Yo he visto personas así, que durante años estuvieron vacías y en oscuridad. Lo único que tenían dentro era ira, egoísmo y orgullo. Luego, un día, todo cambió. La oscuridad desapareció y fue como si alguien encendiera las luces en lo profundo de su ser. Ese alguien es Dios. Él perdona a aquellos que acuden a Él por medio de la fe en Su hijo Jesucristo.

Señor amado, gracias por darme la vida; gracias por resucitar la alegría y el amor en mi corazón.
Amén.

¿QUÉ HAGO CON ESTO?

¿Qué evidencias demuestran que la luz de Cristo ha llegado a tu vida? ¿Pueden los demás ver esas evidencias en ti?

Capítulo 4

LOS PERDONADOS

*El perdón de Dios es el patrón por medio del cual
hemos de perdonar, y el mejor modelo de ello es
Cristo mismo.*

John MacArthur[27]

En el año 1992, se estrenó una película dirigida y protagonizada por Clint Eastwood que ganó varios premios Óscar titulada *Unforgiven* [Los imperdonables]. Me llama la atención ese título porque creo que describe la condición que todos los seres humanos traemos desde nuestro nacimiento. Al haber nacido pecadores, podemos ser llamados también *Los imperdonables*. Pero por la obra de Cristo en la cruz del Calvario a favor de Su pueblo, el título de nuestra historia cambió por *Los perdonados*. Si hay algo que nos distingue, como lo fue también el pueblo de Dios, es esta condición de perdonados por la gracia de nuestro Señor y Salvador Jesucristo.

Por eso, una de las doctrinas principales de la fe cristiana es el perdón de Dios por medio de la obra de Cristo. Dios se revela como

---

[27] John MacArthur es un pastor norteamericano muy conocido y autor de una variedad de libros éxitos de librería.

el perdonador y sanador de nuestros pecados y heridas. Tanto en el Antiguo Testamento como en el Nuevo Testamento, vemos que trata a los seres humanos con gracia y misericordia, que les perdona sus pecados y les da nuevas oportunidades. Cuando venimos a Cristo cautivados por Su llamado eficaz, el Espíritu de Dios opera en nosotros para darnos un entendimiento que nos lleva a reconocer que Él murió por nuestros pecados, a pedirle perdón por ellos, a confiarle nuestra vida y a arrepentirnos. Entonces tomamos conciencia del perdón de Dios en nuestra vida y comenzamos a disfrutar de esa salvación que nos da.

No importa lo que hayamos hecho, la cantidad de veces ni la intensidad con que lo hayamos hecho porque, si venimos arrepentidos, el Señor nos perdona. Perdón es el acto de no devolver las ofensas recibidas con el castigo que creemos que el otro merece. Entonces desde el punto de vista bíblico, Dios nos perdona por medio del sacrificio de Su hijo Jesucristo por Su pueblo:

> «Pero Dios demuestra su amor para con nosotros, en que siendo aún pecadores, Cristo murió por nosotros» (Rom. 5:8, LBLA).

Toda la Biblia presenta a Dios como perdonador:

> «Jehová, tardo para la ira y grande en misericordia, que perdona la iniquidad y la rebelión» (Núm. 14:18a).

> «Porque tú, Señor, eres bueno y perdonador» (Sal. 86:5a)

La Biblia nos dice además que ese perdón de Dios se manifiesta siempre:

> «Pero él, misericordioso, perdonaba la maldad, y no los destruía» (Sal. 78:38a).

La Biblia dice que Dios «no tendrá por inocente al culpable» (Nah. 1:3b); y también que «el alma que pecare, esa morirá» (Ezeq. 18:4b). Dios da la más grande demostración de perdón al enviar a Su hijo Jesucristo a morir en lugar nuestro:

«Al que no conoció pecado, por nosotros lo hizo pecado, para que nosotros fuésemos hechos justicia de Dios en él» (2 Cor. 5:21).

Cristo llevó nuestros pecados para hacerse culpable por nosotros sin merecerlo, y nosotros por Su sacrificio somos considerados justos sin serlo. La Biblia dice que Él «no conoció pecado» (2 Cor. 5:21a), pero Dios manda a Cristo que nunca había pecado a pagar la pena que todos debimos pagar. Ese es el amor de Dios. Octavius Winslow[28] dijo:

> ¿Quién mató a Cristo?
> No fueron los romanos por temor,
> Ni Judas por ambición,
> Ni los fariseos por satisfacción;
> Fue Dios por amor.

Hasta ese punto llega el amor de Dios por Su pueblo. El perdón de Dios actúa en nosotros por el puro afecto de Su voluntad de manera instantánea. No tenemos que hacer nada, solo creer que Jesucristo ocupó nuestro lugar en la cruz. Todo el mérito y toda la gloria entonces son de nuestro Señor porque para ser perdonados lo único que nosotros ofrecimos fueron nuestros pecados. Entonces, por la muerte y resurrección de Cristo, Dios ofrece su perdón amplio y total a todos los que vienen arrepentidos delante de Él. La Biblia dice:

> «[E]n quien tenemos redención por su sangre, el perdón
> de pecados según las riquezas de su gracia» (Ef. 1:7).

> «[E]n quien tenemos redención por su sangre, el perdón
> de pecados» (Col. 1:14).

Estos pasajes nos muestran que Dios es perdonador. Él evidencia Su carácter al amarnos, al tener misericordia y derramar Su gracia sobre nosotros. El perdón es una de las demostraciones más hermosas y contundentes del amor. De todas las acciones de perdón que podemos

---

[28] Octavio Winslow fue un pastor inglés que se destacó como uno de los predicadores más importantes del siglo XIX tanto en Inglaterra como en Estados Unidos.

encontrar en las Escrituras, la más sublime, grande y sacrificial es la del perdón de Dios por nosotros. La Biblia nos muestra Su perdón en acción en el Antiguo Testamento cuando dice:

«Jehová, tardo para la ira y grande en misericordia, que perdona la iniquidad y la rebelión» (Núm. 14:18a).

«Porque tú, Señor, eres bueno y perdonador» (Sal. 86:5a).

El perdón de Dios no anula Su justicia. La Biblia establece claramente que Dios es justo, y como justo le da a cada quien lo que merece:

«Jehová es tardo para la ira y grande en poder, y no tendrá por inocente al culpable» (Nah. 1:3a).

«[E]l alma que pecare, esa morirá» (Ezeq. 18:4).

Estos textos revelan la hermosura de la gracia de Dios al declararnos justos a nosotros, viles pecadores, según Su propósito, al llevarnos a confesar nuestros pecados y a arrepentirnos. El Nuevo Testamento nos presenta la máxima demostración de amor y, por consiguiente, de perdón en la persona de nuestro Señor Jesucristo.

FUNDAMENTOS DEL PERDÓN

Arrepentimiento: la palabra *arrepentimiento* significa 'cambiar de dirección', es decir, tomar el sentido contrario al en que íbamos. La Biblia dice:

«Porque yo reconozco mis rebeliones, y mi pecado está siempre delante de mí. Contra ti, contra ti solo he pecado, y he hecho lo malo delante de tus ojos» (Sal. 51:3-4a).

Confesión: confesarse es decirle a Dios los pecados que hemos cometido, buscando el perdón. La Biblia dice al respecto:

«Purifícame con hisopo y seré limpio; lávame, y seré más blanco que la nieve. [...] Esconde tu rostro de mis pecados, y borra toda mis maldades» (Sal. 51:7,9).

«Si confesamos nuestros pecados, él es fiel y justo para perdonar nuestros pecados, y limpiarnos de toda maldad» (1 Jn. 1:9).

RESULTADOS DEL PERDÓN

Reconciliación: cuando Dios nos perdona, hay un cambio total e inmediato de nuestra relación con Él. La Biblia dice:

«[Q]ue Dios estaba en Cristo reconciliando consigo al mundo, no tomándoles en cuenta a los hombres sus pecados» (2 Cor. 5:19a).

Purificación: la esencia misma del perdón es ser restaurados a nuestra posición original delante de Dios. La Biblia dice:

«Purifícame [...] y seré limpio; lávame, y seré más blanco que la nieve» (Sal. 51:7).

Absolución: el perdón hace que Dios retire los cargos contra nosotros, gracias a la obra de Cristo en la cruz del Calvario. La Biblia dice:

«¿Quién acusará a los escogidos de Dios? Dios es el que justifica» (Rom. 8:33).

Como hemos visto, el perdón de Dios está disponible para todos aquellos que acuden a Él. Muchas veces, podemos no sentirnos perdonados, sin embargo, el perdón de Dios va más allá de lo que podamos sentir. El perdón de Dios no depende de lo que creamos o sintamos, sino de lo que dice Su Palabra:

«Justificados, pues, por la fe, tenemos paz para con Dios por medio de nuestro Señor Jesucristo» (Rom. 5:1)

El perdón es un regalo maravilloso de Dios para nosotros. Ese perdón se reitera de manera constante en la Biblia:

> «[P]or lo cual puede también salvar perpetuamente a los que por él se acercan a Dios, viviendo siempre para interceder por ellos» (Heb. 7:25).

> «Hijitos míos, estas cosas os escribo para que no pequéis; y si alguno hubiere pecado, abogado tenemos para con el Padre, a Jesucristo el justo» (1 Jn. 2:1).

Esos textos revelan la hermosura de la gracia de Dios al declarar justos a viles pecadores como nosotros. El Nuevo Testamento nos presenta la máxima demostración de amor y de perdón en la persona y obra de nuestro Señor Jesucristo.

Perdonarnos los unos a los otros: antes de terminar este capítulo, quiero añadir que el perdón no es una acción exclusiva de Dios, sino también de nosotros Sus hijos.

Al ser salvos, Él nos capacita para perdonarnos los unos a los otros; por lo tanto, no es una opción, sino una decisión que debemos tomar en obediencia a Dios. El perdón resulta fácil cuando lo procuramos de otros, pero puede resultarnos difícil cuando somos nosotros los ofendidos. No es un sentimiento ni se hace porque el otro lo merezca, sino que es un acto voluntario de alguien que decide indemnizar a quien cree que lo agravió. En las Escrituras, no encontramos una definición específica del perdón, pero vemos muchas descripciones prácticas y reales. Perdonar implica al menos tres acciones:

1. No querer desquitarse por algo que nos hayan hecho.
2. No recordar con dolor.
3. Estar dispuesto a servir a la persona que nos ofendió.

Perdonar no significa ceder ante la maldad o permitir que el mal triunfe, sino comprender e imitar el carácter de Cristo. En la vida cristiana, lo principal no es quién tiene la razón, sino mostrar el carácter de Cristo en todo lo que hacemos, incluyendo perdonar.

En la Biblia encontramos hermosos ejemplos de perdón.

Los perdonados

Cuando Esaú perdonó a Jacob:

«Pero Esaú corrió a su encuentro y le abrazó, y se echó sobre su cuello, y le besó; y lloraron» (Gén. 33:4).

Cuando José perdona a sus hermanos:

«Entonces dijo José a sus hermanos: Acercaos ahora a mí. Y ellos se acercaron. Y él dijo: Yo soy José vuestro hermano, el que vendisteis para Egipto. Ahora, pues, no os entristezcáis, ni os pese de haberme vendido acá; porque para preservación de vida me envió Dios delante de vosotros. Pues ya ha habido dos años de hambre en medio de la tierra, y aún quedan cinco años en los cuales ni habrá arada ni siega. Y Dios me envió delante de vosotros, para preservaros posteridad sobre la tierra, y para daros vida por medio de gran liberación. Así, pues, no me enviasteis acá vosotros, sino Dios, que me ha puesto por padre de Faraón y por señor de toda su casa, y por gobernador en toda la tierra de Egipto» (Gén. 45:4-8).

Nuestra herencia pecaminosa confirma que todos tenemos lo que llamo la doble naturaleza del perdón: perdonar o ser perdonados. Por esa herencia que todos traemos de nacimiento es que tenemos la inclinación de ofender a Dios y al prójimo. Los textos que hemos leído nos confirman con cuánta facilidad podemos ofenderlos. Nuestro Señor Jesucristo en el padrenuestro nos exhortar a perdonar:

«Y perdónanos nuestras deudas, como también nosotros perdonamos a nuestros deudores. […] Porque si perdonáis a los hombres sus ofensas, os perdonará también a vosotros vuestro Padre celestial; mas si no perdonáis a los hombres sus ofensas, tampoco vuestro Padre os perdonará vuestras ofensas» (Mat. 6:12,14-15).

La Nueva Traducción Viviente traduce este texto de la siguiente manera:

«[Y] perdónanos nuestros pecados, así como hemos perdonado a los que pecan contra nosotros. [...] Si perdonas a los que pecan contra ti, tu Padre celestial te perdonará a ti; pero si te niegas a perdonar a los demás, tu Padre no perdonará tus pecados» (Mat. 6:12,14-15, NTV).

Perdonarnos es imprescindible para relacionarnos con Dios como bien lo establece nuestro Señor. Pero esa verdad se podrá ver en todo el Nuevo Testamento. El apóstol Pablo dice en Efesios 4:32:

«Antes sed benignos unos con otros, misericordiosos, perdonándoos unos a otros, como Dios también os perdonó a vosotros en Cristo».

Cuando no sientas perdonar, tienes que mirar a Cristo y pedirle que te ayude porque ya tienes todo lo que necesitas para hacerlo: Jesucristo y Su santo evangelio para ser aplicado y vivido en tu propia vida. Satanás querrá poner dudas o simplemente que te dejes llevar por tus sentimientos para no perdonar. Sin embargo, recuerda que como hijo de Dios debes hacerlo y que, cuando las emociones están teniendo más peso en tu vida que la Palabra de Dios, es momento de hacer un alto, buscar Su rostro y la ayuda de alguna persona madura en la fe como un pastor o líder que te acompañe en este proceso.

Cuando no quieras perdonar, recuerda una vez más lo que Cristo hizo por ti. Cuando perdonas, no solo liberas a la otra persona (como se libera a un rehén), sino que también tú quedas liberado. El carcelero es otro prisionero más, solo que del otro lado de la celda.

En estos momentos haz un alto si entiendes que no has perdonado y pídele al Señor de corazón que te libere de ese pecado, que sane tu corazón. No mires a la persona; mira más bien a Cristo. Pídele perdón y libera al rehén, al prisionero, para que puedas ser obediente y así disfrutar la dulce experiencia del perdón, tanto al perdonar como al ser perdonado.

RESUMEN DEL CAPÍTULO 4

¿Qué es el perdón?

a. Es el acto de no devolver las ofensas con el castigo que creemos que el otro merece.

b. El perdón no es un sentimiento ni se entrega porque el otro lo merezca, sino que es un acto voluntario de alguien que decide indemnizar a quien cree que lo agravió.

c. Perdonar implica por lo menos tres acciones:
  i. No querer desquitarse por algo que nos hayan hecho.
  ii. No recordar con dolor.
  iii. Estar dispuesto a servir al ofensor.

d. Perdonar no significa ceder ante la maldad o permitir que el mal triunfe, sino comprender e imitar el carácter de Cristo.

Ejemplos bíblicos del perdón

a. Cuando Esaú perdonó a Jacob (Gén. 33:4).

b. Cuando José perdonó a sus hermanos (Gén. 45:4-8).

c. Cuando Dios perdona nuestras iniquidades (Ef. 1:7; Col. 1:14).

Características del perdón

a. Arrepentimiento (Sal. 51:3-4a).

b. Confesión (1 Jn. 1:9).

c. Reconciliación (2 Cor. 5:19a).

d. Purificación (Sal. 51:7).

e. Absolución (Rom. 8:33).

PARA ESTUDIAR

¿Cómo definirías el perdón?

A la luz de las escrituras, ¿cómo armonizamos los conceptos de perdón y Justicia? (Nah. 1:3; Ezeq. 1:4; 1 Jn. 1:9).

¿Qué atributo del carácter de Dios se muestra al perdonar?

¿Existe algún pecado que Dios no pueda perdonar?

Escriba los siguientes versículos:
Efesios 1:14

Colosenses 1:7

Si tuvieras que escribir una nota de gratitud a Dios por el perdón de tus pecados, ¿qué le escribirías? Escríbela, por favor.

¿Cuáles son las actitudes de otros que son más difíciles de perdonar para ti? ¿Cómo puede el ejemplo de Dios ayudarte en este aspecto de tu vida?

Día 1

[E]n quien tenemos redención por su sangre, el perdón
de pecados según las riquezas de su gracia (Ef. 1:7).

«¡Te perdono... pero!». Esta es una expresión común entre los seres humanos. Estamos dispuestos a perdonar, pero con ciertas condiciones, con el cartel de «Ciertas restricciones aplican», como suele aparecer en letras chicas en los mensajes publicitarios.

Cuando consideramos el perdón de Dios hacia nosotros, vemos un perdón que no solamente es total, sino también incondicional. Cuando Cristo murió en la cruz del Calvario, perdonó todos nuestros pecados. Ese perdón se hizo efectivo cuando lo reconocimos como el Salvador y Señor de nuestras vidas, y le entregamos nuestro corazón.

Por toda la eternidad podemos confiar en eso, sabiendo qué tan lejos está el oriente del occidente, ya que así alejó nuestros pecados de nosotros al perdonarlos; los arrojó a lo más profundo del mar y los olvidó. Nos dio la libertad de esa esclavitud del pecado para que ahora podamos servirlo. ¡Qué alivio y qué grande bendición es saber que somos perdonados por medio de la sangre de Cristo!

Gracias por salvarme, perdonarme y por
darme la oportunidad y el privilegio de servirte.
Amén.

¿QUÉ HAGO CON ESTO?

¿Tienes el hábito de pedir perdón a Dios? ¿Cuándo fue la última vez que le pediste perdón a Dios por tus pecados?

Día 2

[P]orque este mi hijo muerto era, y ha revivido;
se había perdido, y es hallado. Y comenzaron a
regocijarse (Luc. 15:24).

Existe una anécdota de un hijo pródigo moderno: se fue de su casa enojado con sus padres porque ellos no estaban de acuerdo con la vida de excesos que él quería tener.

Al igual que el hijo pródigo, este muchacho se fue lejos para vivir la vida que quería: abandonó los estudios y se dedicó a las fiestas, las discotecas, las bebidas alcohólicas y las parrandas. Al poco tiempo, se dio cuenta de su error al ver las consecuencias de sus actos. Comenzó a sufrir por su terrible condición y decidió escribir una carta a sus padres pidiéndoles perdón por todo lo que había hecho. Les dijo además que quería regresar a la casa con ellos, pero que quería tener la seguridad de que ellos lo habían perdonado y que la prueba del perdón sería que ellos colocaran una toalla blanca en el frente de la casa. Terminó su carta diciendo que, si al llegar no veía la toalla blanca, eso sería para él la señal de que tenía que continuar su camino y que no era bien recibido. Llegó el día, y cuando se detuvo en el frente de la casa se sorprendió al no ver la toalla blanca, pues la casa estaba pintada de blanco y cubierta por todas partes de sábanas blancas.

¡Cuánto más es el amor de Dios por nosotros que, siendo aún pecadores, débiles y sus enemigos, nos amó y se entregó a sí mismo para el perdón de nuestros pecados y para darnos una vida eterna disfrutando de Su presencia y Su majestad! ¡Qué gran privilegio! Alabémoslo y reconozcamos Su grandeza por tan grande muestra de misericordia y compasión hacia nosotros.

Dios, gracias por tu perdón. Amén.

¿QUÉ HAGO CON ESTO?

Cuando perdonas a los demás, actúas como Cristo. ¿Perdonas a otros, así como Cristo te perdonó a ti?

DÍA 3

Y Jesús decía: Padre, perdónalos, porque no saben lo que hacen (Luc. 23:34a).

Un grupo de amigos estaba de viaje en las montañas. Después de caminar mucho por el bosque, uno de ellos, médico de profesión, se quedó atrás. Al no poder alcanzar al grupo, se perdió. Anduvo vagando por aquellos lugares remotos sin ningún tipo de esperanza hasta que encontró una casucha vieja y desvencijada. Cuando llegó a la casita fue recibido por una pareja con dos hijos, un niño de diez y una niña de ocho. Le dieron agua y leche, que era lo único que tenían en ese momento. Después de descansar y recobrar fuerzas, el médico fue guiado hasta el lugar donde estaba acampando el grupo.

Pasó el tiempo y la pequeñita de la familia enfermó gravemente y fue llevada al hospital. A pesar de los servicios gratuitos recibidos, el costo de los medicamentos era excesivo y no tenían cómo pagarlo. Por eso se sorprendieron cuando junto con la cuenta encontraron una nota que decía: «Todo pagado, por un vaso de leche». El médico que ellos habían atendido en su casa resultó ser el director del hospital.

Había también una cuenta espiritual contra nosotros, un acta de decretos que nos acusaba y que fue anulada en la cruz del Calvario por nuestro Señor Jesucristo. A Él lo crucificamos porque, en nuestro entendimiento entenebrecido, no podíamos ver la salvación y la esperanza que había en Él, y al final de sus días su veredicto fue «Perdónalos porque no saben lo que hacen».

Señor, quiero servirte y valorar tu perdón, mediante
una vida de servicio a ti. Amén.

¿QUÉ HAGO CON ESTO?

¿Qué clase de perdón muestras hacia los demás? ¿Perdonas solo con tus labios, o también con tus acciones?

DÍA 4

Ni yo te condeno; vete, y no peques más
(Juan 8:11b).

Desde nuestro nacimiento tenemos una deuda con Dios. Esta deuda nos hace merecedores de la muerte y de la separación de la gloria de Dios. No hay nada que podamos hacer para poder pagarla.

Ante nuestra imposibilidad de pagar, Dios envió a Cristo a saldar esa deuda por nosotros. La deuda se llama pecado y no podemos pagarla con nuestros esfuerzos humanos, ni tampoco merecemos que se nos anule. El perdón de nuestros pecados representó para Cristo un precio muy alto, ya que pagó con su vida para que nosotros Sus escogidos no tuviéramos esa deuda. Por eso, al escuchar Su llamado, venimos a Él y ahora le servimos con gratitud por todo lo que hizo por nosotros.

Por lo tanto, ya no hay nada que nos aleje de Él ni de Su amor; nada ni nadie puede acusarnos por lo que ya fue pagado y perdonado en esa cruz por nuestro Señor Jesucristo. Vivamos pues con gratitud y reverencia por tan grande sacrificio inmerecido, recordando que nada nos podrá separar del amor de nuestro Señor.

Dios, tu perdonaste mis pecados; por eso mi vida es tuya. Amén.

¿QUÉ HAGO CON ESTO?

¿Cómo tus acciones hoy demuestran que ya Cristo te perdonó? ¿Sigues pecando a pesar de Su misericordia?

DÍA 5

[E]chará en lo profundo del mar todos nuestros pecados (Miq. 7:19b).

Dios no solo nos perdona, sino que quiere que nosotros también sintamos ese perdón. Hay personas que, a pesar de que Dios ha hecho Su obra al otorgarles Su perdón, no se sienten perdonadas.

Sin embargo, no importa las veces que hayamos pecado o la intensidad con que lo hayamos hecho en el pasado. Si venimos arrepentidos de nuestros pecados delante del Señor y se los confesamos, «él es fiel y justo para perdonar nuestros pecados, y limpiarnos de toda maldad» (1 Jn. 1:9b). Él es poderoso para hacerlo y por Su fidelidad podemos estar seguros de que cumplirá Su promesa.

La Biblia nos ilustra esa obra de Dios de una forma muy descriptiva cuando nos dice que, cuando pedimos perdón, Él «echará en lo profundo del mar todos nuestros pecados». En lo profundo del mar significa que los ha sepultado para siempre, que eso está olvidado, lo que nos da la oportunidad de poder comenzar de nuevo. Pero, cuando rehusamos perdonarnos a nosotros mismos, lo que estamos haciendo es tratar de «pescar» de nuevo lo que Dios ya arrojó en el fondo del mar. Cuando pedimos perdón, Dios los arroja allí y allí debemos dejarlos; no tratemos de pescarlos. Disfrutemos de ese perdón.

Dios, ayúdame a vivir en tu gracia, disfrutando de tu perdón. Amén.

¿QUÉ HAGO CON ESTO?

La Biblia dice en Miqueas 7:19 que Dios echa al mar nuestros pecados al confesarlos. ¿Aún continúas recordando los pecados que ya Dios olvidó?

DÍA 6

Venid luego, dice Jehová, y estemos a cuenta: si vuestros pecados fueren como la grana, como la nieve serán emblanquecidos; si fueren rojos como el carmesí, vendrán a ser como blanca lana (Isa. 1:18).

Cuando encendemos el televisor, vemos muchos comerciales que seguramente nos llaman la atención con todas sus ofertas: pérdida de peso, pañales desechables para bebés, pasta dental, máquinas que hacen de todo en la casa y muchas cosas más. Pero, entre ellos, los comerciales de detergentes son los más especiales. Los hay para ropa blanca y para ropa de color, con *antipelusas* y para ropas finas, con fórmulas que

99

preservan los colores y otros que quitan las manchas. Son tantos que, al final, no sabemos cuál elegir.

Con las propuestas para limpiar nuestros pecados sucede lo mismo. Nos encontramos con muchas ofertas que prometen quitarlos: vivir una vida decente, ser moralistas, recurrir a la autoayuda, buscar la «verdad» en nuestros corazones, confesarnos con el pastor o el sacerdote, asistir a la iglesia, hacer obras de caridad y tantas otras medidas similares. Sin embargo, esos son «detergentes» que no pueden quitar las manchas eternas del pecado porque estas solo se quitan con un detergente llamado «Sangre de Cristo» derramada en la cruz del Calvario por nosotros.

Esa sangre nos limpia de toda maldad, elimina nuestro pecado, da salvación, transforma nuestra mente, nos da una nueva identidad, cambia nuestro corazón, nos da nuevos anhelos, trae propósito y, por encima de todo, nos da acceso al Padre al cambiar nuestra condición delante de Él y acercarnos al trono de la gracia donde hallamos descanso y paz.

Dios, gracias por el perdón por medio de Cristo. Amén.

¿QUÉ HAGO CON ESTO?

Si tienes problemas con perdonar porque te hicieron algo muy grande, ¿te has puesto a pensar en lo que tú y yo le hicimos a Dios y Él nos perdonó?

¿Qué te parece si te digo que el acto de no perdonar ofende a Dios y te hace daño a ti? ¿Qué me dirías de esto?

Capítulo 5

ENTENDAMOS LA SALVACIÓN Y AL SALVADOR

La única salvación que al final importa es la del Señor.

R. C. Sproul

En el capítulo 3, vimos una presentación del evangelio que nos lleva a entender lo que significa creer en Cristo. En el capítulo 4, vimos lo que significa el perdón de Dios en nuestras vidas; y ahora, en este capítulo, propongo que veamos de una forma más amplia la salvación que Dios otorga por medio de nuestro Señor Jesucristo. Aquí ampliaremos no solo lo que es la salvación, sino también lo que es la persona de Cristo.

Definitivamente, Jesús es el personaje central de la historia. Nadie antes ni después de Él ha tenido la misma transcendencia y repercusión a través de los siglos. Ningún otro personaje de la historia ha producido tantos debates a favor y en contra como Él. Durante siglos la persona de Jesús ha sido objeto de devoción y rechazo a la vez, pero definitivamente nadie puede ser indiferente porque, consciente o inconscientemente, este mundo no es igual desde Su llegada. En tres años de vida pública sin los adelantos tecnológicos de comunicación masiva que tenemos hoy, sin ejércitos, sin libros escritos y sin poder económico, esa figura solitaria del Calvario hizo que el mundo fuera un antes y un después de Él.

Pero nos preguntamos: ¿Quién es Jesús?

Durante el correr del tiempo, el mundo ha tenido diferentes concepciones de la persona de Cristo. Para algunos fue una persona muy pobre y, por lo tanto, es el Salvador de los pobres. Para otros, peor aún, es el Salvador de los ricos, que vino para salvar, pero también para proveer salud y riquezas. Para algunos socialistas, Cristo fue un gran revolucionario que sacó a los mercaderes capitalistas del templo. Para los hindúes y budistas, es algún gran maestro iluminado. He visto pinturas que pretenden representar a Cristo con rasgos caucáseos como los cuadros de Tiziano y Rafael, y otros, menos conocidos, con rasgos negros o mongólicos. Todos de una manera u otra tienen su propia versión de Cristo. Sin embargo, todas estas versiones dicen más de sus autores que de Cristo mismo. Esto de que cada uno tienda a tener su propia versión de Cristo de acuerdo a sus propios rasgos, prejuicios, experiencias o preferencias, nos obliga a pensar con seriedad no solo en quién es Cristo para mí o para ti, sino también en quién es Cristo realmente.

Cuándo vamos a las Escrituras nos damos cuenta de que, en los días de Su ministerio terrenal, no todo el mundo tenía la misma opinión acerca de Él. Cuando leemos al evangelista Mateo, nos damos cuenta de esta verdad:

> «Viniendo Jesús a la región de Cesarea de Filipo, preguntó a sus discípulos, diciendo: ¿Quién dicen los hombres que es el Hijo del Hombre? Ellos dijeron: Unos, Juan el Bautista; otros, Elías; y otros, Jeremías, o alguno de los profetas. Él les dijo: Y vosotros, ¿quién decís que soy yo? Respondiendo Simón Pedro, dijo: Tú eres el Cristo, el Hijo del Dios viviente. Entonces le respondió Jesús: Bienaventurado eres, Simón, hijo de Jonás, porque no te lo reveló carne ni sangre, sino mi Padre que está en los cielos» (Mat. 16:13-17).

Si examinamos el texto, principalmente el versículo 14, veremos que, ante la pregunta que Cristo les hace a Sus discípulos, ellos responden con las diferentes opiniones que tenía la gente respecto a Su identidad. Ya en esos tiempos en que Jesús caminó en este mundo, la gente tenía diferentes versiones y opiniones sobre Su identidad. Esto nos llama la atención, pero también nos preocupa porque equivocarnos en entender la identidad de Cristo nos llevará muy lejos, no solo de quién es Él, sino también de Su propósito. Ante la pregunta de Cristo de quién es Él, Pedro es certero (porque Dios se lo reveló) y confiesa: «Tú eres el Cristo, el Hijo del Dios viviente».

Esa afirmación no salió del Pedro impulsivo que estamos acostumbrados a ver en los Evangelios, sino de alguien que en esos momentos era el receptor de una trascendente revelación por parte de Dios. La respuesta de Pedro contiene varios elementos que llaman la atención. En primer lugar, lo llama «el Cristo». La palabra *Cristo* llegó al griego como una traducción del hebreo *ha-mashiah* o *mesiha*, que significa 'ungido'.

Esta confesión es muy importante porque reconoce que Cristo es el Mesías, el Ungido prometido desde el Antiguo Testamento a los judíos y a la humanidad. Cuando Pedro usa el título «Cristo», reconoce que Jesús es el Ungido de Dios para reinar sobre todo y que tiene poder en el cielo y la tierra. No era la primera vez que se hacía esta declaración, ya que los ángeles les dijeron a los pastores del campo que había nacido «un Salvador, que es CRISTO el Señor» (Luc. 2:11b).

Cristo el Mesías, el Ungido, es la segunda Persona de la Trinidad. Es el Hijo de Dios. Las Escrituras son muy claras para describir a Cristo como tal. Dios mismo en ocasión de Su bautismo dijo: «Este es mi Hijo amado, en quien tengo complacencia» (Mat. 3:-17b). En el pasaje de Mateo 17:5, en el monte de la transfiguración, Dios Padre vuelve a decir: «Este es mi Hijo amado, en quien tengo complacencia; a él oíd». Cristo es el Mesías prometido, pero también es el Hijo de Dios Padre, que junto con el Espíritu Santo forman la Santísima Trinidad. Esto se evidencia en los siguientes textos:

> «¿[A]l que el Padre santificó y envió al mundo, vosotros decís: Tú blasfemas, porque dije: Hijo de Dios soy?» (Juan 10:36).

> «Pero sabemos que el Hijo de Dios ha venido, y nos ha dado entendimiento para conocer al que es verdadero; y estamos en el verdadero, en su Hijo Jesucristo. Este es el verdadero Dios, y la vida eterna» (1 Jn. 5:20).

En el Nuevo Testamento, Cristo es presentando como Dios porque es «Dios con nosotros» (Mat. 1:23b) que se hizo hombre. Esto se conoce como la doctrina de la Encarnación: «En el principio era el Verbo, y el Verbo era con Dios, y el Verbo era Dios» (Juan 1:1). Dios en Cristo vino en forma humana y adquirió la doble naturaleza: «Y aquel Verbo fue hecho carne, y habitó entre nosotros (y vimos su gloria, gloria como del unigénito del Padre), lleno de gracia y de verdad» (Juan 1:14).

Al ser completamente humano, tenemos la garantía de que nuestro Señor Jesucristo entiende cada una de las situaciones por las que pasamos porque se enfrentó a ellas. La única diferencia es que nunca pecó. El autor del libro de Hebreos establece esta afirmación:

> «Porque no tenemos un sumo sacerdote que no pueda compadecerse de nuestras debilidades, sino uno que fue tentado en todo según nuestra semejanza, pero sin pecado» (Heb. 4:15).

Contrario a la cosmovisión del mundo grecorromano, que tenía dioses distantes e inestables, el Nuevo Testamento presenta a Dios por medio de Jesucristo. Es Dios que se relaciona con Sus hijos para servirlos y amarlos hasta la muerte y darles esperanza por medio de Su resurrección.

La evidencia bíblica no deja lugar a duda respecto a la naturaleza de la persona de Jesucristo. Los títulos usados para referirse a Su Persona, los atributos que demostró tener, las prerrogativas de las que hizo uso durante Su ministerio terrenal dejan de manifiesto que Cristo fue más que un gran ser humano. Si se acepta el testimonio de los Evangelios, debe aceptarse también que Jesús, por las cosas que hizo y por las que dijo, demostró que era Dios mismo manifestado en la carne. Tómese como ejemplo el testimonio que aparece en el Evangelio según San Mateo referente a los poderes divinos ejercidos por Cristo:

1. Poder sobre las fuerzas de la naturaleza (Mat. 14:26-29; 15:34-36; 21:19).
2. Poder sobre las fuerzas del mal (Mat. 8:32; 12:28).
3. Poder sobre las fuerzas del cielo (Mat. 13:41).
4. Poder para sanar a los enfermos (Mat. 4:23; 8:3,7).

5. Poder para resucitar a los muertos (Mat. 9:25; 20:19; 26:61).
6. Poder para juzgar a la humanidad (Mat. 7:21; 12:31-32; 13:30; 23:2-8).
7. Poder para perdonar pecados (Mat. 9:2).
8. Poder para condenar y dictar sentencia sobre los pecadores no arrepentidos (Mat. 23:13-16,27).
9. Poder para dar galardones cuando venga otra vez a la tierra (Mat. 5:11-12; 10:42; 13:43; 19:29; 25:34-36).
10. Poder para dar poder (Mat. 10:1,8; 28:20).
11. Poder para proveer completo y perfecto acceso al Padre (Mat. 11:27).
12. Poseedor de todo poder (Mat. 28:18).

Al leer estos pasajes, es inevitable reconocer con el apóstol Juan que «[e]ste es el verdadero Dios y la vida eterna» (1 Jn. 5:20).[29]

La Confesión de Fe de Londres de 1689 dice de Cristo lo siguiente:

> Agradó a Dios, en Su propósito eterno, escoger y ordenar al Señor Jesús, Su unigénito Hijo, conforme al pacto hecho entre ambos, para que fuera el mediador entre Dios y el hombre; profeta, sacerdote, y rey; cabeza y salvador de la Iglesia, el heredero de todas las cosas, y juez del mundo; a quien dio, desde toda la eternidad, un pueblo para que fuera su simiente y para que a su tiempo lo redimiera, llamara, justificara, santificara y glorificara.[30]

Me encanta este resumen de la vida de Cristo porque me parece genial la manera en que está redactado:

> Nació en un pueblo escondido, hijo de una pobre mujer. Creció en otro pueblo donde trabajó en una carpintería hasta los 30 años. Después se convirtió en un predicador itinerante durante tres años.

---

[29] Elvis L. Carballosa, *La deidad de Cristo* (Grand Rapids, MI: Editorial Portavoz, 1982), 123-124.

[30] Anónimo, *Esto creemos: Confesión Bautista de Fe de 1689*, 4.ª ed. revisada (Moral de Calatrava, España: Editorial Peregrino, 2011), 51.

Nunca escribió un libro. Nunca montó una oficina. Nunca tuvo una familia. Nunca fue propietario de una casa. Nunca fue a la universidad. Nunca viajó a más de 300 km (200 millas) de Su lugar de nacimiento. No hizo ninguna de las cosas que normalmente asociamos a la grandeza.

Tenía solo 33 años cuando todo el peso de la opinión pública cayó sobre Él. Sus amigos huyeron. Le consideraron un enemigo.

Soportó una parodia de juicio. Fue clavado en una cruz entre dos ladrones, mientras Sus verdugos sorteaban Sus ropas entre sí (lo único que poseía en la tierra). Y cuando hubo muerto, fue abandonado en un sepulcro prestado.

Han transcurrido 19 siglos, pero el mundo continúa cautivado por Él. Todos los ejércitos que a lo largo de los siglos han desfilado. Todas las fuerzas armadas que a lo largo de los siglos han navegado. Todos los parlamentos que a lo largo de los siglos han deliberado. Todos los reyes que a lo largo de los siglos han gobernado. Todos juntos no han causado un efecto en la vida del hombre sobre la tierra como el producido por aquella única vida solitaria.[31]

LA SALVACIÓN ES INICIATIVA DE DIOS POR MEDIO DE CRISTO

Seguro que todos nosotros hemos escuchado la expresión «debes buscar a Dios» o «estoy buscando al Señor». Sin embargo, la Biblia dice que nadie puede buscar a Dios a menos que Él decida buscarlo primero.

Es imposible que una persona no convertida a Cristo busque al Señor, piense en Él o se decida por el Él a menos que Dios ponga ese deseo en ella. En otras palabras, es Dios quien toma la iniciativa de buscarnos, aun cuando nosotros no tengamos esa disposición. Esta verdad es fundamental en nuestra compresión de lo que significa la salvación tal y como nos lo presenta la Palabra de Dios. Veremos algunos textos que nos confirman esta verdad:

---

[31] Roy Clements, *La Iglesia que transformó al mundo* (Barcelona, España: Publicaciones Andamio, 1992), 13-14.

«Pero el hombre natural no percibe las cosas que son del Espíritu de Dios, porque para él son locura, y no las puede entender, porque se han de discernir espiritualmente» (1 Cor. 2:14).

Este texto es el resultado de un contraste que el apóstol Pablo hace entre el ser humano que no tiene a Dios, sus juicios y valores, y la sabiduría, el mensaje y el propósito de Dios. Para tener una mejor compresión de este texto debemos partir de 1 Corintios 1:18-31, donde el apóstol Pablo comienza marcando la diferencia entre la sabiduría de los humanos y la sabiduría de Dios:

EL SER HUMANO	EL PLAN DE DIOS
El mensaje de Dios (1:18)	
○ Es locura.	○ Es poder.
La sabiduría de Dios (1:20-25)	
○ El hombre no la conoce.	○ Dios se da a conocer (21).
○ Pide señales y conocimientos.	○ Dios presenta la cruz (22-23).
○ Es tropiezo y necedad.	○ Es poder (24).
○ Es necia y débil.	○ Es fuerte y sabia (25).
La soberanía de Dios (1:26-31)	
○ No es para los sabios del mundo.	○ Es para lo que el mundo considera necio.
○ Ni para poderosos ni nobles.	○ Es para lo que el mundo considera débil y vil.

La predicación de Dios (2:1-13)

○ No es conforme a las expectativas humanas ni a la retórica de los corintios (1).
○ Muestra su fragilidad humana (3).
○ Es espiritual y por lo tanto poderosa (4-5).
○ Es sabia y eterna frente a la humana (6-13).

En esta última sección (1 Cor. 2:3-13), el apóstol presenta el mensaje del evangelio. Este mensaje es poderoso, espiritual y eterno. Pero, a pesar de todo eso, él concluye reconociendo que es una necedad y locura para los perdidos. Este mensaje de Dios y, por consiguiente, Su propósito no pueden ser entendidos ni asimilados por ellos debido a su propia condición espiritual. No es que el ser humano no quiera comprender, lo que sucede es que no puede hacerlo.

Esto pone un abismo inmenso en la creencia del libre albedrío con respecto a la salvación. Permíteme explicarlo a continuación. El *hombre natural* se puede definir como la persona que no tiene a Cristo en su vida. Es una persona que todavía Cristo no ha salvado y, por lo tanto, cuyas capacidades están limitadas a lo terrenal porque no tiene el Espíritu de Dios (1 Cor. 2:14). Aun cuando este hombre decida buscar experiencias espirituales, todas ellas serán infructuosas para encontrar a Dios porque está partiendo de sus percepciones humanas y no de la revelación que viene de Dios. El ser humano no busca de forma espontánea la salvación, sino que Dios provee los medios y las condiciones para que por Su gracia el hombre sea salvado.

LA SALVACIÓN ES POR GRACIA

Gracia es aquello que no le cuesta nada al que se beneficia de ella. La gracia le cuesta todo al que la da (Cristo) y nada al que la recibe (el ser humano). La palabra *gracia* viene de una palabra griega que significa 'don inmerecido y otorgado por benevolencia'.

Hablando sobre la salvación por gracia, Charles H. Spurgeon dice: «… la salvación es TODA ELLA POR GRACIA, que quiere decir *libre, gratuita, por nada*».[32] Gratuita para nosotros los recipientes de esa gracia, pero a Dios le costó a Cristo, y a Cristo le costó Su sangre.

Lo que merecemos como seres humanos es condenación porque nacimos pecadores (Rom. 3:23). Nacemos en un estado de rebeldía contra Dios, pero Él coloca Su gracia por encima de nuestra condición y nos rescata no porque seamos buenos o lo merezcamos, sino por pura

---

[32] C. H. Spurgeon, *Todo por gracia: unas palabras trascendentales para quienes están buscando la salvación por medio del Señor Jesucristo,* trad. por Allan Román, archivo consultado el 22 de agosto de 2016. http://www.spurgeon.com.mx/todopor Gracia.pdf. Charles Haddon Spurgeon (1834-1892) fue un pastor, teólogo y autor inglés. Una de las grandes figuras del evangelio, conocido como el príncipe de los predicadores.

gracia debido a nuestra condición malvada. Spurgeon lo describe de la siguiente manera:

> Tú has pensado que la salvación era para los buenos, ¿no es cierto? Has creído que la gracia de Dios era para los puros y los santos, para aquellos que están libres de pecado, ¿no es verdad? [...] [S]i fueras excelente, entonces Dios te recompensaría; y has pensado que debido a que no eres digno, no podría haber forma de que goces de Su favor.[33]

La salvación es por gracia y es el regalo más importante que el ser humano puede recibir porque tiene que ver directamente con la vida eterna. La Biblia dice:

> «[M]as la dádiva [el regalo] de Dios es vida eterna en Cristo Jesús Señor nuestro» (Rom. 6:23b).

Y dado que el cielo es un regalo, como todo regalo auténtico...

- ○ No se gana.
- ○ No se recibe por méritos.

> «Porque por gracia sois salvos por medio de la fe; y esto no es de vosotros, pues es don de Dios; *no por obras*, para que nadie se gloríe» (Ef. 2:8-9, énfasis añadido).

Esto quiere decir que ni tú ni nadie puede conseguir entrada al cielo mediante esfuerzo personal, buena obra ni actividad religiosa alguna.

LA SALVACIÓN ES POR FE

Todas las religiones enseñan la salvación por obras, afirmando que las personas pueden salvarse por sus propios esfuerzos. La fe cristiana enseña que somos salvos por gracia, pero además enseña que es por medio de la fe. El tema de la fe es de suma importancia en el Nuevo Testamento porque las palabras *fe* y *creencia* aparecen unas 240 veces cada una, escritas

---

[33] Ibíd.

en todos los libros excepto en las Epístolas Segunda y Tercera de Juan, «por ser estas últimas mencionadas muy cortas y muy específicas».[34]

En la Escritura, la fe es normalmente la confianza viva y personal en Cristo. El texto más conocido de la Biblia dice:

> «Porque de tal manera amó Dios al mundo, que ha dado
> a su Hijo unigénito, para que todo aquel que en él cree,
> no se pierda, mas tenga vida eterna» (Juan 3:16).

Podemos ver cómo creer por medio de la fe en Jesucristo nos da vida eterna. Sinclair Ferguson hace un interesante aporte al tema de la fe al presentar las características de la fe salvadora:[35]

- **Conocimiento.** El conocimiento que hay en la fe no es simplemente un cargamento intelectual. El verdadero conocimiento del que nos habla la Biblia implica siempre un conocimiento que guía a una relación personal.
- **Aceptación.** La aceptación requiere que reconozcamos la verdad de ciertas cosas, aceptándolas en nuestras mentes. Creer en Cristo significa aceptar la verdad de quién es Él y qué hizo por nosotros. Todo esto además de conocerlo.
- **Confianza.** La invitación a confiar en Cristo aparece constantemente en Sus convocatorias a seguirlo. Lo podemos ver de forma especial en estas palabras llenas de gracia: «Venid a mí todos los que estáis trabajados y cargados, y yo os haré descansar» (Mat. 11:28). Otras ideas bíblicas que son sinónimas de «fe» también subrayan este principio de confianza personal. Tener fe significa permanecer en Cristo (Juan 15:1-11); significa recibir a Cristo (Juan 1:12), aferrarnos a Él con total confianza.

La salvación es por fe; Dios es quien la otorga para que podamos creer en Cristo. Por eso, sin Su favor, nunca seríamos capaces ni siquiera de creer con conocimiento, aceptación y confianza.

---

[34] Sinclair Ferguson, *La vida cristiana: una introducción doctrinal*, trad. por A. F. Cruz y P. Escutia, 1.ª ed. (Moral de Calatrava, España: Editorial Peregrino, 1998), 73. Sinclair Ferguson es un teólogo y autor escocés muy conocido por sus libros ampliamente difundidos en español entre los que están *Vamos a estudiar Efesios, Abandonado por Dios y Solo en Cristo*.
[35] Ibíd.

LA SALVACIÓN ES SEGURA

En una ocasión hice la siguiente pregunta a mis estudiantes: ¿qué significa *desnacer*? Mientras todos pensaban, los más «atrevidos» se animaron a dar algunas propuestas de definiciones. Después de unos minutos, les dije que buscaran esa palabra en el diccionario, pero ninguno de ellos la encontró. No la encontraron porque no existe; es un invento. *Desnacer* no existe ni en la biología ni como concepto filosófico.

En el tercer capítulo de Juan, desde el versículo 1 en adelante, hay un diálogo interesante entre Jesús y Nicodemo, el sobresaliente maestro de la ley hebrea. En este diálogo, Nicodemo hace unas afirmaciones ciertas pero incompletas sobre Jesús:

> «[S]abemos que has venido de Dios como maestro; porque nadie puede hacer estas señales que tú haces, si no está Dios con él» (Juan 3:2).

Son ciertas porque Cristo venía de Dios y también porque Dios estaba con Jesús. Además, las señales que Jesús hacía eran verdaderas. Sin embargo, parecían incompletas porque era probable que Nicodemo estuviera viendo en Cristo a otro maestro más (le dice *rabí*, que quiere decir maestro) y no al Señor y Salvador del mundo. De todas maneras, Cristo le responde con una extraordinaria declaración que deja perplejo al maestro de la ley:

> «De cierto, de cierto te digo, que el que no naciere de nuevo, no puede ver el reino de Dios» (Juan 3:3b).

Ante semejante afirmación, Nicodemo quedó confuso y mostró sus limitaciones para comprender lo que Jesús estaba diciendo:

> «¿Cómo puede un hombre nacer siendo viejo? ¿Puede acaso entrar por segunda vez en el vientre de su madre, y nacer?» (Juan 3:5b).

Su repuesta demuestra una absoluta confusión en cuanto a la salvación y a cómo opera. Nicodemo la interpreta de forma humana y no la puede asimilar. Todo esto a pesar de ser maestro de la ley hebrea. Jesús le responde:

«De cierto, de cierto te digo, que el que no naciere de agua y del Espíritu, no puede entrar en el reino de Dios. Lo que es nacido de la carne, carne es; y lo que es nacido del Espíritu, espíritu es» (Juan 3:5b-6).

He explicado brevemente este encuentro para llegar a este punto. Jesús le dice a Nicodemo en el versículo 5 que el que no nace espiritualmente no podrá entrar al reino de Dios. Luego sigue diciéndole que es imposible que una persona después de nacer vuelva otra vez al vientre de su madre. El que nació espiritualmente tampoco puede revertir este hecho. El nacimiento humano es un hecho biológico irreversible y la salvación es un hecho espiritual irreversible también. Por esa razón, *desnacer* no existe; es imposible.

La salvación que Dios nos da es para siempre porque depende de lo que Cristo hizo y no de lo que nosotros podamos hacer. La Biblia dice:

«[L]os cuales no son engendrados de sangre, ni de voluntad de carne, ni de voluntad de varón, sino de Dios» (Juan 1:13).

«El que cree en mí, tiene vida eterna» (Juan 6:47b).

Esta seguridad de salvación reposa en la garantía que Cristo ofrece. Esa garantía viene de Su amor por nosotros y de Su poder para guardarnos. Jesús dice:

«Yo soy el buen pastor; el buen pastor su vida da por las ovejas. [...] Mis ovejas oyen mi voz, y yo las conozco, y me siguen, y yo les doy *vida eterna*; y no *perecerán jamás*, ni nadie las *arrebatará* de mi mano. [...] Mi Padre que me las dio, es mayor que todos, y *nadie* las puede *arrebatar* de la mano de mi Padre» (Juan 10:11,27-29, énfasis añadido).

Además, la Palabra de Dios nos enseña que nada podrá separarnos del amor de Cristo. Nada hará que Cristo deje de amarnos:

«¿Quién nos separará del amor de Cristo? ¿Tribulación, o angustia, o persecución, o hambre, o desnudez, o peligro, o espada? [...] Antes, en todas estas cosas somos más que vencedores por medio de aquel que nos amó. Por lo cual estoy seguro de que ni la muerte, ni la vida, ni ángeles, ni principados, ni potestades, ni lo presente, ni lo por venir, ni lo alto, ni lo profundo, ni ninguna otra cosa creada nos podrá separar del amor de Dios, que es en Cristo Jesús Señor nuestro» (Rom. 8:35,37-39).

El saber que la salvación es para siempre produce una actitud de gratitud y humillación permanente al conocer la magnitud del amor de Dios. El verdadero creyente entenderá estas dimensiones de la salvación sometiendo su vida a un constante servicio a Dios, con una vida que lo honre. El cristiano que comprende que es salvo para siempre, por la pura gracia de Dios, tiene una actitud de gratitud y sometimiento a la voluntad de Dios.

RESUMEN DEL CAPÍTULO 5

(1) La salvación es iniciativa de Dios (Juan 6:44)

a. Es imposible que una persona no convertida a Cristo busque al Señor, piense en Él o se decida por el Él a menos que Dios ponga ese deseo en ella (1 Cor. 2:14; Rom. 8:7).

(2) La salvación es por gracia

a. La gracia le cuesta todo al que la da (Cristo) y nada al que la recibe (el ser humano).

b. La gracia viene de una palabra griega que significa 'don inmerecido' y 'otorgado por benevolencia'.

c. Lo que merecemos como seres humanos es condenación porque nacimos pecadores (Rom. 3:23).

d. La salvación es por gracia y es el regalo más importante de Dios para nosotros.

(3) La salvación es por fe

a. La fe es la confianza viva y personal en Cristo.

b. Características de la fe salvadora:
   i. Conocimiento
   ii. Aceptación
   iii. Confianza

(4) La salvación es segura

a. La salvación que Dios nos da es para siempre. (Juan 1:13; Juan 6:47b).

b. Esta seguridad de salvación reposa en la garantía que Cristo ofrece. Esa garantía viene de Su amor por nosotros y de Su poder para guardarnos. (Juan 10:11,27-29).

c. Nada podrá separarnos del amor de Cristo. (Rom. 8:35,37-39).

d. El saber esto nos produce gratitud y humillación permanente.

PARA ESTUDIAR

Complete los espacios en blancos.

La salvación es _____ de _____ (1 Ped. 2:9)

La salvación es _____ (Ef. 2:8,9)

La salvación es _____ (Juan 3:16)

La salvación es _____ (Juan 1:13; 6:47)

Marque con una x el postulado correcto.

☐ La salvación es una iniciativa humana.

☐ La salvación se gana con buenas obras.

☐ La salvación es iniciativa de Dios.

☐ Todos podemos salvarnos porque somos buenos.

☐ La salvación es gratis.

☐ La salvación es para siempre.

Complete los versículos.

«[Y] yo les doy _____ _____; y no _____ jamás, ni nadie las _____ de mi mano» (Juan 10:28).

«Porque por gracia sois salvos por medio de la _____; y esto no es de vosotros, pues es ____ de _____; no por _____ para que nadie se _____» (Ef. 2:8,9).

«El que cree en _____ tiene vida _____» (Juan 6:47b).

Día 1

[N]os salvó, no por obras de justicia que nosotros hubiéramos hecho, sino por su misericordia, por el lavamiento de la regeneración y por la renovación en el Espíritu Santo, el cual derramó en nosotros abundantemente por Jesucristo nuestro Salvador, para que justificados por su gracia, viniésemos a ser herederos conforme a la esperanza de la vida eterna (Tito 3:5-7).

Delante del Creador y respondiendo con franqueza, ¿qué podemos hacer para impresionarlo? ¿Ayudar a personas ancianas? ¿Dar comida al necesitado? ¿Prestar abrigo al desamparado? ¿Ser muy moralista? Si pudiéramos hacer algo para impresionarlo y así pagar el regalo de la vida eterna, entonces no tendría sentido que Cristo haya derramado Su sangre en la cruz para perdonar nuestros pecados.

No podemos hacer nada que esté en nuestras manos para poder ganar o merecer la vida eterna. La Biblia nos enseña que Él no nos salvó por nuestras obras porque estas están sucias de pecado; aun si cumpliéramos toda la ley, pero falláramos en un punto, nos hacemos culpables de toda ella. Podemos intentar, pero siempre será inútil.

Solo por Su misericordia, porque así lo designó Dios, es que somos salvos. Gracias al sacrificio de Su Hijo, tenemos al Espíritu Santo en nuestras vidas. Este es el tutor especial que guía cada paso que damos según la voluntad de Dios.

Dios mío, gracias por tu misericordia; gracias porque ella me ha dado una nueva vida por medio de Cristo y me guía cada día con tu Espíritu Santo. Amén.

¿QUÉ HAGO CON ESTO?

La salvación no le cuesta nada al hombre, Cristo lo pagó *todo*; sin embargo, ¿estás viviendo conforme al sacrificio que Cristo hizo por ti?

Día 2

*Pero la salvación de los justos es de Jehová, y él es su
fortaleza en el tiempo de angustia (Sal. 37:39).*

Hay momentos en nuestras vidas en los que parece que Dios nos ha
olvidado y, movidos por nuestro orgullo y nuestra ceguera espiritual,
recurrimos a diversos métodos y personas en busca de refugio tanto
emocional como espiritual.

Lo único que logran estos métodos es debilitarnos cada día más
porque nos alejan de la verdadera fuente de vida. El evangelio no es
solamente para el perdón de mis pecados pasados o una esperanza
para el futuro; también es útil y es un consuelo para cada situación
que enfrento, sea hambre, desnudez, peligro, aflicción, soledad, tristeza
o ansiedad.

Es necesario reconocer que nada ni nadie puede darnos la salvación
ni la paz espiritual que necesitamos, sino solo Jehová nuestro Dios. En
los momentos en que pensamos que todo marcha mal es cuando más
necesitamos venir humillados al trono de la gracia de Dios. Solo de Él
proviene nuestra salvación; solo Él es nuestro refugio y fortaleza en
momentos de dificultad.

*Padre amado, ayúdame a entender que es en esos mo-
mentos de debilidad emocional cuando más necesito
buscar tu rostro. Amén.*

¿QUÉ HAGO CON ESTO?

El Salmo 37:39 dice: «[É]l [Dios] es su fortaleza en tiempo de
angustia». ¿Es Dios la primera opción cuando buscas ayuda o
consuelo?

DÍA 3

Y en ningún otro hay salvación; porque no hay otro
nombre bajo el cielo, dado a los hombres, en que poda-
mos ser salvos (Hech. 4:12).

Sir Alexander Mackenzie (1764-1820) es un héroe canadiense y uno de los primeros exploradores y comerciantes de pieles. Condujo una osada expedición que lo llevó por todo Canadá y gran parte del océano Pacífico. Su increíble travesía terminó en 1793, 11 años antes de que los exploradores norteamericanos Lewis y Clark empezaran su famosa expedición hacia al oeste.

Mackenzie estuvo decidido a triunfar. Sin embargo, en 1789 había fracasado. Él y su tripulación de doce hombres y tres canoas partieron del lago Athabasca, en el centro del Canadá, en un esfuerzo por encontrar una ruta fluvial hacia el Pacífico. Después de un largo viaje lleno de peligros, se dieron cuenta de que el río que estaban navegando no desembocaba en el Pacífico, sino en el océano Ártico. En su diario, Mackenzie lo llamó «Río de la desilusión».

Mucha gente sigue religiones que solo llevan a una máxima desilusión. Sus creencias no conducen a Cristo y no llevarán a nadie al cielo. Solo Jesús puede llevarnos a las aguas de la vida eterna. No debemos dejarnos engañar por los que enseñan otro camino; y debemos ayudar a otros a reconocer que Jesucristo es la única vía, la única esperanza de la humanidad.

Señor, tú eres mi verdadero camino; guía mi vida.
Amén.

¿QUÉ HAGO CON ESTO?

¿Estás seguro de que sigues a Cristo? De ser así, ¿cómo se confirma esto en tu vida diaria?

DÍA 4

*Porque con el corazón se cree para justicia, pero con la
boca se confiesa para salvación (Rom. 10:10).*

En los años de la Reforma protestante, Wendelmuta Klaus fue apresada
y condenada a ser ejecutada por creer en el cristianismo y profesarlo.
Una señora que la visitó para hacerla cambiar de opinión, le dijo:
«Madre, ¿no puede creer lo que quiera y guardarlo para usted?», a
lo que Wendelmuta respondió: «¿No has oído que con el corazón se
cree para obtener justicia, pero con la boca se confiesa para obtener
la salvación?».

La salvación es una obra exclusiva del amor y la misericordia de
nuestro Dios. No basta solamente con decir que creemos en Dios; es
necesario que nos entreguemos a Él y le reconozcamos como nuestro
Salvador.

Esto no quiere decir que solo sea un simple reconocimiento de quién
es Él. Más bien se trata de una convicción personal profunda y sin reservas de que Jesús ejerce un señorío directo y soberano sobre la persona
que realiza la confesión. El versículo de hoy supone el arrepentimiento
por nuestros pecados, la plena confianza en Jesús para recibir salvación
y un sometimiento incondicional a Él como Señor.

*Padre Santo, gracias por tu salvación, ayúdame a confe-
sarte cada día delante de todos los hombres. Amén.*

¿QUÉ HAGO CON ESTO?

¿Les dices a los demás con tu boca lo que Cristo hizo en tu
corazón?

DÍA 5

*[Y] yo les doy vida eterna; y no perecerán jamás, ni
nadie las arrebatará de mi mano (Juan 10:28).*

Cuando respondemos al llamado de salvación de nuestro Señor y pasamos a ser hijos de Dios y a servirle, ya nadie puede arrebatarnos el regalo tan precioso que Él nos entrega: la salvación.

La Biblia nos enseña que al creer en el Señor ya nada nos separa de Su amor: «¿Tribulación, o angustia, o persecución, o hambre, o desnudez, o peligro, o espada? [...] [N]i la muerte, ni la vida, ni ángeles, ni principados, ni potestades, ni lo presente, ni lo por venir, ni lo alto, ni lo profundo, ni ninguna otra cosa creada» (Rom. 8:35b, 38-39a).

La seguridad de las ovejas radica en la confianza en que Jesús es el buen Pastor. Los ladrones, los salteadores y los lobos no pueden arrebatarnos de Su mano. La salvación que Dios nos ha dado no solo es eterna; también es segura. Satanás intentará por todos los medios quitarnos lo que Dios nos dio, pero no puede porque nuestra vida está escondida en Dios.

Gracias, Padre, porque estoy seguro en tus manos, porque la salvación que tú me has dado es eterna. Amén.

¿QUÉ HAGO CON ESTO?

¿La seguridad de tu salvación está basada en la confianza de tus bondades, o en el cuidado amoroso y eterno de Jesús?

DÍA 6

De cierto, de cierto os digo: El que oye mi palabra, y cree al que me envió, tiene vida eterna; y no vendrá a condenación, mas ha pasado de muerte a vida (Juan 5:24).

Escuchar y creer no es simplemente lo que muchas veces suponemos. Escuchar es obedecer la Palabra de Dios en nuestra vida; es caminar de acuerdo a lo que dice Su Palabra.

Creer es mucho más que decir que tenemos fe. Es entregarle nuestro corazón a Dios en un acto de fe salvadora, confesándolo como Señor de nuestra vida, reconociendo que somos Sus esclavos, Sus siervos y que todo lo que tenemos se lo debemos a Su divina gracia.

Cuando el oír y el creer se combinan en nuestras vidas, entonces Dios nos da el mejor de los regalos: la vida eterna. La Biblia dice: «[N]o vendrá a condenación, mas ha pasado de muerte a vida» (Juan 5:24b), una vida que solo en el sacrificio de Jesús la podemos encontrar. Es una vida que solo la tenemos por Su gracia y que es accesible a todo el que viene a Él.

¿Tienes la vida eterna?

Padre, gracias por ese amor; gracias porque moriste por mí para darme la vida eterna. Amén.

¿QUÉ HAGO CON ESTO?

¿Tienes la vida eterna? Sí la respuesta es sí, ¿cómo llegaste a obtenerla?

PARTE III

¿CÓMO ESCUCHAMOS A DIOS?

Capítulo 6

LA BIBLIA,
LA PALABRA DE DIOS

La Biblia es la Palabra de Dios expresada en palabras humanas.

George Ladd

No sé cuántas versiones de la Biblia tengo, pero son muchas. No soy coleccionista de Biblias, pero me han regalado bastantes a lo largo de mi ministerio. Tengo versiones en los textos originales, en varios idiomas, en distintas presentaciones y formatos. Tengo versiones físicas y también electrónicas. Pero ¿qué es la Biblia? Este tema extenso es lo que pretendo resumir en este capítulo.

El famoso erudito F. F. Bruce[36] afirma lo siguiente sobre la Biblia:

La palabra *Biblia* deriva, a través del latín, del vocablo griego *biblos* (libros); se refiere específicamente a los libros

---

[36] Frederick Fyvie Bruce, mejor conocido como F. F. Bruce, fue un teólogo escocés de amplia difusión e influencia en el mundo evangélico.

que la Iglesia cristiana reconoce como canónicos. Se dice que el uso cristiano más temprano de la palabra *biblos* (los libros) fue en 2 Clemente[37] 14:2 (hacia 150 d.C.): «Los libros y los apóstoles declaran que la Iglesia [...] ha existido desde el principio».[38]

La Biblia es en realidad una biblioteca de 66 libros escritos durante un período de unos 1500 años. Está formada de dos grandes partes: el Antiguo Testamento (pacto) y el Nuevo Testamento (pacto). Los 39 libros del A.T. aparecieron a lo largo de unos 1000 años (aproximadamente de 1400 a 400 a.C.). Los 27 libros del Nuevo Testamento aparecieron en menos de un siglo.

El Antiguo Testamento comienza con el origen de todo lo creado por Dios con el libro de Génesis y termina con el libro de Malaquías. El Antiguo Testamento se escribió mayormente en hebreo y algunas porciones en arameo[39] (Esd. 4:8–6:18; 7:12-26; Dan. 2:4–7:28; Jer. 10:11, y una palabra en Gén. 31:47). Hay una separación de 400 años entre el Antiguo y el Nuevo Testamento conocida como los 400 años de silencio porque no hubo profetas ni revelación canónica para registrar como parte de la Biblia durante este período.[40]

Creo que el profesor E. F. Harrison sintetiza muy bien la historia de la Biblia cuando dice:

> El Antiguo Testamento termina con Israel bajo el gobierno persa; el Nuevo Testamento comienza con la nación bajo el dominio de Roma. Leemos sobre sacerdotes principales, sinagogas, doctores de la ley, fariseos, saduceos, herodianos, el concilio o sanedrín y una amplia dispersión de los judíos. Todo esto requiere explicación para

---

[37] La *Segunda epístola de Clemente* es una obra de la literatura cristiana escrita por Clemente de Roma, un mártir cristiano, cuya fecha de nacimiento es desconocida. Se cree que murió en el año 97 d.C.

[38] Philip W. Comfort y Rafael A. Serrano, *El origen de la Biblia* (Carol Stream, IL: Tyndale House Publishers, Inc., 2008), 3.

[39] El arameo no es un dialecto, sino que es considerado un idioma, como lo es también el hebreo.

[40] La historia de Israel de ese período conocido como «los 400 años de silencio» se puede conocer a través de los macabeos. Para un estudio más amplio, recomiendo el libro de David S. Russell, *El período intertestamentario*.

quien solo está familiarizado con la historia del Antiguo Testamento.[41]

En el Nuevo Testamento, vemos que el Antiguo Testamento ya estaba formado y era reconocido como fuente de autoridad y revelación de Dios. El Antiguo Testamento es un nombre relativamente nuevo para los primeros libros de la Biblia. En el Nuevo Testamento, vemos que solían usarse como sinónimos los términos *los escritos*, *las Escrituras* o *la Escritura*, como vemos en los siguientes textos:

> «Jesús les dijo: ¿Nunca leísteis en las *Escrituras*…?» (Mat. 21:42a, énfasis añadido).

> «Toda la *Escritura* es inspirada por Dios» (2 Tim. 3:16a, énfasis añadido).

> «[C]asi en todas sus epístolas, hablando en ellas de estas cosas; entre las cuales hay algunas difíciles de entender, las cuales los indoctos e inconstantes tuercen, como también las otras *Escrituras*, para su propia perdición» (2 Ped. 3:16, énfasis añadido).

El Nuevo Testamento tiene 27 libros escritos en un período de 50 años. Los autores humanos fueron Mateo, Marcos, Lucas, Juan, Pablo, Santiago, Pedro y Judas, sin contar el desconocido autor del libro de Hebreos. En el Nuevo Testamento, encontramos evidencia de que los escritos de los apóstoles tenían autoridad en las iglesias que los recibían y, durante los siglos i y ii, algunos de los libros formaron lo que llamamos «el canon[42] del Nuevo Testamento».

A la iglesia primitiva, que heredó la Biblia hebrea (o la versión griega, la *Septuaginta*)[43] como sus Escrituras sagradas, no le tomó mucho tiempo colocar las nuevas Escrituras evangélicas y apostólicas

---

[41] Everett F. Harrison, *Introducción al Nuevo Testamento* (Grand Rapids, MI: Libros Desafío, 1980), 3.

[42] El canon bíblico es el conjunto de libros divinamente inspirados que constituyen la Biblia.

[43] Se llama *Septuaginta* a la traducción de los primeros cinco libros del A.T., la *Torá*, del hebreo al griego. Después, se extendió al resto del A.T. Conocida también como LXX, la *Septuaginta* tuvo su origen en Alejandría, Egipto, y fue traducida entre 300 y 200 a.C.

junto a la Ley y los profetas, y usarlos para la propagación y defensa del evangelio, y para la adoración cristiana. «Por eso es que Justino Mártir, alrededor de la mitad del siglo II, describe la forma en que los cristianos, en sus reuniones dominicales, leían "las memorias de los apóstoles y los escritos de los profetas"» (*Apología* 1.67).[44]

Estos libros que hoy conocemos como «Nuevo Testamento» circularon durante los primeros tres siglos. Ya se consideraban inspirados y, por lo tanto, circulaban por las iglesias y eran reconocidos como autoridad y regla de fe. Para formalizar el número específico de libros divinamente inspirados, se hicieron concilios (consultas) que establecieron ciertos principios para confirmar si un libro del Nuevo Testamento era realmente inspirado por el Espíritu Santo:

¿El autor fue un apóstol o tuvo relación cercana con un apóstol?
¿El libro fue aceptado por la mayoría de las iglesias de su época?
¿El contenido del libro tiene coherencia doctrinal y una enseñanza ortodoxa?
¿Este libro contiene evidencia de alta moral y valores espirituales que reflejan la obra del Espíritu Santo?
¿El libro no contradice ningún otro, incluyendo los del Antiguo Testamento?

Los 27 libros Nuevo Testamento fueron confirmados a través de esas preguntas y con ellos se pudo completar el canon de toda la Biblia. El Concilio de Hipona (393 d.C.) y el Concilio de Cartago (397 d.C.) confirmaron la autoridad de los mismos 27 libros del Nuevo Testamento. Junto con los del Antiguo Testamento, terminaron por componer la Biblia tal y como la tenemos hoy en día.

Para los cristianos, es decir, aquellos que son salvos, la Biblia es la Palabra de Dios. Su mensaje central es la salvación para la gloria de Dios y es nuestra única fuente de norma, fe y conducta. Creemos que es la palabra autoritativa de Dios, inerrante e infalible.

¿Por qué lo afirmamos? Déjame contarte una experiencia personal. Cuando era estudiante universitario, viví una situación particular con un profesor de sociología que decía que la Biblia había sido inventada por una persona muy lista para engañar a los demás. Esta frase es muy

---

44 Comfort y Serrano, *El origen de la Biblia*, 10.

popular entre los incrédulos, pero nada está más alejado de la verdad porque la Biblia no es un invento humano. La Biblia es confiable porque «Toda la *Escritura* es inspirada por Dios» (2 Tim. 3:16a, énfasis añadido).

¿POR QUÉ LA BIBLIA ES CONFIABLE?

La Biblia es el libro más leído en toda la historia de la humanidad, el más vendido y el más traducido.[45] Es un documento histórico confiable porque tiene información comprobada, tanto desde el punto de vista histórico como arqueológico. Estos datos son comprobables por los eventos históricos que se registran en ella, como, por ejemplo, la alusión de Jesús a la caída de Jerusalén, que sucedió en 70 d.C. También tenemos las menciones de emperadores romanos como Augusto y Claudio, y gobernadores, funcionarios y reyes de la dinastía de Herodes.

DATOS CIENTÍFICOS

Nos encontramos con pasajes que nos entregan información sobre el universo con gran precisión. Veamos algunos de esto textos:

a. «Lo llevó fuera, y le dijo: Ahora mira al cielo y cuenta las estrellas, si te es posible contarlas. Y le dijo: Así será tu descendencia» (Gén. 15:5, LBLA).

b. «[D]e cierto te bendeciré grandemente, y multiplicaré en gran manera tu descendencia como las estrellas del cielo y como la arena en la orilla del mar, y tu descendencia poseerá la puerta de sus enemigos» (Gén. 22:17, LBLA).

c. «Como no se puede contar el ejército del cielo, ni se puede medir la arena del mar, así multiplicaré la descendencia de mi siervo David y de los levitas que me sirven» (Jer. 33:22, LBLA).

Estos textos establecen que las estrellas son simplemente imposibles de contar en el universo. No hay ser humano que sepa con exactitud el

---

[45] Para 2012, las Sociedades Bíblicas Unidas afirmaron que la Biblia está disponible en 2544 idiomas de los casi 7000 que existen en todo el mundo.

número de todas ellas, aunque vemos que se hacen esfuerzos por calcularlo, pero, al parecer, la comunidad científica no se pone de acuerdo.

> Un equipo de astrónomos australianos se ha puesto a la labor de contar las estrellas que se pueden ver desde la Tierra, y desde luego han llegado bastante más allá que el economista catalán o los enamorados del desierto. En concreto, los científicos han presentado ante la Unión Astronómica Internacional la cifra de 70 sextillones, o sea, un 7 seguido de 22 ceros, según informa la BBC.
> Este número trasciende de largo lo que una persona es capaz de asimilar...[46]

Otro estudio revela otra cifra:

> Un nuevo estudio sugiere que el universo podría tener tres veces más estrellas que lo que los científicos habían calculado hasta ahora. El nuevo cálculo es de 300.000.000. 000.000.000.000.000, o sea 300.000 trillones.[47]

DESCRIPCIONES CULTURALES

En la Biblia, encontramos el registro de las distintas fiestas judías. Estas son fáciles de encontrar en todas las Escrituras. Un ejemplo son las siete fiestas que se ven en Levítico 23:

> «Habló Jehová a Moisés, diciendo: Habla a los hijos de Israel y diles: Las fiestas solemnes de Jehová, las cuales proclamaréis como santas convocaciones, serán estas» (Lev. 23:1-2).

Entre estas fiestas, están la Pascua (vv. 4-5), en el día 14 del mes de Nisán del calendario judío (marzo-abril); los panes sin levadura (vv. 6-8),

---

[46] «¿Cuántas estrellas hay en el cielo?», El País, 22 de julio de 2003. http://sociedad .elpais.com/sociedad/2003/07/22/actualidad/1058824803_850215.html.
[47] «¿Cuántas estrellas hay en el Universo? Calculan que 300.000 trillones». El Comercio, 2 de diciembre de 2010. http://elcomercio.pe/tecnologia/actualidad/cuantas-estrellas-hay-universo-calculan-que-300000-trillones-noticia-678146.

los días 15-21 de Nisán (marzo-abril); las primicias (vv. 9-14), el 16 de Nisán (marzo-abril); Pentecostés (vv. 15-22), en el mes de Siván, 50 días después de la cosecha (mayo-junio); las trompetas (vv. 23-25), el 1 y 2 del mes de Tishri (septiembre-octubre); la expiación o Yom Kippur (vv. 26-32), el 10 del mes de Tishri (septiembre-octubre); y los tabernáculos (vv. 33-44), del 15-22 del mes de Tishri (septiembre-octubre).

JESUCRISTO ES UN PERSONAJE REAL

La persona más fascinante de la historia es Jesucristo y sería poco razonable negar o cuestionar Su existencia. Conocemos de Cristo a través de lo que la Biblia dice de Él, especialmente en el Nuevo Testamento. Su existencia es probada a través de Su impacto histórico, evidencias tangibles, la relación con otros hechos históricos, Su influencia en las personas durante y después de Su tiempo, la revalidación de parte de historiadores respetados y los millones de vidas transformadas por la fe en Él. Todas estas cosas confirman la realidad del Cristo vivo planteada en la Biblia.

En un comentario sobre la Biblia, el personal del Departamento de Antropología del Instituto Smithsoniano en Estados Unidos declara:

> Gran parte de la Biblia, en particular los libros históricos del Antiguo Testamento, son documentos históricos tan fieles como cualquier otro que nos haya llegado desde la antigüedad; y de hecho son más fieles que muchas historias egipcias, mesopotámicas o griegas. Estos registros bíblicos pueden usarse (y se usan) como se utilizan otros documentos antiguos para apoyar las obras arqueológicas.[48]

Ninguno de los artefactos encontrados en regiones o ubicaciones bíblicas ha contradicho jamás la historia presentada en las Escrituras.

Los relatos de historiadores que no fueron ni cristianos ni simpatizantes del cristianismo comprueban los hechos presentados en la Biblia. Entre esos historiadores de origen romano encontramos a Suetonio,

---

[48] La Biblia como documento de historia del Museo Nacional de Historia Natural del Instituto Smithsoniano.

Tácito y Plinio el Joven. También está Josefo, un judío; y Luciano de Samosata y Talus, historiadores griegos. El verdadero historiador que estudia sin prejuicios nunca negará la existencia de Jesús o los relatos bíblicos porque la fe cristiana es una fe histórica.

EL TESTIMONIO INTERNO DE LA MISMA BIBLIA

Además del contundente testimonio de la historia, tenemos también las decisivas evidencias internas. En la Biblia encontramos profecías anunciadas en el Antiguo Testamento y cumplidas en el Nuevo Testamento sobre la persona de Jesús. Sobre las profecías, la Biblia declara:

> «[P]orque nunca la profecía fue traída por voluntad humana, sino que los santos hombres de Dios hablaron siendo inspirados por el Espíritu Santo» (2 Ped. 1:21).

Uno de los argumentos más poderosos a favor de la confiabilidad de la Biblia es el de las profecías cumplidas. Por ejemplo, en la Biblia se predijo:

- ◦ La presentación profética de Jesús a Israel (Dan. 9:27-29).
- ◦ El pueblo donde nacería (Miq. 5:2).
- ◦ Una descripción detallada de Su muerte (Sal. 22; Isa. 53).

En la Biblia, se hicieron predicciones increíbles acerca de Jesús, aun mucho antes de Su nacimiento. La Biblia contiene profecías sobre Jesús, todas escritas 1000 años antes de que naciera. Hay profecías respecto a cuándo, dónde y cómo habría de nacer. Norman Geisler afirma:

> Hubo decenas de profecías en el Antiguo Testamento referentes al Mesías, aunque algunos de esos pasajes no hayan sido reconocidos como tales cuando fueron escritos, como los que dicen que Él sería nazareno (Mat. 2:23) o que huiría a Egipto (v. 15). En cambio, hay otros pasajes que tienen sentido solo si se refieren a Dios el Mesías.[49]

---

[49] Norman Geisler, *Apologética: herramientas valiosas para la defensa de la fe* (Miami, FL: Unilit–Flet, 1997), 137.

Cito algunos de ellos:[50]

- ○ Nacería de una mujer (Gén. 3:15; Gál. 4:4).
- ○ Nacería de una virgen (Isa. 7:14; Mat. 1:21).
- ○ Sería de la simiente de Abraham (Gén. 12:1-3; 22:18; Mat. 1:1; Gál. 3:16).
- ○ Vendría de la tribu de Judá (Gén. 49:10; Luc. 3:23,33; Heb. 7:14).

Es imposible haber manipulado los diferentes aspectos de Su nacimiento para adaptarlos a estas profecías.

Un argumento más a favor de la veracidad y confiabilidad de la Biblia es el testimonio de las vidas transformadas a través de ella. Dios nos habla por medio de Su Palabra y nos transforma al aplicar esa verdad a nuestras vidas. Hace poco, The Folio Society, una editorial británica, realizó una encuesta en la cual preguntó a más de 2000 lectores cuáles eran los libros que consideraban más importantes en el mundo moderno. La editorial hizo la encuesta sobre un total de 30 libros, escogidos por su importancia para la formación del pensamiento en el mundo moderno.[51] La Biblia fue la más votada por la mayoría de los participantes, con el 37% de los votos. *El origen de las especies*, de Charles Darwin, consiguió un 35%, seguido de las obras de Stephen Hawking, Albert Einstein y George Orwell.

¿QUÉ BENEFICIOS OBTENGO AL ESTUDIAR LA BIBLIA?

En el mundo, cada semana se imprimen millones de páginas. Miles de libros nuevos son publicados cada mes. Esto no sería sorprendente para Salomón, quien dijo: «[S]é amonestado. No hay fin de hacer muchos libros» (Ecl. 12:12b).

Aun con tantos libros, Internet y tanto material virtual, la Biblia sigue siendo la única fuente de revelación divina que tiene el poder para

---

[50] Para un estudio más amplio sobre este tema, puedes consultar *Evidencia que exige un veredicto* de Josh McDowell y *Apologética* de Norman Geisler, entre otros.

[51] Alison Flood, «Bible edges out Darwin as 'most valuable to humanity' in survey of influential books», *The Guardian*, 13 de noviembre de 2014, http://www.theguardian .com/books/2014/nov/13/folio-society-survey-bible-edges-out-darwin.

sustentar a los cristianos en su caminar diario con Dios. Es por eso que la Biblia es el libro de los libros, una fuente inagotable:[52]

La Biblia es la fuente de verdad: «Santifícalos en tu verdad; tu palabra es verdad» (Juan 17:17).

La Biblia es fuente de bendición cuando es obedecida: «Y él dijo: Antes bienaventurados los que oyen la palabra de Dios, y la guardan» (Luc. 11:28).

La Biblia es la fuente de la victoria: «[L]a espada del Espíritu, que es la palabra de Dios» (Ef. 6:17b).

La Biblia es la fuente del crecimiento: «[D]esead, como niños recién nacidos, la leche espiritual no adulterada, para que por ella crezcáis para salvación» (1 Ped. 2:2).

La Biblia es la fuente del poder: «Porque no me avergüenzo del evangelio, porque es poder de Dios para salvación a todo aquel que cree; al judío primeramente, y también al griego» (Rom. 1:16).

La Biblia es la fuente que guía: «Lámpara es a mis pies tu palabra, y lumbrera a mi camino» (Sal. 119:105).

¡QUÉ LIBRO TAN ESPECIAL!

La Biblia contiene la mente de Dios, el estado del hombre, el camino de salvación, la condenación de los pecadores y la felicidad de los creyentes. Sus doctrinas son santas, sus preceptos son comprometidos, sus historias son verdaderas y sus decisiones son inmutables.

Léala para ser sabio, créala para ser salvo y practíquela para ser santo. Contiene luz para guiarle, alimento para sostenerlo y consuelo para alentarlo. Es el mapa del viaje-

---

[52] Tomado de *La Biblia de estudio MacArthur*.

ro, el cayado del peregrino, la brújula del piloto, la espada del soldado, y el itinerario del cristiano. Aquí se restablece el Paraíso y las puertas del infierno son reveladas.

Cristo es su gran tema, nuestro bien, su propósito y la gloria de Dios su finalidad. Debe llenar la memoria, gobernar el corazón y guiar los pies. Léala lentamente, frecuentemente y en oración. Es una mina de riqueza, un paraíso de gloria y un río de placer. Es dada a usted en vida, será abierta en el juicio y recordada para siempre. Ella encierra la responsabilidad más alta, recompensará la labor más grande y condenará a todos los que menosprecian su contenido sagrado.[53]

¿CÓMO DEBE LEERSE LA BIBLIA?

1. Lee la palabra de Dios al menos una vez al día.
2. Ora siempre antes de leer, pidiendo al Señor que te hable.
3. Aunque no tengas deseo, lee, pues es un acto de obediencia.
4. Lee en un ambiente de quietud y sin prisa.
5. Haz de ese tiempo un acto de adoración.
6. Establece un tiempo específico; si lo dejas librado a las circunstancias, nunca lo harás.
7. Continúa leyendo hasta que entiendas que Dios te habló.
8. No leas desordenadamente. Lee libro por libro o mediante una guía devocional.
9. Pregúntale a tu pastor o maestro lo que no entiendas.
10. Comparte con los demás lo que Dios te ha dicho.
11. Entiende que dejar de leer la Biblia es como dejar de comer, porque la Palabra de Dios es el alimento del alma. Si no comemos, corremos el riesgo de debilitarnos, enfermarnos y hasta morir. De igual manera, el creyente que no se alimenta con la Palabra de Dios, corre el riesgo de ser un cristiano débil y enfermizo.
12. Subraya delicadamente en tu Biblia o en tu dispositivo electrónico los versículos que te han ministrado.

---

[53] Tomado de la introducción del N.T., versión de bolsillo de la Biblia de los Gedeones.

13. Debes entender que no leer la Palabra de Dios es desobediencia porque el Señor nos ha dejado Su Palabra para que sepamos cómo debemos conducirnos en la vida.
14. Anota lo que Dios te va diciendo.
15. Pídele a Dios que ponga en ti amor por Su Palabra.

RESUMEN DEL CAPÍTULO 6

(1) **¿Por qué la Biblia es confiable?**

 a. La Biblia es un documento histórico.
  i.Eventos históricos
   (1) La caída de Jerusalén (70 d.C.).
    (a) Las menciones de emperadores romanos como Augusto y Claudio.
    (b) Los reyes, como la dinastía de Herodes.
  ii. Datos científicos
   (1) Afirma que las estrellas son incontables (Gén. 15:5).
    (a) En 150 a.C., Hiparco señaló que había 1026 estrellas en el espacio.
    (b) En 150 d.C., Ptolomeo afirmó que había 1056.
    (c) En 1575, Brahe contó 777.
    (d) En 1600, Johannes Kepler (1571-1630) contó 1005.
  iii. Descripciones culturales
   (1) Las distintas fiestas de los judíos.
  iv. Jesucristo es un personaje real
   (1) Impacto histórico.
   (2) Evidencias tangibles.
 b. El testimonio de los testigos
  i.Las profecías pronosticadas y cumplidas.
   (1) La presentación de Jesús a Israel (Dan. 9).
   (2) El pueblo donde nacería (Miq. 5:2).
   (3) Una descripción detallada de Su muerte (Sal. 22; Isa. 53).
    (a) El canon de las Escrituras.

(2) **Algunas características de la Biblia**

 a. La palabra *Biblia* significa 'los libros'.
 b. Tiene 66 libros: 39 en el A.T. y 27 en el N.T.

c. Fue escrita originalmente en tres idiomas: hebreo, arameo y griego.

d. Hay un período de silencio de 400 años entre el A.T. y N.T.

e. Fue escrita por hombres, separados por las circunstancias, el espacio y el tiempo durante un período de 1000 años, pero está unida bajo la inspiración de Dios.

f. Sus enseñanzas son verdaderas; no se contradicen porque son palabras del mismo Dios y sus profecías se cumplen.

(3) ¿Qué beneficios obtengo al estudiar la Biblia?

a. La Biblia es fuente de verdad (Juan 17:17).

b. Es fuente de bendición cuando es obedecida (Luc. 11:28).

c. Es la fuente de victoria (Ef. 6:17).

d. Es la fuente de crecimiento (1 Ped. 2:2).

e. Es la fuente de poder (Rom. 1:16).

f. Es la fuente que guía (Sal. 119:105).

(4) ¿Cómo debe leerse la Biblia?

a. Lee la Palabra de Dios diariamente.

    i. Aunque no tengas deseo, lee, pues es un acto de obediencia.

    ii. Debes entender que no leer la Palabra de Dios es pecado.

    iii. Entiende que dejar de leer la Biblia es como dejar de comer.

    iv. Lee en un ambiente de quietud y sin prisa.

    v. Continúa leyendo hasta que entiendas que Dios te habló.

    vi. No leas desordenadamente.

    vii. Lee libro por libro o mediante una guía devocional.

    viii. Ore siempre antes de leer.

b. Haz de ese tiempo un acto de adoración.

c. Establece un tiempo específico; si lo dejas librado a las circunstancias, nunca lo harás.

d. Pregúntale a tu pastor o maestro lo que no entiendas.

e. Comparte con los demás lo que Dios te ha dicho.

f. Subraya delicadamente en tu Biblia los versículos que te han ministrado.

g. Anota lo que Dios te va diciendo.

h. Pídele a Dios que ponga amor en ti por leer Su Palabra.

PARA ESTUDIAR

Marca los cuadros verdaderos.

☐ La Biblia fue escrita por un hombre muy inteligente.

☐ La Biblia fue escrita por hombres, pero inspirada por Dios.

☐ Al ser escrita por hombres, la Biblia tiene algunas contradicciones.

☐ La Biblia fue escrita originalmente en árabe, latín e inglés.

☐ Debo leer la Biblia cuando pueda.

☐ Leer la Biblia es un acto de obediencia.

☐ La Biblia es la Palabra de Dios.

Completa los espacios en blanco.

La Biblia es la _____ __ _____: «Santifícalos en tu verdad; tu palabra es verdad» (Juan 17:17).

La Biblia es la _____ __ __ _____ __ _____: «Y él dijo: Antes bienaventurados los que oyen la palabra de Dios y la guardan» (Luc. 11:28).

La Biblia es la _____ __ __ _____: «[L]a espada del Espíritu, que es la palabra de Dios» (Ef. 6:17).

La Biblia es la _____ ___ _____: «[D]esead, como niños recién nacidos, la leche espiritual no adulterada, para que por ella crezcáis para salvación» (1 Ped. 2:2).

La Biblia es la _____ ___ ____: «Porque no me avergüenzo del evangelio, porque es poder de Dios para salvación a todo aquel que cree; al judío primeramente, y también al griego» (Rom. 1:16).

La Biblia es la _____ __ ____: «Lámpara es a mis pies tu palabra, y lumbrera a mi camino» (Sal. 119:105).

Preguntas para debatir en grupo:

1. ¿Cuáles argumentos históricos y teológicos usarías para demostrar la veracidad de la Biblia?

2. ¿Cómo defenderías la infalibilidad de la Biblia frente a aquellos que dicen que contiene errores?

3. Describe cuáles evidencias internas y externan otorgan a la Biblia una indudable inspiración divina.

Preguntas de reflexión personal:

¿Cómo clasificarías tu lectura de la Biblia en este momento?
- ☐ Muy buena
- ☐ Buena
- ☐ Regular
- ☐ Mala
- ☐ Muy mala

¿Has leído la Biblia entera alguna vez? Si no es así, ¿planeas hacerlo durante el año en curso?

¿Tienes algún plan de lectura organizado de las Escrituras? Si tu respuesta es «sí», describe más abajo de qué consiste.

Día 1

*Toda palabra de Dios es limpia; Él es el escudo
a los que en él esperan. No añadas a sus palabras,
para que no te reprenda, y seas hallado mentiroso
(Prov. 30:5-6).*

¿Quiénes somos nosotros para objetar la Palabra de Dios? ¿Acaso tenemos el poder y la autoridad para cambiar lo que en ella encontramos?

Hay múltiples maneras que el hombre pecador ha inventado para quebrantar la enseñanza de este proverbio «Toda palabra de Dios es limpia [...]. No añadas a sus palabras». Violar la Palabra de Dios, ya sea sacando o añadiendo, es parte de la maldad del ser humano. En ambos casos, el hombre se cree superior, ya sea para quitar o para poner. De hecho, el primer ataque de Satanás al hombre fue tergiversar la Palabra de Dios extendiendo Sus límites a fin de confundir.

Por otro lado, uno de los atributos de Dios es Su santidad según nos dice 1 Pedro 1:16, y esto se refleja en Su Palabra. Dios no toma a la ligera que se añada a Su Palabra, y no tendrá por inocente a quienes lo hagan.

Sin embargo, cuando aceptamos la Palabra de Dios como santa, verdadera y absoluta, se convierte en la luz de nuestro camino, en el manual para nuestra vida. Abracemos la Palabra de Dios con pasión y confianza, pero también con la reverencia que merece. Dependamos del Espíritu Santo en oración, seamos diligentes en nuestro estudio bíblico y humildes para preguntarles a otros más maduros en la fe. Pero nunca tratemos la Biblia como un libro cualquiera, pues es la santa Palabra de Dios.

Señor, gracias por tu Palabra. Gracias porque es completa en sí misma y porque nos guía y nos muestra la mejor manera de vivir. Enséñame a estudiarla con el cuidado que merece. Amén.

¿QUÉ HAGO CON ESTO?

Si afirmamos que la Biblia es la Palabra inspirada de Dios, ¿cómo debería esto motivarte a leer constantemente las Escrituras?

DÍA 2

El cielo y la tierra pasarán, pero mis palabras
no pasarán (Mar. 13:31).

En 1983, la revista *US News* & *World Report* tenía una sección titulada «Lo que traerán los próximos 50 años». En esa sección, había un artículo acerca de la creciente importancia de las computadoras, los nuevos avances en el campo de la medicina y las formas más rápidas y fáciles de transporte. La introducción decía: «La predicción es, cuanto menos, un negocio arriesgado». Luego citaba a Sir Francis Bacon, quien dijo: «Los sueños y las predicciones deben servir nada más que para una conversación de invierno junto a la chimenea».

Eso es cierto en el caso de las predicciones humanas. Se puede especular sobre lo que va a suceder la próxima semana, el próximo año o la próxima década. De hecho, a través de la historia, no ha faltado el que afirme ser profeta o haber recibido una revelación especial sobre eventos futuros. Para desgracia o fortuna de aquellos que escucharon y pusieron su esperanza en tales profecías, estas nunca se cumplieron. Hubo algunos cumplimientos aislados, pero se ha podido demostrar que solo fue una coincidencia o que era una profecía muy general que aprovechaba eventos inminentes.

No obstante, no es el caso de las profecías de Dios. Sus profecías no son una estrategia que aprovecha eventos inminentes, y su cumplimiento no es una coincidencia. La Biblia tiene más de 300 profecías específicas sobre Cristo, que incluyen hasta las circunstancias de Su nacimiento. Según Peter Stoner, en su libro *Science Speaks: Scientific Proof of the Accuracy of Prophecy and the Bible* [La ciencia habla: evidencia científica de la precisión de la profecía

y de la Biblia], la probabilidad de que se cumplieran era sumamente baja. Stoner demuestra que las probabilidades de que solo
8 de estas profecías se cumplieran en una sola persona eran de 1 en
100.000.000.000.000.000.000.

Para que podamos entender esto, supongamos que ese mismo número de monedas se extienden por todo el territorio del estado de
Texas, Estados Unidos. Marcamos una sola moneda y la mezclamos
entre todas las demás por todo el estado. Tomamos a un hombre, le
vendamos los ojos y le decimos que puede caminar por todo el estado, pero que tiene una sola oportunidad para levantar una moneda y
esta tiene que ser la marcada. ¿Qué probabilidad tendría de acertar?
Exactamente la misma de que se cumplan solo ocho profecías en un
mismo hombre. La Biblia es el Libro de los libros, la Palabra de Dios
que permanece para siempre.

Padre Santo, ayúdame a confiar en tu Palabra
y a entender que es 100% verdad. Amén.

¿QUÉ HAGO CON ESTO?

¿Cómo influye Marcos 13:31 en tu vida?

Día 3

Toda la Escritura es inspirada por Dios, y útil para
enseñar, para redargüir, para corregir, para instruir en
justicia, a fin de que el hombre de Dios sea perfecto,
enteramente preparado para toda buena obra
(2 Tim. 3:16-17).

Cada nuevo electrodoméstico viene con un manual de instrucciones.
Si queremos conocer su funcionamiento correcto, debemos leerlo y
verificar paso por paso cada una de las funciones de nuestro nuevo
aparato. Como hijos de Dios, también tenemos nuestro manual de
instrucciones: la Biblia.

La Biblia es la Palabra de Dios que nos lleva a saber cómo actuar en cada área de nuestra vida. Cuando la leemos, no solo encontramos información, sino también transformación. Si analizamos las enseñanzas de Pablo, podemos descubrir que nos enseñó que la Palabra de Dios nos muestra qué camino tomar (la doctrina), nos dice cuándo nos desviamos (la represión) y nos indica cómo regresar (la corrección) y cómo perseverar (la instrucción en justicia). Es por tal razón que los reformadores insistieron en la *Sola Scriptura* (solo por medio de las Escrituras). La Palabra de Dios es suficiente y completa.

Cuando nos acercamos a la Palabra de Dios, debemos hacerlo conscientes del poder que tiene para transformar nuestras vidas. Debemos venir a ella expectantes y deseosos de recibir la instrucción, la represión y la corrección de Dios, así como ánimo para nuestras almas.

La Biblia es un regalo precioso, así que leámosla todos los días de nuestra vida con un corazón expectante de escuchar a Dios, dispuesto a obedecerlo.

Gracias, Padre, por ese precioso regalo. Gracias porque, para todas las áreas de nuestra vida, encontramos apoyo en tu Palabra. Amén.

¿QUÉ HAGO CON ESTO?

¿Con qué propósito estás leyendo las Escrituras? ¿La lees para que te informe o para que te transforme?

DÍA 4

Lámpara es a mis pies tu palabra, y lumbrera a mi camino (Sal. 119:105).

La oscuridad es la ausencia de luz. El que anda en oscuridad no tiene garantías de andar por el camino correcto. Eso les sucede a todos aquellos que pretenden andar por este mundo sin consultar la Palabra de Dios.

La Escritura guía nuestros pasos e ilumina nuestro camino en este mundo. Cuando la leemos, nuestros ojos se abren al conocimiento de Dios y, cuando la atesoramos en nuestros corazones, provoca transformaciones para que nuestra vida sea más correcta y nuestras cargas más ligeras.

La manera en que entendemos el mundo y la vida en general se conoce como cosmovisión. Esta incluye las influencias de las personas, los entornos, la educación y la personalidad que hemos recibido durante toda nuestra vida. Al vivir en un mundo caído, todas esas influencias han sido permeadas por el pecado y la mentira. Cuando vamos a la Palabra de Dios y renovamos nuestro entendimiento, comenzamos a adquirir una perspectiva más amplia y real de la vida; obtenemos más de la perspectiva de Dios. A partir de allí, el mundo y sus placeres nos parecen cada vez más superficiales y el gozo de Dios más real y vivo.

La Biblia contiene la luz para guiarnos y debemos creerla para ser salvos, leerla para ser sabios y practicarla para ser santos.

Señor, ilumina mis pasos cada día con tu
Palabra y permíteme seguir siempre por ese sendero.
Amén.

¿QUÉ HAGO CON ESTO?

Además de leer las Escrituras, ¿las estás aplicando diariamente a tu vida?

DÍA 5

Escudriñad las Escrituras; porque a vosotros os parece
que en ellas tenéis la vida eterna; y ellas son las que
dan testimonio de mí (Juan 5:39).

«¡Encontré una!». Ese fue el grito del inquisidor al sostener en alto la Biblia mientras llamaba a su asistente.

En el siglo XVI, Felipe II envió al duque de Alba a Flandes para aplastar a los protestantes, quienes insistían en leer la Biblia en su propio idioma. Cualquiera que fuera descubierto leyéndola sería colgado en la horca, quemado vivo en la hoguera o cortado en pedazos. Los inquisidores encontraron una Biblia en la casa del alcalde y todos los miembros de la familia negaron tener conocimiento de cómo llegó a la casa.

Finalmente, interrogaron a Wrunken, la joven sirvienta, quien declaró con valentía: «¡Yo la he estado leyendo y para mí es más valiosa que ninguna otra cosa!». La joven fue sentenciada a morir ahorcada. Abrieron un hueco en la muralla de la ciudad, metieron a la joven amarrada y luego volvieron a cerrar la abertura.

El día de su ejecución, un funcionario intentó persuadirla diciendo: «Eres muy joven y hermosa. ¿Vas a morir?». Pero ella respondió: «Mi Salvador murió por mí; yo también quiero morir por Él. Pasaré a estar con Jesús». Esa fue su única respuesta.

Señor, no importa cuál sea mi situación; ayúdame a leer tu Palabra siempre y entender que en ella se encuentra todo lo que tengo que saber acerca de ti. Amén.

¿QUÉ HAGO CON ESTO?

Si la Palabra de Dios es como un tesoro y como pan del cielo, ¿la buscas con insistencia y la deseas como tu alimento?

DÍA 6

Porque la palabra de Dios es viva y eficaz, y más cortante que toda espada de dos filos; y penetra hasta partir el alma y el espíritu, las coyunturas y los tuétanos, y discierne los pensamientos y las intenciones del corazón (Heb. 4:12).

¿No te ha sucedido que, mientras estabas muy tranquilo y confiado, alguien te cambió el ánimo al acercarse y decirte que tenías el cierre del pantalón abierto o que estabas despeinado o tenías alguna mancha en el rostro? Pasar vergüenza en público por un descuido que desconocíamos nos deja un sabor amargo. Debemos agradecer la existencia de espejos que nos evitan muchas vergüenzas, al avisarnos de nuestras fallas y defectos. El espejo nos permite ver la realidad de nosotros mismos sin reparos, es sincero y nos ayuda a resolver muchas cosas.

Del mismo modo, cuando tenemos conocimiento de la Palabra de Dios, esta nos hace entender lo que anda mal en nuestras vidas; nos hace evitar caer en situaciones desagradables y peligrosas. Comprende todas las áreas del diario vivir.

Cuando existe algún pecado en nosotros, la Palabra nos inquieta por medio del Espíritu Santo de forma tal que nuestro corazón no encuentra tranquilidad hasta que venimos a los pies de Dios y confesamos delante de Él lo que tenemos escondido. Dios usa Su Palabra para enseñarnos y guiarnos durante todos los días de nuestras vidas.

Señor, gracias por darnos tu Palabra que nos guía a toda verdad. Abre mis ojos para que pueda ver en tu Palabra cada pecado en mí que necesita ser confesado ante tu presencia. Amén.

¿QUÉ HAGO CON ESTO?

La lectura de la Palabra de Dios siempre producirá algún tipo de reacción en nosotros. ¿Has aprendido algo de ella hoy?

PARTE IV

¿CÓMO NOS ESCUCHA DIOS?

LA ORACIÓN, LA PALABRA DE LOS SERES HUMANOS A DIOS

La única manera de mantenerse de pie delante de los hombres es manteniéndonos de rodillas delante de Dios.

Leonard Ravenhill

Hace tiempo, leí sobre un estudio realizado entre un grupo de matrimonios, donde los más sanos decían que dedicaban por lo menos una hora para hablar entre ellos. La conclusión fue que las parejas sanas dedican más tiempo a hablar que las que tienen más conflictos en su relación matrimonial. El principio de que las parejas sanas hablan más es totalmente cierto. Me gusta hablar con mi esposa, Susana, de diversos temas y siempre me hace falta conversar con ella. No es una carga para mí; lo necesito y me gusta hacerlo. Conversamos de todo: desde planes y sueños hasta los desacuerdos que pudieran existir entre nosotros. Es muy cierto que, cuando uno ama, dedica tiempo a estar y hablar con la persona amada.

Sin embargo, por encima de mi amor por Susana y mis hijas, mis familiares y amigos, está mi amor por Dios, porque esa es la única garantía de poder amarlos también a ellos. Hace tiempo, le escribí este poema a mi esposa:

Amo a Dios más que a ti.
No te sorprendas,
te lo voy a explicar.
Te amo menos que a Él,
para poderte amar más.
Si ahora te amara más a ti que a Él,
entonces te amaría menos después.
Quiero siempre amarte con todo mi ser,
por eso procuro amarlo más Él.

Una de las formas más convincentes que tenemos de mostrarle amor a nuestro buen Dios es hablando con Él por medio de la oración. Dios habla a través de Su Palabra, y Su pueblo habla con Él por medio de la oración.

¿Cómo podemos definir la oración? No encontramos en la Biblia una definición y, al igual que en el caso de ciertas prácticas bíblicas, veremos más una descripción que una definición. Pero podemos decir con seguridad y con sencillez que orar es comunicarnos con Dios. Si estamos comunicándonos con Él, estamos orando. Desde el Antiguo Testamento, vemos que los hombres se comunicaron con Dios, ya sea en respuesta a una Palabra de Dios o de manera espontánea. En la Biblia, vemos que Melquisedec oró al Señor de forma espontánea:

«Entonces Melquisedec, rey de Salem y sacerdote del Dios altísimo, sacó pan y vino; y le bendijo, diciendo: Bendito sea Abram del Dios Altísimo, creador de los cielos y de la tierra; y bendito sea el Dios Altísimo» (Gén. 14:18-20a).

También vemos cómo los antiguos oraban en respuesta a lo que Dios había dicho:

«Y allí se metió en una cueva, donde pasó la noche. Y vino a él palabra de Jehová, el cual le dijo: ¿Qué haces aquí,

148

Elías? Él respondió: He sentido un vivo celo por Jehová Dios de los ejércitos» (1 Rey. 19:9-10a).

Hoy también podemos orar de forma espontánea o en respuesta a lo que Dios nos ha dicho mediante la lectura de Su Palabra. Orar es imprescindible para una buena relación con el Señor. Si no tenemos vida de oración, esa ausencia es un indicador de que no amamos a Dios lo suficiente como para hablar con Él y deleitarnos en Su presencia.

Los que somos casados no podemos decir que amamos a nuestras esposas si no hacemos tiempo para hablar con ellas. Tampoco podemos decir que somos buenos padres si no dedicamos tiempo para hablar con nuestros hijos, o que somos buenos hijos si no hablamos con nuestros padres. No puede ser un buen hijo aquel que no conversa con su padre. No puede ser un buen cristiano aquel que no conversa con su Padre Dios.

Orar es hablar con Dios, una comunicación con nuestro Señor y Salvador. Podemos expresar y canalizar la oración de distintas formas. Orar es algo que podemos hacer permanentemente y la Biblia nos lo presenta con claridad. Mediante la oración, nos mantenemos en comunión con Dios. Por eso, Él mismo nos exhorta a hacerlo de manera constante. La Biblia dice: «Orad sin cesar» (1 Tes. 5:17). No habla de estar en oración sin descanso porque, de ser así, todos estaríamos en falta. El texto se refiere más bien a la predisposición de mantener una comunión frecuente y orar en forma habitual. William Hendriksen señala lo siguiente respecto a este pasaje:

> Lo que Pablo quiere decir es que no debe haber disminución en la regularidad del hábito de mantenerse «aferrado a la mano de Dios» en medio de todas las circunstancias de la vida (comp. Rom. 12:12; Ef. 6:18; Col. 4:2). El apóstol tenía autoridad para exhortar así puesto que él mismo dio el ejemplo (1 Tes. 3:10; 2 Tes. 1:11; Ef. 1:16; 3:14).[54]

Esa constancia en la oración nos mantiene en comunión con Dios y, por lo tanto, nos da una vida victoriosa en Cristo. La intimidad con Dios por medio de la oración y la lectura de la Palabra nos permite

---

[54] William Hendriksen, *Comentario al Nuevo Testamento: 1 y 2 Tesalonicenses* (Grand Rapids, MI: Libros Desafío, 2007), 161.

conocer Su carácter y Su voluntad, y esto es posible si leemos la Biblia y oramos según lo que el Señor nos revela en ella. Esta comunión con Dios a través de nuestra vida de oración se puede practicar de manera pública o privada. En las Escrituras, encontramos cómo se promueve la oración de estas dos formas, sin que una contradiga la otra. Encontramos el caso de personas que oraron públicamente:

> «Y publiqué ayuno allí junto al río Ahava, para afligirnos delante de nuestro Dios, para solicitar de él camino derecho para nosotros, y para nuestros niños, y para todos nuestros bienes [...]. Ayunamos, pues, y pedimos a nuestro Dios sobre esto, y él nos fue propicio» (Esd. 8:21,23)

La oración puede, algunas veces, estar acompañada de ayuno,[55] como vemos en el texto bíblico anterior, donde los judíos fueron convocados a ayunar y lo hicieron en forma colectiva y pública. Oraron y ayunaron al Señor para que les diera un viaje seguro a Jerusalén.

La oración pública se realiza cuando nos reunimos como pueblo a adorar y buscar al Señor. En el culto cristiano, la oración era una parte vital, tal como lo vemos en el Nuevo Testamento:

> «Y perseveraban en la doctrina de los apóstoles, en la comunión unos con otros, en el partimiento del pan y en las oraciones» (Hech. 2:42).

> «Entonces Pedro, volviendo en sí, dijo: Ahora entiendo verdaderamente que el Señor ha enviado su ángel, y me ha librado de la mano de Herodes, y de todo lo que el pueblo de los judíos esperaba. Y habiendo considerado esto, llegó a casa de María la madre de Juan, el que tenía por sobrenombre Marcos, donde muchos estaban reunidos orando» (Hech. 12:11-12).

---

[55] Es una práctica que se encuentra en toda la Biblia y que los cristianos todavía observamos. Ayunar no es solo dejar de comer. Es abstenerse de ingerir alimentos para dedicarnos exclusivamente a la oración y la meditación de forma tal que el alimento no sea una distracción.

Ya sea en el culto dominical o en cualquier otro día de la semana, la oración forma una parte importantísima y aviva las reuniones de los cristianos. En los estudios bíblicos, en grupos pequeños, dentro y fuera del templo… en fin, donde quiera que estén los hijos de Dios, siempre habrá tiempo para hablar con el Señor por medio de la oración.

Si nuestra vida de oración se reduce al tiempo público, entonces no creo que nuestra vida cristiana sea muy fructífera. La oración pública debe estar avalada por una vida de oración privada. Si pretendemos orar mucho en público sin el respaldo de un tiempo de oración en privado con nuestro Dios, corremos el riesgo de llevar una vida de apariencias e hipocresía.

Imagina un esposo que solo le hable a su esposa cuando están delante de otras personas (no dudo que esto exista) y que la halague y le dé cosas hermosas solo cuando están delante de alguien, pero que, en la intimidad, no exprese sus sentimientos y emociones.

Una vida de oración comienza en intimidad con Dios porque Él es nuestra compañía y Su presencia lo llena todo. La oración privada debe ser frecuente y formar parte de la vida de todo creyente que vive para agradarle. La oración pública en la iglesia no sustituye de ninguna manera la oración personal y privada delante de nuestro amado Dios. E. M. Bounds señala lo siguiente acerca de la oración privada:

> Un hombre de Dios no nace, sino que se hace en la habitación secreta de la comunión y de la devoción privada. Su vida y sus profundas convicciones nacen de su comunión secreta con Dios.[56]

La oración privada revela nuestro amor, necesidad y dependencia de Dios. La Biblia está repleta de episodios de personas que oraban en privado, pero el mejor ejemplo lo encontramos en la vida de nuestro Señor Jesucristo. Él solía orar en privado y constantemente. ¡Sorprendente! Jesucristo, perfecto y santo, no dejaba de orar. Algunos episodios de Su vida lo muestran de manera evidente:

> «Después de despedir a la multitud, subió al monte a solas para orar; y al anochecer, estaba allí solo» (Mat. 14:23, LBLA).

---

[56] E. M. Bounds, *El predicador y la oración* (Barcelona, España: Editorial Clie, 2008), 10.

«Levantándose muy de mañana, siendo aún muy oscuro, salió y se fue a un lugar desierto, y allí oraba» (Mar. 1:35).

«En aquellos días él fue al monte a orar, y pasó la noche orando a Dios» (Luc. 6:12).

«Mas él se apartaba a lugares desiertos, y oraba» (Luc. 5:16).

La Biblia de las Américas traduce este texto de forma más contundente:

«Pero *con frecuencia* Él se retiraba a lugares solitarios y oraba» (Luc. 5:16, LBLA).

La oración formaba parte de la vida de nuestro señor Jesucristo. Me han preguntado cuál es el mejor momento del día para orar y yo respondo que, si tomamos como referencia a Jesús, nos daremos cuenta de que Él oraba *sin cesar,* pues oraba por la mañana (Mar. 1:35), por la tarde (Mat. 14:23) por la noche y hasta a la madrugada (Luc. 6:12). Jesús dio el ejemplo de la trascendencia y la relevancia de la oración en diferentes momentos de Su vida:

- Fue bautizado por Juan mientras oraba (Luc. 3:21).
- Escogió a los Doce en oración (Luc. 6:12).
- En general, se levantaba temprano a orar (Mar. 1:34-35).
- Estaba orando cuando preguntó a los discípulos qué opinaban las personas sobre quién era Él (Luc. 9:18-20).
- Cuando se transfiguró, había estado orando (Luc. 9:28-29).
- Dijo que hay situaciones que se enfrentan en oración (Mar. 9:29).
- Enseñó que el templo era casa de oración (Mat. 21:13).

Los Evangelios también nos muestran las razones por las que Jesús oraba. Fueron tan diversas que no solo confirman la vida de oración de nuestro Señor Jesucristo, sino que también nos sirven de modelo. Jesús oró en diversas situaciones y por distintos motivos:

- Para multiplicar los panes y los peces (Mat. 15:36)
- Por los niños (Mat. 19:13)

- ○ Por los alimentos en la última cena (Mat. 26:26)
- ○ En Getsemaní (Mat. 26:36)
- ○ En la cruz (Mat. 27:46; Luc. 23:34,46)
- ○ Con Sus discípulos más íntimos (Luc. 9:18,28-29)
- ○ Para interceder por Sus discípulos (Juan 17)

Como ya hemos dicho, debemos orar públicamente, pero esta oración pública debe estar respaldada por la oración privada que es parte esencial de nuestra vida cristiana. Debemos orar tal y como el Señor lo establece en las Escrituras:

«Mas tú, cuando ores, entra en tu aposento, y cerrada la puerta, ora a tu Padre que está en secreto; y tu Padre que ve en lo secreto te recompensará en público» (Mat. 6:6).

Nuestra vida de oración, tanto pública como privada, tiene que ser para Dios y tiene que ser constante. Cuando busquemos a Dios, nuestros deseos carnales siempre se opondrán a la oración, pero nuestro amor por Cristo debe llevarnos a cultivar la práctica de la oración por encima de todo.

¿CÓMO DEBEMOS ORAR?

Tomemos dos pasajes del Nuevo Testamento: Mateo 6:9-15 y Filipenses 4:6-7. El primero es el comúnmente llamado padrenuestro. Esta fue una enseñanza más que una oración de Jesús, como sí lo es la de Juan 17.

El padrenuestro es un modelo de oración que enseñó a Sus discípulos.[57] De todas maneras, es conocida como una oración de nuestro Señor y se enseñó dentro del marco de las enseñanzas del Sermón del monte (Mat. 5–7). Del padrenuestro se han hecho canciones y, en algunos grupos religiosos, es común repetirlo en medio de sus servicios. En lo particular, no tengo nada en contra de estas prácticas, pero Jesús, más que enseñarnos una oración para que la repitamos como parte de nuestras liturgias, nos presenta un modelo de cómo orar. El texto es muy claro: «Vosotros, pues, oraréis así» (Mat. 6:9a)

---

[57] D. A. Carson, *Comentario bíblico del expositor: Mateo* (Miami, FL: Editorial Vida, 2004).

«Oraréis así» no se refiere a una fórmula o a repetir al pie de la letra lo que dice el texto, sino a tomar en cuenta el contenido o bosquejo que debe tener nuestra oración. En marcado contraste con las oraciones complicadas, vanas y repetitivas de los escribas y los fariseos, el padrenuestro tiene un esquema sencillo, breve, auténtico, natural y sincero. Un autor afirma que es a la vez «extraordinariamente amplio y completo en sus temas».[58]

Esta oración modelo comienza como debe empezar toda oración al estar dirigida a Dios: invocándolo: «Padre nuestro que está en los cielos…». Nuestra oración va dirigida a Él. No va dirigida a ninguna entidad, ni a una imagen hecha por el hombre, ni a un pastor o sacerdote. Apunta única y exclusivamente a la persona de Dios. John Stott declara:

> La diferencia entre las oraciones farisaica, pagana y cristiana reside en la clase de Dios a quien oramos. Otros dioses pueden gustar encantamientos mecánicos, no así el Dios viviente y verdadero, revelado por medio de Jesucristo […]. El padrenuestro implica que es un Dios personal […] y una persona que ama.[59]

El padrenuestro tiene un orden que comienza con Dios. Toda oración debe comenzar con la persona de Dios, reconocer lo que Él es y representa. Nunca comiences tu tiempo de oración pidiendo; por el contrario, alaba al Señor y reconoce Su grandeza, Su poder y Su majestad. Dios y Su gloria son siempre lo más importante. Por eso, lo decimos una vez más: la oración comienza con la persona de Dios. Hendriksen señala:

> En armonía con el hecho de que, según el Antiguo Testamento y el Nuevo Testamento, la gloria de Dios es importante por sobre todo lo demás, las primeras tres peticiones tienen referencia al nombre, al reino y a la voluntad *del Padre*. Las necesidades *humanas*, pan,

---

[58] David F. Burt, *Primero su reino, Mateo 6:1-34*, vol. 4 de la serie Comentario expositivo del Nuevo Testamento (Barcelona, España: Publicaciones Andamio, 2000), 49.
[59] John Stott, *El Sermón del monte* (Buenos Aires, Argentina: Ediciones Certeza Unida, 2007), 151.

perdón de los pecados y victoria sobre el malo, toman el segundo lugar.[60]

En otras palabras, nuestras oraciones siempre deben tener estos elementos: (1) Dios: Su persona, Su reino y Su voluntad; (2) nosotros: las provisiones materiales, el perdón de nuestros pecados y la victoria sobre el mal.

Otro texto a considerar tiene que ver con la exhortación que el apóstol Pablo hace a los hermanos de Filipos. Ellos estaban pasando por situaciones difíciles relacionadas con persecución, ciertos conflictos entre ellos y amenazas de personas que querían introducir falsas enseñanzas. Ante todas estas presiones, el apóstol les hace la siguiente exhortación:

> «Por nada estéis afanosos, sino sean conocidas vuestras peticiones delante de Dios en toda oración y ruego, con acción de gracias. Y la paz de Dios, que sobrepasa todo entendimiento, guardará vuestros corazones y vuestros pensamientos en Cristo Jesús» (Fil. 4:6-7).

Como ya hemos dicho, en el padrenuestro, Cristo enseña la guía de una oración que está dividida en dos grandes partes: la parte que tiene que ver con Dios y la parte de las peticiones humanas. En este texto de Filipenses 4:6-7, el apóstol abunda sobre cómo debe ser la oración cuando pedimos.

Soy padre y una de las cosas que he aprendido es que los hijos, al ver a sus padres llegar a la casa, lo primero que hacen suele ser pedir o reclamar. Creo que, como hijos de Dios, no podemos caer en lo mismo. Por eso, con el padrenuestro, el Señor quiere que primero nos deleitemos en Dios Padre, ese Dios grande, majestuoso y poderoso que es nuestro y que está en los cielos. Pero ese Padre nuestro también quiere que le pidamos. El apóstol nos presenta una guía de cómo debemos pedirle. Leamos nuevamente:

> «Por nada estéis afanosos, sino sean conocidas vuestras peticiones delante de Dios en toda oración y ruego, con

---

[60] William Hendriksen, *Comentario al Nuevo Testamento: el Evangelio según San Mateo* (Grand Rapids, MI: Libros Desafío, 2007), 340.

acción de gracias. Y la paz de Dios, que sobrepasa todo entendimiento, guardará vuestros corazones y vuestros pensamientos en Cristo Jesús» (Fil. 4:6-7).

¿CÓMO DEBEMOS PEDIR?

La guía para orar que nos presenta el apóstol tiene primero algunas exhortaciones que debemos tener en cuenta al orar. La primera es a no estar afanosos, inquietos en exceso.

El afán y la ansiedad son contrarios a la confianza y la paz que debemos tener en el Señor. La Palabra de Dios nos dice reiteradamente que debemos evitar el afán y la ansiedad. En Mateo 6:25-34, nuestro Señor Jesucristo hace una exposición detallada del afán y nos muestra cómo y por qué debemos evitarlo. En Filipenses 4:6, el apóstol le dice a sus destinatarios: «Por nada estéis afanosos», y presenta la oración como el antídoto contra el afán. En vez de preocuparte excesivamente, ora. La Nueva Traducción Viviente traduce este texto de la siguiente manera:

> «No se preocupen por nada; en cambio, oren por todo.
> Díganle a Dios lo que necesitan y denle gracias por todo
> lo que él ha hecho» (Fil. 4:6, NTV).

Por medio de la oración, no solo reconocemos quién es Dios, sino que también podemos pedirle. Pero esa petición es sin ansiedad ni afán, porque, como dice la Escritura, «él tiene cuidado de vosotros» (1 Ped. 5:7).

Pablo nos presentó un bosquejo para orar correctamente, así como el padrenuestro debe servir de guía al orar. Pablo usa tres términos para describir cómo debe ser la oración del creyente:

- ○ Orar
- ○ Rogar
- ○ Agradecer

Este acrónimo sirve para recordarnos cuál es el contenido de nuestra oración: orar, rogar y agradecer. Cada una de estas partes de la oración tiene sus propias características que definiremos a continuación:

Orar: creo que Warren Wiersbe es muy conciso y resume bien lo que Pablo quiere decir cuando usa el término *en toda oración*:

> Nuestras oraciones deben incluir cada una de estas tres cosas. La palabra *oración* es la palabra general para pedirle al Señor. Lleva en sí la idea de adoración, devoción y alabanza. Siempre que nos hallemos preocupados por algo, nuestra primera acción debe ser la de apartarnos y adorar a Dios. Debemos ver la grandeza y majestad de Dios y recordar que Él tiene poder para resolver nuestros problemas. Con demasiada frecuencia nos presentamos ante Él y de prisa le contamos nuestras necesidades, cuando debemos acercarnos a Su trono con quietud y la más profunda reverencia.[61]

Rogar: en la oración, no solo adoramos y nos deleitamos en el Dios nuestro que está en los cielos, sino que también presentamos nuestras peticiones. Pedimos por nosotros y pedimos por otros (intercesión). Él mismo nos exhorta a pedirle:

> «Pedid, y se os dará; buscad, y hallaréis; llamad, y se os abrirá. Porque todo aquel que pide, recibe; y el que busca, halla; y al que llama, se le abrirá. ¿Qué hombre hay de vosotros, que si su hijo le pide pan, le dará una piedra? ¿O si le pide un pescado, le dará una serpiente? Pues si vosotros, siendo malos, sabéis dar buenas dádivas a vuestros hijos, ¿cuánto más vuestro Padre que está en los cielos dará buenas cosas a los que le pidan?» (Mat. 7:7-11).

> «Si permanecéis en mí, y mis palabras permanecen en vosotros, pedid todo lo que queréis, y os será hecho» (Juan 15:7).

> «Hasta ahora nada habéis pedido en mi nombre; pedid, y recibiréis, para que vuestro gozo sea cumplido» (Juan 16:24).

---

[61] Warren W. Wiersbe, *Gozosos en Cristo: Estudio Expositivo de la Epístola a los Filipenses* (Sebring, FL: Editorial Bautista Independiente, 1983), 108-109. Warren Wiersbe es un pastor y autor norteamericano.

«Acerquémonos, pues, confiadamente al trono de la gracia, para alcanzar misericordia y hallar gracia para el oportuno socorro» (Heb. 4:16).

Estos pasajes y otros más nos exhortan a pedir, pero debemos hacerlo conforme a la voluntad del Padre para que podamos recibir.

En el padrenuestro, Cristo declara: «Hágase tu voluntad, como en el cielo, así también en la tierra» (Mat. 6:10b).

En Getsemaní, antes de ser arrestado para luego ser crucificado, Cristo oró: «Padre mío, si es posible, pase de mí esta copa; pero no sea como yo quiero, sino como tú» (Mat. 26:39).

«Y esta es la confianza que tenemos en él, que si pedimos alguna cosa conforme a su voluntad, él nos oye. Y si sabemos que él nos oye en cualquiera cosa que pidamos, sabemos que tenemos las peticiones que le hayamos hecho» (1 Jn. 5:14-15).

Si pedimos conforme a Su voluntad, Él nos oye. Hay quienes creen que recibirán todo lo que le pidan al Padre, pero debemos saber que esto está condicionado a Su voluntad y no a nuestros deseos, necesidades o caprichos.

Algunos piensan que sus palabras tienen poder porque en lugar de orar, *declaran, reclaman* y *decretan*. Nada más alejado de la verdad. Este tipo de «oración» no es humilde, sino arrogante. A Dios no se le reclama; se le ruega y se le suplica. Reclama quien tiene derecho de algo, y si de algo tenemos derecho nosotros es de ser condenados, porque nacimos en rebeldía con Dios:

«Por la misericordia de Jehová no hemos sido consumidos, porque nunca decayeron sus misericordias» (Lam. 3:22).

Por la gracia de Dios, somos lo que somos y tenemos lo que tenemos. Cuando vayamos a pedir, pidamos conforme a Su voluntad. Entonces, surge una pregunta: ¿cómo sé que algo es la voluntad de Dios? Antes de pedir, lo primero que debemos conocer es la Palabra de Dios. Tengo que leer la Biblia y así estar familiarizado con el carácter del Señor. Una persona que no lee la Palabra y no medita en ella difícilmente llegará a conocer la voluntad de Dios.

Cuando hablamos de la voluntad de Dios, debemos comprender lo que John Stott llama la voluntad *general* y la voluntad *particular* de Dios. La voluntad *general* de Dios se refiere a aquellos aspectos que están claramente plasmados en Su Palabra y tiene que ver con acciones obligatorias para todos los creyentes, tales como orar, congregarse, evangelizar, ofrendar, servir y muchas más.

El aspecto más difícil, por así decirlo, es la voluntad *particular* de Dios. ¿Con quién me casaré? ¿Qué debo estudiar? ¿Compro o no esta casa? ¿Me voy a otro país o me quedo? En la Palabra de Dios, encontraremos principios para tomar estas decisiones, pero no encontraremos un texto que nos diga literalmente: «Debes vender tu casa». Eso es algo que tengo que discernir por medio de la oración. Lo que quiero de manera particular no debe contradecir la Palabra de Dios; tiene que ser justo y recibir la confirmación de personas de Dios maduras en la fe.

Agradecer: la gratitud es una de las virtudes más preciosas en el ser humano. Por eso, por más necesitados que estemos, nunca debemos olvidarnos de agradecerle al Señor. El apóstol nos exhorta a pedir con «acción de gracias» (Fil. 4:6). La exhortación es válida y oportuna porque los seres humanos tenemos la tendencia a concentrarnos más en pedir lo que nos falta que en agradecer por lo que tenemos. El Salmo 103 dice:

> «Bendice, alma mía, a Jehová, y bendiga todo mi ser su santo nombre. Bendice, alma mía, a Jehová, y no olvides ninguno de sus beneficios» (Sal. 103:1-2).

No debemos olvidarnos de lo que Dios ha hecho y nos ha dado. Es más lo que hemos recibido que lo que nos falta. Por ejemplo, la salvación que tenemos en Cristo es suficiente y, aunque no recibamos nada más, eso bastaría. La gracia del Señor es todo lo que necesitamos para vivir. Si lo único que tuviéramos de parte de Dios fuera la salvación de nuestras almas, entonces lo tenemos todo. Por eso debemos orar con acción de gracias. La palabra del Señor nos exhorta a ser agradecidos:

> «[D]ando siempre gracias por todo al Dios y Padre, en el nombre de nuestro Señor Jesucristo» (Ef. 5:20).

> «Y la paz de Dios gobierne en vuestros corazones, a la que asimismo fuisteis llamados en un solo cuerpo; y sed agradecidos» (Col. 3:15).

«Perseverad en la oración, velando en ella con acción de gracias» (Col. 4:2).

Cuando oremos al Señor, debemos incluir nuestra gratitud a Él. La persona a la que Dios escucha es aquella que ORA. Es alguien que *ora* a Dios, lo adora y se deleita en ese Padre nuestro que está en el cielo rodeado de gloria y majestad. La persona a la que Dios escucha *ruega* por ella y por los demás. Esa persona conoce la voluntad *general* y *particular* de Dios. La persona que Dios escucha *agradece* por Su gracia y misericordia. Solo cuando oremos conforme a lo que el Señor pide recibiremos respuesta. Las Escrituras nos advierten sobre el peligro de pedir mal:

«Pedís, y no recibís, porque pedís mal, para gastar en vuestros deleites» (Sant. 4:3).

La oración según el modelo bíblico debe llevarnos a esperar el cumplimiento de la voluntad de Dios en completa paz. Claro que esperar no nos gusta; queremos que lo que pedimos se nos conceda al instante. He escuchado a algunos que dicen: «La espera desespera». Hasta cierto punto, creo que a todos los seres humanos nos cuesta esperar porque, cuando esperamos, estamos luchando con nuestra impaciencia.

En este mundo de la velocidad y la prisa, queremos todo al instante. Este es el mundo de la Fórmula 1, de la comida rápida, de Internet de alta velocidad; en fin, es la *cultura microondas,* donde todo es rápido y, en ocasiones, al instante. Con esa mentalidad, venimos delante de Dios en oración para que nos conceda nuestras peticiones en el tiempo que nosotros queremos. Sin embargo, el proceso de esperar Su voluntad para nosotros tiene como propósito moldear nuestro carácter y llevarnos al crecimiento espiritual y a la dependencia de Él.

El texto de Filipenses 4:6-7 nos confirma un beneficio inmediato al pedirle la paz que viene de Él. Es la paz que nos ayudará a esperar con paciencia y gozo el tiempo de la respuesta que puede ser «sí», «no» o «espera». El texto dice claramente:

«Y la paz de Dios, que sobrepasa todo entendimiento, guardará vuestros corazones y vuestras mentes en Cristo Jesús» (Fil. 4:7, LBLA).

¿Entiendes lo que dice el texto? Cuando oramos de acuerdo con las Escrituras, Dios responde dándonos la paz que necesitamos para esperar Su tiempo. En otras palabras, Dios nos da de Su gracia para que enfrentemos los procesos a los que nos está sometiendo. Esa paz de Dios sobrepasa todo entendimiento y está disponible para todos Sus hijos que oran correctamente.

RESUMEN DEL CAPÍTULO 7

(1) ¿Cómo podemos definir la oración?

    a. Por medio de ella, podemos expresar a Dios nuestra gratitud y adoración, confesar nuestros pecados e interceder por otros.

(2) La importancia de la oración

    a. Es mandato de Dios (1 Tes. 5:17).
    b. Confesamos nuestros pecados (1 Jn. 1:9).
    c. Dios nos contesta (Juan 15:7).
    d. Para interceder por los demás (Gén. 18:16-33).
    e. Como ejercicio de humillación (2 Crón. 7:14).
    f. Para expresarle a Dios nuestro sentir (Sal. 5:1,2).
    g. Para presentarle nuestras peticiones (1 Jn. 5:14).
    h. Para agradecer por los alimentos (Hech. 27:35).
    i. Para dar gracias (Ef. 1:16; 5:20).

(3) Los efectos de la oración

    a. La oración nos recuerda a diario que nuestra vida le pertenece a Dios y no a nosotros (Mat. 6:10).
    b. La oración es el «aceite lubricante» que permite que nuestra vida y la Iglesia funcionen bien (Juan 15:7).
    c. La oración nos mantiene unidos al Señor y los unos a los otros (Hech. 1:15; 2:1).
    d. La oración fortalece nuestra vida y la de la Iglesia para alcanzar a nuestra comunidad para Dios (Hech. 2:42,47).

(4) ¿Cómo debe ser la oración?

    a. Debemos pedir (Fil. 4:6a).
    b. Debemos rogar (Fil. 4:6b).
    c. Debemos agradecer (Fil. 4:6c).
    d. Debemos meditar (Fil. 4:8-9).

PARA ESTUDIAR

Enumera algunas razones por las cuales debemos orar.

1.
2.
3.
4.
5.
6.

Para pensar:

¿Qué piensas de tu vida de oración?

¿Cómo describirías tu tiempo de oración en este momento?

Si tuvieras que cambiar algo de tu vida de oración, ¿qué sería?

Si tuvieras que sacar algo de tus actividades cotidianas para tener más tiempo en oración, ¿qué escogerías?

¿Cuáles de las siguientes afirmaciones describe mejor tu tiempo de oración?

☐ No tengo un tiempo específico de oración; lo hago cuando me acuerdo.

☐ Mi tiempo de oración es breve y solo se limita a peticiones personales.

☐ Tengo un tiempo de oración continuo en el que oro, ruego y doy gracias a Dios por todo.

☐ Cuando estoy orando no puedo concentrarme, así que, al poco tiempo, me encuentro durmiendo en mi sillón.

☐ No tengo un tiempo de oración programado, pero desde hoy estoy dispuesto a iniciarlo.

Escribe una acción de gracias y una petición especial a Dios.

Señor te doy gracias por…

Señor te pido…

Día 1

Orad sin cesar (1 Tes. 5:17).

El sistema de respuesta automática de los teléfonos es verdaderamente un éxito, pero a menudo nos sentimos frustrados cuando intentamos comunicarnos con alguien y no lo logramos. Decepcionados, hablamos con la máquina y dejamos un mensaje con la esperanza de que la otra persona no se olvide o no esté demasiado ocupada para llamarnos. En este mundo de alta tecnología impersonal, es alentador saber que cuando clamamos a Dios, siempre llegamos directamente a Él.

La Biblia nos manda orar sin cesar. Esto nos dice dos cosas: primero, que Dios siempre está escuchando y quiere oírnos; segundo, que debemos orar constantemente. Sin duda, no es un llamado a abandonar todos nuestros deberes y dedicarnos solo a orar, pero sí es un llamado a una comunicación constante y activa con Dios. Si entendemos que Dios es la fuente de todo bien, que es soberano por sobre todas las cosas y que está dispuesto a escucharnos en todo momento, deberíamos comunicarnos constantemente con Él.

Sin embargo, por alguna razón, a menudo somos nosotros los que dejamos a Dios esperando. Nuestra falta de oración le envía a Dios el mensaje de que no vamos a contestar Su llamado o que ahora estamos muy ocupados y lo llamaremos después.

Hablando de la oración y las ocupaciones, Martín Lutero dijo: «Tengo tantas cosas que hacer que pasaré las primeras tres horas orando». Que ese sea nuestro espíritu durante el día de hoy.

Gracias, Señor, porque eres fiel y siempre me escuchas
a pesar de mis debilidades. Quiero escucharte siempre,
así como tú me escuchas. Amén.

¿QUÉ HAGO CON ESTO?

¿Cuáles son las cuestiones que te impiden orar? Empieza a hablar con Dios sobre cualquier cosa que esté obstaculizando tu vida de oración y no lo dejes esperando.

DÍA 2

Escucha, oh Jehová mis palabras; considera mi gemir. Está atento a la voz de mi clamor, Rey mío y Dios mío, porque a ti oraré. Oh Jehová, de mañana oirás mi voz; de mañana me presentaré delante de ti, y esperaré (Sal. 5:1-3).

Al reconocer que nuestro Dios es fiel y que siempre nos escucha, es importante que lo primero que hagamos cada día es presentarnos delante de Él, darle gracias porque nos permite un día más de vida y por el gran privilegio de ser Sus hijos y de poder presentarle todas nuestras inquietudes. De esa manera, le damos las primicias de nuestro día y buscamos Su rostro y Su bendición para nuestro andar diario.

Oswald Chambers observó: «No olvides orar hoy porque Dios no olvidó despertarte esta mañana». Sus palabras tienen mucho sentido porque, si bien hay muchísimas evidencias del cuidado de Dios para con nosotros que nos dan razón para orar y agradecer, tendemos a olvidar nuestro deber y privilegio de orar.

Necesitamos la oración para el alma, así como el cuerpo físico necesita el oxígeno. Precisamos estar llenos de Dios, permeados de Sus pensamientos y vaciados de nosotros mismos. Cada vez que vamos al Señor en oración, nos vaciamos de nosotros mismos para llenarnos de Él. Y nada mejor como iniciar el día con más de Él y menos de nosotros.

Que en nuestras mañanas, buscar el rostro de Dios sea una prioridad, en nuestras vidas y en nuestras familias.

*Padre mío, que venir a tu presencia sea la primera ac-
ción de mi agenda diaria; ayúdame a tener constancia
en esto en mi vida. Amén.*

¿QUÉ HAGO CON ESTO?

Cuando oramos, nos acercamos más a Dios y lo conocemos.
¿Cuán cerca estás de Dios hoy? ¿Lo conoces?

DÍA 3

*[O]rando en todo tiempo con toda oración y súplica en
el Espíritu, y velando en ello con toda perseverancia y
súplica por todos los santos (Ef. 6:18).*

Existe un dicho que dice: «Nuestras cosas pequeñas son grandes para
el amor de Dios y nuestras cosas grandes son pequeñas para Su poder».
No hay nada en nuestras vidas que sea tan pequeño como para que a
Dios no le preocupe: necesidades, deseos, cargas, emociones, etc. De la
misma manera, no hay problemas ni crisis tan grandes que sobrepasen
Su sabiduría y poder.

Podemos venir a Él a desahogar nuestras almas, hablarle de nuestras
necesidades y angustias, como también de nuestras alegrías, deseos y
sueños. Y lo más importante es que podemos hacer todo eso confiando
en que no hay nada tan grande que Él no pueda hacer. Para Él todo es
posible, y hará todo lo que sirva para Su gloria y nuestro bien.

Dios es y siempre ha sido todopoderoso, pero, a diferencia de lo
que piensan algunos, también es un Dios personal. Él no solo gobierna
nuestras vidas y el universo con Su infinito poder, sino que también se
interesa en los aspectos más mínimos de nuestras vidas. Por tanto, podemos hablarle de cada una de nuestras situaciones. Él nos ha dado la
hermosa oportunidad de acudir a Él para gozar de Su cuidado paternal.

¿Esto quiere decir que podemos pedirle a Dios cualquier cosa? ¡Claro
que sí! Pero debemos asegurarnos de pedir conforme a Su voluntad y aceptar esa voluntad aun cuando nos parezca que no es lo mejor para nosotros.

Padre Santo, ayúdame cada día a buscar tu voluntad en todas las áreas de mi vida. Amén.

¿QUÉ HAGO CON ESTO?

En Su Palabra, Dios nos invita a venir a Él con nuestras peticiones. ¿Cuáles son tus peticiones frecuentes? ¿Apuntan a tu gloria o a la gloria de Dios?

Día 4

El sacrificio de los impíos es abominación a Jehová; más la oración de los rectos es su gozo (Prov. 15:8).

Como hijos de Dios, tenemos el privilegio de hablar directamente con Él, contarle las cosas que nos preocupan y nuestras alegrías, y de interceder por nuestros hermanos.

Como Padre, nuestro Dios se goza en que nosotros dediquemos tiempo para hablar con Él. Cuando lo hacemos, podemos sentir y ver Su alegría reflejarse en nuestras vidas, escuchar Su voz que nos confirma Su voluntad y dirige cada paso que damos.

Como nuestro Padre, Dios también se goza de que tengamos una buena relación con Él y de que caminemos de Su mano guiándonos a través de la oración y la lectura de Su Palabra.

Si pensamos bien en lo que dice el proverbio de hoy, nuestras oraciones podrían ser radicalmente transformadas. Verás, no es poca cosa que cuando oremos con un corazón recto, Dios se goza. ¡Dios se goza! ¡Se deleita en escuchar la oración de un recto! Piénsalo; Dios sonríe, Su corazón se goza al escucharte orar, siempre y cuando sostengas una relación con Él y te comportes como un verdadero hijo de Dios.

Bondadoso Dios, ayúdame a comportarme como un verdadero hijo tuyo, a comunicarme contigo en todo momento. Amén.

¿QUÉ HAGO CON ESTO?

¿Deseas agradar a Dios? Entonces vive como un hijo de Dios que eres y ora con paciencia y perseverancia día a día. Así, de acuerdo a este pasaje de la santa Palabra de Dios, tu oración alegrará el corazón del Señor.

Día 5

Y la oración de fe salvará al enfermo, y el Señor lo levantará; y si hubiere cometido pecados, le serán perdonados (Sant. 5:15).

Una muestra del gran poder y amor de Dios es que, en las situaciones más graves, Él se glorifica. En nuestra iglesia, en varias ocasiones, hemos disfrutado de ese poder de Dios y hemos visto Su mano obrar especialmente cuando la sabiduría y el poder de los hombres no tienen efecto.

En distintas ocasiones, por medio de la oración, hemos visto cómo Dios ha rescatado de las garras de la muerte y de las enfermedades a distintas personas. Eso no solo lo vemos en nuestra iglesia, sino que, alrededor del mundo, podemos escuchar testimonios de hermanos que han visto la mano de Dios obrar con todo poder en medio de la enfermedad. No importa lo sencillo o grave que sea el caso, nuestro Dios es poderoso y obra en nuestras vidas según Su voluntad.

Sin embargo, ¡cuánta falta hacen hombres y mujeres que oren como Elías, con la fe de que Dios es capaz de cualquier cosa, incluso de hacer caer fuego del cielo y hacer que cesen las lluvias! Hombres y mujeres que no dejen la oración como último recurso luego de haberlo intentado todo, sino que su primer recurso sea acudir a Dios para implorarle por la necesidad que sea. Hombres y mujeres cuyo Dios sea más grande que sus problemas y se atrevan a pedirle aquello que los hombre llaman imposible, porque creen en la omnipotencia de Dios. Necesitamos esos hombres y mujeres. ¿Serás tú uno de ellos?

Padre, gracias por permitirme conocer tu poder y ver tu mano obrar a través de la oración. Por favor, enséñame

a creer en ti y a depender de ti. Ayúdame a que la ora-
ción sea mi primer recurso en la necesidad. Amén.

¿QUÉ HAGO CON ESTO?

Ya que la Palabra de Dios nos instruye a orar en todo tiempo y lugar, ¿cuándo oras? ¿Oras cuando te acuerdas o como el hábito de una persona que tiene una relación con Dios?

DÍA 6

Por nada estéis afanosos, sino sean conocidas vuestras
peticiones delante de Dios en toda oración y ruego, con
acción de gracias (Fil. 4:6).

¿Cuáles son las cosas que nos quitan la tranquilidad y que atentan contra la paz que Dios nos da? Este maravilloso pasaje nos brinda la solución para cuando nos encontramos en estas situaciones: venir delante de Dios y pedir Su dirección. Él nos guiará y nos hará entender que tiene control de todo, y nos ayudará a descansar.

Como bien dijo Charles Spurgeon: «La oración es el balbuceo entrecortado del niño que cree, el grito de guerra del creyente que lucha y el réquiem del santo agonizante que se duerme en los brazos de Jesús. Es el aire que respiramos, es la clave secreta, es el aliento, la fortaleza y el privilegio de todo cristiano».

Sin importar la circunstancia por la que estemos pasando, debemos aprender a venir a Dios en humildad, descansar en Su soberanía y, por fe, agradecer que Él tiene el control de todo. Cuando aprendemos a darle gracias a Dios por todas las situaciones de nuestra vida, nos damos cuenta de que todas las cosas que nos ocurren, como dice la Biblia, nos ayudan a bien.

De este modo, si Dios es soberano, no tenemos razón para estar afanados, sino que hay motivos de sobra para estar agradecidos y confiados.

Padre Santo, haz de tu paz una realidad en mi vida y ayúdame a descansar en ti. Amén.

¿QUÉ HAGO CON ESTO?

Cuando las nubes grises se asomen y observes la tormenta que se acerca a tu vida, ve a Dios en oración. Quizás no quite la tormenta, pero sí te preparará para enfrentarla. **¡Ora siempre!**

PARTE V

¿DÓNDE ESPERA DIOS QUE ESTEMOS Y CREZCAMOS?

Capítulo 8

EL ESPÍRITU SANTO Y SU OBRA A NUESTRO FAVOR

Dios nunca nos abandona; Su promesa de estar con nosotros todos los días la cumple viviendo en nosotros a través de su Espíritu Santo.

O. S.

Uno de los temas más fascinantes en la vida cristiana es el del Espíritu Santo: primero, porque se trata de una de las tres personas de la Trinidad junto con el Padre y el Hijo; segundo, porque Su ministerio con nosotros es fundamental para nuestra vida cristiana. La enseñanza o doctrina sobre el Espíritu Santo es básica e imprescindible para todo creyente y para la Iglesia cristiana. Como dice Edwin Palmer en su libro *El Espíritu Santo*:

> Pocos temas hay más importantes para el cristiano que el del Espíritu Santo. Porque el Espíritu Eterno de Dios es la fuente de la vida espiritual del cristiano. Tanto el origen como la continuación dependen de Él. El Espíritu Santo es a nuestras vidas espirituales lo que el Creador

es para este mundo. Sin Dios Creador, este mundo nunca hubiera comenzado a existir y, sin su acción constante, sostenedora, preservadora, el mundo dejaría de existir. Así también, sin el Espíritu de Dios, el cristiano nunca hubiera nacido de nuevo y, sin la influencia santificadora y siempre presente del Espíritu, la vida espiritual del cristiano volvería a la muerte espiritual de la cual salió.[62]

El Espíritu Santo es una persona divina distinta del Padre y del Hijo, y no tres manifestaciones del mismo Dios. Por ejemplo, cuando Jesús fue bautizado, la voz del Padre resonó desde el cielo para decir: «Este es mi Hijo amado, en quien tengo complacencia» (Mat. 3:17b). En ese mismo momento, descendió el Espíritu Santo en forma de paloma.[63] Podemos definir que el Espíritu Santo es la tercera persona de la Trinidad, distinta del Padre y del Hijo, pero cohabita con ellos en sustancia y esencia. En el Antiguo Testamento, actuó como enviado del Padre para hacer obras específicas; en el Nuevo Testamento convence a los pecadores de sus pecados y está con los redimidos y en ellos como guía, consolador y fuente de poder en el mundo. Ernesto Trenchard define de manera sencilla pero precisa quién es el Espíritu Santo:

> El Espíritu Santo es la tercera «Persona» de la Deidad, quien procede desde la eternidad del padre (Juan 15:26) y del Hijo exaltado (Juan 16:7; Hech. 2:33; Gál. 4:6), siendo igual a ellos en esencia.[64]

Al referirse a la relación del Espíritu Santo con la Trinidad, la Confesión de Fe de Londres de 1689 dice lo siguiente:

> En este Ser divino e infinito hay tres subsistencias, el Padre, el Verbo o Hijo y el Espíritu Santo, de una sustancia, un poder y una eternidad, teniendo cada uno toda la esencia divina, pero la esencia indivisa: el Padre no es de nadie,

---

[62] Edwin Palmer, *El Espíritu Santo* (Edimburgo, Escocia: El Estandarte de la Verdad, 1995), 5. Edwin Palmer fue un profesor y líder inglés de la Iglesia anglicana.

[63] Ibíd.

[64] Ernesto Trenchard, *Bosquejos de doctrina fundamental* (Grand Rapids, MI: Editorial Portavoz, 1972), 88-89.

ni por generación ni por procesión; el Hijo es engendrado eternamente del Padre, y el Espíritu Santo procede del Padre y del Hijo; todos ellos son infinitos, sin principio y, por tanto, son un solo Dios, que no ha de ser dividido en naturaleza y ser, sino distinguido por varias propiedades relativas peculiares y relaciones personales; dicha doctrina de la Trinidad es el fundamento de toda nuestra comunión con Dios y nuestra consoladora dependencia de él.[65]

EL ESPÍRITU SANTO EN EL ANTIGUO TESTAMENTO

Cuando vamos a las Escrituras, nos damos cuenta de que el Espíritu Santo siempre ha obrado, pero con ciertas particularidades. Su primera manifestación en el mundo se describe en Génesis 1:2: «[E]l Espíritu de Dios se movía sobre la faz de las aguas», y Job exclama: «[S]u Espíritu adornó los cielos» (Job 26:13).[66]

En el Antiguo Testamento, el Espíritu Santo se manifestaba de manera ocasional y extraordinaria. Su presencia era conocida al venir sobre ciertos individuos para dotarlos en labores especiales y específicas (Ex. 31:2-3; Núm. 24:2; 1 Sam. 19:23-24; 2 Sam. 23:2). Sin embargo, en el mismo Antiguo Testamento, Dios prometió que su Espíritu sería derramado sobre todo Su pueblo:

> «Y sucederá que después de esto, derramaré mi Espíritu sobre toda carne; y vuestros hijos y vuestras hijas profetizarán, vuestros ancianos soñarán sueños, vuestros jóvenes verán visiones» (Joel 2:28, LBLA).

En el Nuevo Testamento se confirma el cumplimiento de esta promesa hecha por el mismo Padre:

> «Mas esto es lo dicho por el profeta Joel: Y en los postreros días, dice Dios, derramaré de mi Espíritu sobre toda carne, y vuestros hijos y vuestras hijas profetizarán; vuestros jóvenes verán visiones, y vuestros ancianos soñarán sueños» (Hech. 2:16-17).

---

[65] Anónimo, *Esto creemos*, 39.
[66] Trenchard, *Bosquejos de doctrina fundamental*, 92.

A pesar de que la Biblia habla con claridad sobre el tema del Espíritu Santo, la confusión aún reina en muchos cristianos. Recuerdo la experiencia que viví hace ya muchos años mientras enseñaba una clase para aspirantes a ser miembros de nuestra iglesia. Todos los participantes eran hermanos que venían de otras congregaciones. La clase que estaba dando ese día era sobre el Espíritu Santo. Pregunté al grupo quién era el Espíritu Santo y las respuestas fueron diversas, algunas muy centradas en la Escritura y otras no. Entre las que no estaban centradas en la Biblia, me llamó la atención en particular la de una hermana que respondió que el Espíritu Santo era algo que le daba un «calentón» muy fuerte en la cabeza y espalda cuando cantaba en el culto de su antigua iglesia. (Por cierto, en la iglesia nuestra no lo «sentía»).

La historia de esta hermana (estoy más seguro de que es una hermana ahora) muestra cómo muchos creyentes están desinformados en relación a este tema tan vital. Por un lado, vemos grupos que todo lo que hacen es en el «espíritu» y muestran una relación con Dios más mística que realmente bíblica y espiritual. Por otro lado, están otros que parecen desconocer el obrar y el mover del Espíritu Santo por su poca mención, y hacen de su relación con Dios algo más intelectual y mecánico que espiritual. Ambos grupos están fuera de lo que la Palabra de Dios menciona.

¿CÓMO VIENE EL ESPÍRITU SANTO?

Una característica fundamental de los cristianos es que tenemos el Espíritu Santo en nuestras vidas. No todos los seres humanos tienen el Espíritu Santo de Dios; solamente lo tienen aquellos que han creído en Jesucristo como el Señor y Salvador de sus vidas. La Biblia es muy clara en este punto:

> «Y por cuanto sois hijos, Dios envió a vuestros corazones el Espíritu de su Hijo, el cual clama: ¡Abba, Padre!» (Gál. 4:6).

> «En él también vosotros, habiendo oído la palabra de verdad, el evangelio de vuestra salvación, y habiendo creído en él, fuisteis sellados con el Espíritu Santo de la promesa» (Ef. 1:13).

En otra versión del Nuevo Testamento, leemos este mismo pasaje:

> «Y ahora ustedes, los gentiles, también han oído la verdad, la Buena Noticia de que Dios los salva. Además, cuando creyeron en Cristo, Dios los identificó como suyos al darles el Espíritu Santo, el cual había prometido tiempo atrás» (Ef. 1:13, NTV).

El Espíritu Santo viene a morar con nosotros desde el mismo momento que respondemos al llamado de salvación de Jesucristo para que Él sea nuestro Señor y Salvador. El apóstol Pablo nos enseña que la obra del Espíritu Santo en el creyente produce una nueva mentalidad, esto es, una nueva manera de pensar que contrasta con la mentalidad cautivada por el pecado que el ser humano tiene cuando todavía no es salvo. Esa mentalidad sin Dios la explica el apóstol Pablo a los corintios:

> «Pero el hombre natural no percibe las cosas que son del Espíritu de Dios, porque para él son locura, y no las puede entender, porque se han de discernir espiritualmente» (1 Cor. 2:14).

Para Pablo «el hombre natural» es el no convertido, el que no distingue y no se da cuenta de las cosas espirituales. No conoce a Cristo ni se deleita en los asuntos de Dios porque su mente no regenerada es incapaz de percibir las cosas espirituales. Pero, cuando Jesucristo los salva, esa mentalidad es transformada y se lo dota, por la intervención del Espíritu Santo, de una nueva conciencia y de una nueva manera de pensar:

> «Porque los que viven conforme a la carne, ponen la mente en las cosas de la carne, pero los que viven conforme al Espíritu, en las cosas del Espíritu. Porque la mente puesta en la carne es muerte, pero la mente puesta en el Espíritu es vida y paz» (Rom. 8:5-6, LBLA).

A diferencia de lo que sucedía en el Antiguo Testamento, después de Pentecostés (Hech. 2) y en cumplimiento con la obra redentora de Jesucristo, el Espíritu Santo fue derramado sobre todo aquel que cree en el Señor para perdón de sus pecados y para ser guiado en su peregrinar en este mundo.

EL ESPÍRITU SANTO Y SU TRABAJO CON NOSOTROS

El Nuevo Testamento nos enseña que el Espíritu Santo tiene un ministerio entre los creyentes. Es lamentable que algunos lo tomen como una fuerza o un poder impersonal que usan como si fuera una «fuerza» a su completa disposición. Sin embargo, el Espíritu Santo no es una fuerza activa ni una energía; es una de las personas de la Trinidad y, por ende, Dios mismo.

Algunos creyentes han interpretado que el Espíritu Santo es como un «fluido», porque en Efesios 5:18 nos dice: «No os embriaguéis con vino, en lo cual hay disolución; antes bien sed llenos del Espíritu». Aunque el apóstol Pablo usa el término *llenos*, no significa que vayamos a ser llenos del Espíritu Santo como si nos llenáramos de agua. Algunos han llegado incluso a creer que son menos espirituales que los demás por la «cantidad» o «medida» del Espíritu que puedan poseer. «Sed llenos del Espíritu» no significa que tenga poco o mucho del Espíritu porque Él es una persona.

«Sed llenos del Espíritu» no significa tener más del Espíritu, sino una conciencia clara de Su Palabra para vivir conforme a ella tal como se evidencia en el versículo 17 y como se evidencia también en las acciones que el apóstol propone en los versículos siguientes al 18 del mismo capítulo 5 de Efesios.

A continuación veremos cómo se manifiesta el trabajo activo del Espíritu Santo en todos aquellos que ya tienen a Cristo en su vida:

1. Nos provee consuelo (Juan 16:7).
2. Nos convence de pecado (Juan 16:8).
3. Tenemos el amor de Dios (Rom. 5:5).
4. Nos trae libertad (Rom. 8:2).
5. Nos da una nueva mentalidad (Rom. 8:6).
6. Nos guía (Rom. 8:14).
7. Certifica que somos hijos de Dios (Rom. 8:16).
8. Habita en nosotros (Gál. 4:6).
9. Produce un fruto en el creyente (Gál. 5:22-23).
10. Nos capacita para servir (Rom. 12:6-8; 1 Cor. 12:8-10; Ef. 4:11).

Todas esas expresiones nos muestran que el Espíritu Santo es la presencia de Dios entre nosotros. Así como el Espíritu es Dios con nosotros, así el Espíritu vino a estar con nosotros para cumplir la promesa de Cristo a Sus discípulos de que volvería en la persona del Espíritu Santo:

> «Y yo rogaré al Padre, y Él os dará otro Consolador para que esté con vosotros para siempre» (Juan 14:16, LBLA)

> «Pero yo os digo la verdad: os conviene que yo me vaya; porque si no me voy, el Consolador no vendrá a vosotros; pero si me voy, os lo enviaré» (Juan 16:7, LBLA)

El ministerio del Espíritu Santo radica en guiarnos a hacer la voluntad del Padre y en hacernos reaccionar cuando no estamos haciendo la voluntad del Señor. El ministerio del Espíritu Santo es muy activo tanto en el tiempo del Nuevo Testamento como también en el día de hoy. Veamos algunos textos que nos confirman esto:

> «Y atravesando Frigia y la provincia de Galacia, les fue prohibido por el Espíritu Santo hablar la palabra en Asia; y cuando llegaron a Misia, intentaron ir a Bitinia, pero el Espíritu no se lo permitió» (Hech. 16:6-7).

En este texto, el Espíritu Santo le prohibió a Pablo y a sus acompañantes hablar en Asia (una gran provincia romana en ese tiempo) y, aunque ellos lo intentaron, la prohibición permaneció inalterable. Esta manera de obrar del Espíritu Santo puede ser percibida a través de nuestras convicciones que nos llevan a obedecer lo que el Señor ya ha dicho en Su Palabra, o a través de circunstancias que Él usa para inclinarnos a actuar de una u otra forma para hacer la voluntad de Dios. Pablo y sus compañeros actuaron en obediencia al Espíritu Santo, quien finalmente los llevó hasta Europa, específicamente a la ciudad de Macedonia, donde el Señor tenía todo preparado para que Sus siervos hagan la obra que tenía preparada para ellos:

> «Y se le mostró a Pablo una visión de noche: un varón macedonio estaba en pie, rogándole y diciendo: Pasa a Macedonia y ayúdanos. Cuando vio la visión, en seguida procuramos partir para Macedonia, dando por cierto que Dios nos llamaba para que les anunciásemos el evangelio» (Hech. 16:9-10).

LOS NOMBRES DEL ESPÍRITU SANTO
EN LA BIBLIA

En la Biblia encontramos el uso de distintos nombres para referirse al Espíritu Santo. Estos nombres pretenden resaltar virtudes particulares de Su obra:

- El Espíritu de Dios (Gén. 1:2)
- El Espíritu de Jehová (2 Sam. 23:2)
- El Espíritu Santo (Juan 1:33).
- El Consolador (Juan 14:16)
- El Espíritu de verdad (Juan 14:17)
- El Espíritu Santo de la promesa (Ef. 1:13-14)
- El Espíritu Santo de Dios (Ef. 4:30)

La presencia del Espíritu Santo en Su Iglesia es el cumplimiento de la promesa de Dios para Su pueblo. El Espíritu Santo está para guiarnos y ministrarnos con el solo propósito de agradar al Señor y beneficiarnos al ser edificados como Su pueblo.

Además, el Espíritu Santo nos asiste en el proceso de santificación para ser cada día más como Dios quiere que seamos. La santificación no surge de nosotros, sino que proviene de Dios y el Espíritu Santo nos ayuda a vivir ese proceso como señala la Escritura (Rom. 1:4; 8; 1 Cor. 6:11; 2 Cor. 3:18; 1 Ped. 1:2). Desde la proclamación del evangelio convenciendo a los hombres de sus pecados hasta la íntima relación que tenemos con la Trinidad, la presencia del Espíritu Santo es activa, constante y relevante.

RESUMEN DEL CAPÍTULO 8

(1) Su ministerio en el A.T.
   a. Era visto como algo ocasional y extraordinario.
   b. Venía sobre ciertos individuos para dotarlos para labores especiales (Núm. 24:2; 2 Sam. 23:2).
   c. Dios prometió que Su Espíritu sería derramado sobre toda carne (Joel 2:28).

(2) ¿Cómo se recibe el Espíritu Santo?

    a. El Espíritu Santo de Dios viene a morar con nosotros desde el mismo momento que respondemos al llamado de salvación de Jesucristo (Gál. 4:6; Ef. 1:13).

(3) El Espíritu Santo y Su trabajo con nosotros

    a. Nos provee consuelo (Juan 16:7).
    b. Nos convence de pecado (Juan 16:8).
    c. Derrama en nosotros el amor de Dios (Rom. 5:5).
    d. Nos trae libertad (Rom. 8:2).
    e. Nos da una nueva mentalidad (Rom. 8:6).
    f. Nos guía (Rom. 8:14).
    g. Certifica que somos hijos de Dios (Rom. 8:16).
    h. Habita en nosotros (Gál. 4:6).
    i. Produce un fruto en el creyente (Gál. 5:22-23).
    j. Nos capacita para servir (Rom. 12:6-8).

(4) Nombres del Espíritu Santo

    a. El Espíritu de Dios (Gén. 1:2)
    b. El Espíritu de Jehová (2 Sam. 23:2)
    c. El Espíritu Santo (Juan 1:33)
    d. El Consolador (Juan 14:16)
    e. El Espíritu de verdad (Juan 14:17)
    f. El Espíritu Santo de la promesa (Ef. 1:13-14)
    g. El Espíritu Santo de Dios (Ef. 4:30)

PARA ESTUDIAR

¿Quiénes tienen el Espíritu Santo?

¿A quién se refiere la Biblia cuando habla del «hombre natural»?

Enumere algunos de los nombres del Espíritu Santo.

Para pensar:

En una oración describe tú relación con el Espíritu Santo.

DÍA 1

*Y por cuanto sois hijos, Dios envió a vuestros
corazones el Espíritu de su Hijo, el cual clama:
¡Abba, Padre! (Gál. 4:6).*

A un célebre rey de Polonia, que consumó grandes hazañas, le preguntaron cuál era el secreto de su éxito. Él respondió: «Soy hijo de un gran padre y llevo siempre conmigo, en un medallón, un retrato suyo que miro muy a menudo». Cada vez que se disponía a entrar en combate, miraba el retrato de su padre para llenarse del valor necesario. Cuando tenía que reunirse con sus consejeros, hacía lo mismo y por eso actuaba con integridad. Podríamos decir que este rey llevaba consigo la voluntad de su padre.

Del mismo modo, llevamos en nuestro corazón la voluntad de Cristo. Su Santo Espíritu mora en nosotros y Él se deleita en darnos valor para enfrentar las dificultades de la vida. Es bueno que siempre lo consultemos y sigamos sus directrices, en cada decisión, para hacer Su voluntad.

Es lamentable que muchas veces vivamos como si Dios estuviera lejos. Hablamos de Su voluntad como algo oscuro, misterioso o difícil porque olvidamos que Él no está a miles de kilómetros, ni siquiera a pocos centímetros de nosotros, sino que, en Su infinito y eterno amor, ha decidido morar en nosotros, en la persona del Espíritu Santo.

Por eso es que no importa lo que estés pasando o cuán confundido estés. Lo importante es que recuerdes que el Espíritu Santo está dentro de ti para guiarte, protegerte, consolarte y revelarte la voluntad de Dios.

*Padre, gracias por la morada de tu Santo Espíritu
dentro de mí. Ayúdame a someterme a tu voluntad y
a vivir consciente de tu presencia en mí. Amén.*

¿QUÉ HAGO CON ESTO?

¿Cómo describirías la relación que tienes con el Espíritu Santo? ¿Conversas con Él a menudo?

DÍA 2

*En él también vosotros, habiendo oído la palabra de
verdad, el evangelio de vuestra salvación, y habiendo
creído en él, fuisteis sellados con el Espíritu Santo de la
promesa (Ef. 1:13).*

Es muy común en estos días hablar de la presencia del Espíritu Santo
en nosotros como otro suceso sin importancia. Como si se tratara de
algo ordinario. Sin embargo, quisiera recordarles que Su presencia en
nuestra vida es un milagro divino.

Es un milagro, porque es Dios mismo que habita dentro de nosotros.
El Dios trascendente mora en seres limitados por el espacio. El Dios
eterno mora en seres finitos. El Dios perfectamente Santo mora en
seres pecadores. El Dios perfecto mora en seres imperfectos. El Dios
de gloria mora en vasos de barro. La morada del Espíritu Santo dentro
de nosotros es un milagro.

Hermanos, no perdamos el asombro ante tremendo milagro. El Dios
que es más grande que todo el universo ha elegido morar dentro de
nosotros. ¿Qué crees que es más importante: el Espíritu Santo dentro
de ti o Jesucristo a tu lado? Si tu respuesta es Jesús a tu lado, entonces
ignoras la importancia del Espíritu Santo dentro de ti. Dios es trino:
Padre, Hijo y Espíritu Santo. Cada persona de la Trinidad es igualmente Dios, y las tres personas tienen la misma importancia. Te haré
la pregunta de otra manera: ¿Qué es más importante: Dios dentro de
ti o Dios a tu lado?

Es verdad que los discípulos de Cristo fueron privilegiados por haber
caminado con Cristo. Pero nosotros somos igualmente privilegiados al
tener a Cristo en nosotros en la persona del Espíritu Santo.

*Señor, perdóname si de algún modo he
menospreciado tu presencia en mí. Ayúdame a no perder el asombro por la presencia del Espíritu Santo en
mi vida. Amén.*

¿QUÉ HAGO CON ESTO?

¿Muestran tus acciones y decisiones que el Espíritu Santo mora en ti?

Día 3

Porque todos los que son guiados por el Espíritu de Dios, éstos son hijos de Dios (Rom. 8:14).

Se había perdido algo de preciado valor en una sala sumamente oscura. Un hombre llegó a examinar todo el área y a las personas presentes con el fin de encontrar el objeto perdido. Mientras lo hacía, las personas comentaban: «Este hombre no podrá ver nada y, por lo tanto, no encontrará nada, pues está muy oscuro».

Los observadores curiosos de pronto notaron que de la chaqueta sacó una linterna pequeña, pero que tenía una luz radiante que le permitió ver toda el área. Ahora era evidente que aquel hombre podía ver en todas partes, pues llevaba la luz con él.

De la misma manera, en un mundo tan oscuro y alejado de Dios, donde cada vez es más difícil distinguir entre la verdad y el error; en un mundo, donde a lo bueno se lo llama malo y a lo malo, bueno; en un mundo donde cada vez se hace más difícil distinguir un amigo de un traidor, la justicia de la ira, la libertad del libertinaje, la verdad de la mentira; en un mundo en el que los encargados de velar por el bien son los cabecillas del mal; en un mundo lleno de complejidades como la muerte de millones de personas por hambre, abortos legales o ilegales, inmoralidad aplaudida como virtud; en un mundo donde lo que no funciona se bota y lo que no es práctico no sirve, pues en ese mundo, nosotros contamos con el Espíritu Santo que nos guía en medio de la oscuridad del pecado, del mundo y sus placeres, y de las angustias de la vida, para que sepamos cuán buena y perfecta es la voluntad de Dios.

Él es nuestra luz en la oscuridad. Él nos guarda de tropezar y nos guía hacia la voluntad de Dios.

*Señor, gracias por ser mi guía; gracias por revelarme
tu voluntad en tu Palabra y por darme tu Espíritu para
guiarme a comprenderla y vivirla en un mundo tan
oscuro. Amén.*

¿QUÉ HAGO CON ESTO?

En los días grises de tu vida, cuando todo parece perdido, ¿es el Espíritu Santo a través de la Palabra de Dios tu primera opción para guiarte de vuelta?

DÍA 4

*¿O ignoráis que vuestro cuerpo es templo del Espíritu
Santo, el cual está en vosotros, el cual tenéis de Dios,
y que no sois vuestros? Porque habéis sido comprados
por precio; glorificad, pues, a Dios en vuestro cuerpo y
en vuestro espíritu, los cuales son de Dios
(1 Cor. 6:19-20).*

No basta con saber que el Espíritu Santo mora en nosotros, sino que también es preciso reconocer Su ministerio. El pasaje de hoy nos muestra que Su presencia en nuestra vida demanda que ya no vivamos para nosotros, sino para glorificar a Dios. La razón es sencilla: que el Espíritu Santo more en nosotros es una evidencia de que hemos sido comprados por la muerte de Cristo y ahora debemos obedecerlo como propiedad de Dios. Su presencia en nosotros y el saber que somos de Su propiedad demandan que seamos una morada digna de Su presencia.

Pero no podemos obedecer a Dios por nuestras fuerzas humanas. Él demanda perfección y nosotros, sin importar nuestras mejores intenciones, nunca obedeceremos perfectamente no solo porque no podemos, sino porque tampoco deseamos hacerlo. El pecado afectó nuestra naturaleza al llevarnos a ser cautivos del mal, pero también afectó nuestros deseos.

Por esta razón, el Espíritu Santo no solo vino a morar en nosotros, sino que también transformó nuestra naturaleza, haciéndonos nacer de nuevo con deseos renovados y con la disposición para hacer la voluntad del Padre. Él mora en nosotros para demandarnos la obediencia, pero también para ayudarnos a obedecerlo. Es por medio del Espíritu Santo que somos capaces de obedecer a Dios. Él produce en nosotros la necesidad y la capacidad de obedecer (Fil. 2:13).

> *Padre Santo, perdóname por las veces que he vivido como si fuera yo mi propio dueño, olvidando que he sido comprado por sangre. Ayúdame a disfrutar de la capacidad que me has dado en el Espíritu Santo para obedecerte. Gracias porque no solo demandas mi obediencia, sino que también me das la capacidad para obedecerte. Amén.*

¿QUÉ HAGO CON ESTO?

¿La manera en la que administras tu cuerpo refleja que el Espíritu Santo verdaderamente está en ti?

DÍA 5

> *Pero yo os digo la verdad: os conviene que yo me vaya; porque si no me voy, el Consolador no vendrá a vosotros; pero si me voy, os lo enviaré (Juan 16:7, LBLA).*

En una ocasión, Martín Lutero se encontraba abatido, triste y desalentado. Entonces su esposa, vestida de luto, se le acercó y lo sorprendió. Con curiosidad él le preguntó quién había muerto, a lo que ella contestó:

—¿No sabes? ¡Dios en el cielo ha muerto!

—Pero ¿cómo puedes decir semejante desatino, Catalina? ¿Cómo puede Dios morir? ¡Él es inmortal! —contradijo Lutero.

—¿Es cierto?

—¡Indudablemente! ¿Cómo puedes dudarlo? ¡Tan cierto como que hay Dios en el cielo, es que Él nunca morirá!

—Y entonces, ¿por qué estás tan desalentado y abatido?

Entonces Martín Lutero reaccionó y luego en un escrito confesó que comprendió: «Cuán sabia era mi esposa y dominé mi pesar».

Cada vez que te sientas solo, triste, desalentado o abatido, recuerda que el Espíritu Santo está contigo, mora en ti y uno de Sus ministerios es consolarte. Dios no es un emperador que se sienta en Su trono a dictar sentencias, mandamientos y órdenes, mientras considera al pueblo como un mal necesario para inflar Su ego. No, además de ser el Dios de gloria que gobierna el universo y que con tan solo una palabra hace y deshace todo cuanto quiere, es nuestro Padre que cuida de nosotros y nos consuela en medio de las dificultades a través de Su Espíritu.

Padre, gracias por enviarnos al Espíritu Santo, nuestro
ayudador y consolador. Amén.

¿QUÉ HAGO CON ESTO?

Una de las funciones del Espíritu Santo hacia el creyente es la consolación. ¿Has experimentado esa consolación últimamente?

DÍA 6

Mas el fruto del Espíritu es amor, gozo, paz, paciencia,
benignidad, bondad, fe, mansedumbre, templanza;
contra tales cosas no hay ley (Gál. 5:22-23).

En Japón existe una muy curiosa invención que consiste en tablillas delicadas de madera o de paja. Cuando están secas no se puede saber de qué se trata, pero cuando se ponen en una vasija con agua se expanden y se transforman en figuras hermosas; toman formas de flores y otras figuras de vivos colores.

Lo mismo sucede cuando el Espíritu Santo obra en nosotros. De una manera sorprendente, nuestra alma adquiere un entusiasmo celestial; se presenta fortalecida, hermosa y dispuesta a ser lo que Dios dispone de ella. Y aún más, el Espíritu Santo embellece nuestra alma seca y árida, y produce en nosotros el carácter de Cristo día a día.

Una vida en cuyo corazón more el Espíritu Santo, es una vida transformada. Del mismo modo que una persona impactada por un camión en una accidente no quedara igual que antes, nadie que haya sido impactado con la presencia del Espíritu Santo en su corazón quedará igual que antes.

Padre Santo, perdóname por los pecados cometidos.
Gracias por el regalo precioso de la salvación y por la
ayuda de tu Santo Espíritu en la santificación. Amén.

¿QUÉ HAGO CON ESTO?

El Espíritu Santo de Dios es una persona activa que habla, consuela, reprende, etc. ¿Es el fruto del Espíritu Santo visible en tu vida?

Capítulo 9

LA IGLESIA DEL SEÑOR

La iglesia es como un hospital, donde todos esta-
mos en tratamiento.

O. S.

El ser humano es un ser comunitario porque fue hecho para convivir en comunidad. Dios es un Dios Creador que se relaciona y sostiene lo creado. La Biblia dice que Dios nos hizo a Su imagen y semejanza (Gén. 1:26-27). Como explicamos en el primer capítulo de este libro, una de las características que tenemos como humanos es la capacidad de relacionarnos con Dios y los unos con los otros de manera consciente.

No hemos sido creados para vivir como ermitaños lejos o segregados de los demás; por eso, al crear la raza humana, Dios crea familias y entes que interactúan entre sí. La institución familiar ha estado presente desde tiempos muy remotos y en todas las culturas. Cuando examinamos la historia de la humanidad, vemos que el ser humano necesita familia y mejor si esta familia es funcional para poder desarrollarse integralmente.

Cuando una persona es alcanzada por la gracia de Cristo, viene a formar parte de una familia que se aglutina en una comunidad llamada Iglesia. La Iglesia de Cristo es mucho más que una comunidad de creyentes que forman una familia unidos por la sangre de Cristo. Como dice Mark Dever:

Dios en Su bondad y amor no nos ha llamado para ser cristianos aislados. Aunque pecamos individualmente, y somos llamados del mundo individualmente, también somos llamados a una Asamblea local, esta asamblea, es llamada, en el Nuevo Testamento, una Iglesia.[67]

Dios nos coloca en una familia y esa familia es la Iglesia. En este capítulo veremos lo importante que es para los creyentes conocer qué es la Iglesia del Señor y lo que se espera de nosotros como sus miembros.

Algunos confunden el término *iglesia* y creen que es un edificio, pero en ningún lugar del Nuevo Testamento se habla de iglesia para referirse a un local o edificio. Tampoco se habla de iglesia en sentido regional, nacional o internacional. El vocablo *iglesia* que aparece en el Nuevo Testamento viene del término griego *ekklesia* que significa literalmente 'llamar, salir o sacar' y en el uso clásico también puede significar *asamblea*. En el N.T. se usa 115 veces:

- ° 2 veces para referirse a la congregación hebrea del Señor
- ° 3 veces para referirse a una asamblea griega
- ° 110 veces para referirse a la Iglesia del Señor

El uso de la palabra *Ekklesia* se aplica perfectamente a nosotros, los hijos del Señor, que hemos sido llamados de «afuera» del mundo y ahora estamos en Su «asamblea». El término *ekklesia* se usa también en el Nuevo Testamento para referirse tanto a *la Iglesia universal* de Jesucristo como también a *la iglesia local*. A continuación, explicaremos estos términos y la diferencia entre uno y el otro.

LA IGLESIA UNIVERSAL DE JESUCRISTO

¿Qué es la Iglesia universal de Jesucristo?[68] El término *Iglesia universal* no se encuentra en la Biblia, pero es el que se usa para definir a la iglesia que está formada por todos los cristianos convertidos a Cristo

---

[67] Mark Dever, *Una Iglesia saludable: nueve características* (Burlington, NC: Publicaciones Faro de Gracia, 2003), 4.
[68] Es importante que entendamos que el término *Iglesia universal de Jesucristo* no tiene nada que ver con una secta de origen brasileño que usa más o menos este mismo nombre.

de cualquier parte del mundo, época o denominación.[69] Cuando nos convertimos, es decir, cuando somos salvos y tenemos el regalo de la vida eterna, desde ese mismo momento pasamos a ser miembros de la Iglesia universal de Jesucristo. Pasamos a ser miembros de la familia de Dios formada por los cristianos de todo el mundo. El Nuevo Testamento confirma esta verdad aunque no menciona el término *universal*:

«Pedro, y sobre esta roca edificaré mi iglesia» (Mat. 16:18b).

«Mas a todos los que le recibieron, a los creen en su nombre, les dio potestad de ser hechos hijos de Dios» (Juan 1:12).

«Maridos, amad a vuestras mujeres, así como Cristo amó a la iglesia» (Ef. 5:25a).

«[Y] él es la cabeza del cuerpo que es la iglesia» (Col. 1:18a).

Todos estos pasajes no se refieren a una iglesia específica ubicada en un país como tal, sino que hacen referencia a todos los cristianos como hijos de Dios, pertenecientes a todas las naciones, las tribus y las lenguas (Apoc. 7:9), es decir, a la Iglesia, pero de manera universal. En estos pasajes no se alude a ningún grupo de creyentes específico, sino a los lavados por la sangre de Cristo, a los cristianos de cualquier lugar y de todos los tiempos porque estos son los que componen la Iglesia universal del Señor.

LA IGLESIA LOCAL

La Iglesia universal tiene que ver con los cristianos sin limitarlos al tiempo y al espacio. Por el contrario, la iglesia local es visible y tiene que ver directamente con un grupo de cristianos en una localidad determinada. Todo cristiano es miembro de la Iglesia universal, pero también debe ser miembro de una iglesia local particular.

---

[69] Se llama «denominación» a las distintas iglesias evangélicas, por ejemplo, los *metodistas*, los *presbiterianos*, los *luteranos*, los *bautistas*; a los distintos grupos carismáticos tradicionales como *Asamblea de Dios, Iglesia de Dios, Iglesia de Dios de la Profecía,* etc.; y a las distintas iglesias independientes, ya sean *carismáticas, neocarismáticas, reformadas,* etc.

La iglesia local no es una institución cualquiera; más bien, es una institución con un valor inconmensurable porque fue creada por Dios. No es un club social de intereses homogéneos ni una sociedad secreta con agendas ocultas; tampoco es un partido político ni un gobierno por buena que sea su reputación. La iglesia es el organismo vivo que aglutina al pueblo de Dios en la tierra y el de mayor autoridad. Jonathan Leeman en su libro *La membresía de la iglesia local* con mucha precisión dice lo siguiente:

> ¿Qué es la iglesia local? Voy a decir varias cosas para responder a esta pregunta, pero permíteme empezar aquí: la iglesia local es la autoridad que Jesús ha instituido en la tierra para confirmar oficialmente nuestra vida cristiana y moldearla.[70]

La iglesia local es un regalo, es un tesoro de inestimable valor que Dios le ha dado a Su pueblo y también al mundo. Volvamos a enfatizar su definición: la iglesia local se define como una asamblea particular de todos aquellos que profesan la fe y fidelidad a Jesucristo. La palabra griega es *ekklesia*, y se usa en referencia a la asamblea local (1 Tes. 1:1; 1 Cor. 4:17; 2 Cor. 11:8).

En el Nuevo Testamento, la salvación llevaba al creyente a la unión con el cuerpo de Cristo, visible y reunido (Hech. 2:47). Ser cristiano significaba entrar en comunión con el pueblo de Dios, la Iglesia. En el Nuevo Testamento leemos continuamente acerca de las «iglesias locales». Es en ese lugar particular en donde debemos canalizar nuestros dones y talentos, rendir cuentas y gozar de la comunión. Nosotros necesitamos de la iglesia local porque por medio de ella evidenciamos nuestro compromiso con Jesucristo y con ella misma para llevar a cabo la obra que Él nos encomendó. John Stott dice:

> Los cristianos estamos unidos no solo por nuestro compromiso con Jesucristo, sino también por nuestro compromiso con la iglesia.[71]

---

[70] Jonathan Leeman, *La membresía de la iglesia: cómo sabe el mundo quién representa a Jesús* (Washington D.C.: 9Marks, 2013), 28.

[71] John Stott, *Señales de una iglesia viva* (Buenos Aires, Argentina: Certeza Argentina, 2004), 9.

Aunque en este capítulo no tocaré de manera minuciosa todo el tema relacionado con la Iglesia, no quiero dejar de comentarte las principales características que encontramos en ella. La razón principal de existir de la Iglesia del Señor, ya sea *universal* o *local,* es la gloria de Cristo. Cuando una iglesia olvida eso, ha perdido la perspectiva para la cual fue fundada. El apóstol Pablo les escribe a los hermanos de la iglesia de Éfeso lo siguiente:

> «[S]egún nos escogió en él antes de la fundación del mundo, para que fuésemos santos y sin mancha delante de él, [...] para alabanza de la gloria de su gracia, con la cual nos hizo aceptos en el Amado, [...] a fin de que seamos para alabanza de su gloria, nosotros los que primeramente esperábamos en Cristo» (Ef. 1:4,6,12).

La Iglesia existe por sobre todas las cosas para glorificar y exaltar a nuestro bueno y santo Dios. ¿Qué es la gloria de Dios? El tema de la gloria de Dios es amplísimo y es difícil y arriesgado resumirlo, y es como dice Greg Harris:

> Con frecuencia la Biblia describe la gloria como algo que pertenece legítimamente a Dios; como también hay una gloria que los creyentes recibirán en el futuro. [...] Sin embargo, saber que la gloria de Dios existe no es lo mismo que comprenderla. Como con muchos temas en las Escrituras, Dios nos da solo revelación parcial e información limitada.[72]

El mismo autor añade:

> Por ejemplo, la palabra *gloria* se usa más de 300 veces en la Biblia. Si añadimos palabras derivadas como *glorificar* o *glorificado*, o términos similares, además de los versículos relacionados que hablan de la gloria sin mencionar la palabra, el número es de entre 500 y 1000 veces. La

---

[72] Greg Harris, *La copa y la gloria: lecciones sobre el sufrimiento y la gloria de Dios*, ed. por Guillermo Powell y trad. por Adriana Powell y Omar Cabral (The Woodlands, TX: Kress Christian Publications, 2006), 446.

gran mayoría de los casos son los que describen la gloria como perteneciente a Dios. «Gloria» es uno de los nombres de Dios. En 1 Samuel 15:29a leemos: «Además, el que es la Gloria de Israel no mentirá, ni se arrepentirá». Constantemente observamos un aspecto de la gloria de Dios en Su creación. El Salmo 19:1a dice: «Los cielos cuentan [declaran] la gloria de Dios.[73]

La expresión *la gloria de Dios* se usa frecuentemente en las Escrituras para indicar una manifestación visible de Dios como se puede comprobar en pasajes del Antiguo Testamento (Ex. 16:7-10; Deut. 5:24). La gloria de Dios tiene que ver con el reconocimiento que nosotros como Su pueblo, Su Iglesia, hacemos de Su riqueza, majestad, belleza, grandeza y poder por solo mencionar algunos de Sus atributos (Sal. 104:1; Sal. 29:1; 96:7; 66:2).

Cuando la Iglesia descuida o ignora esta realidad, entonces puede enfocarse en los ministerios, en el hombre y en lo que hace, en vez de enfocarse en su prioridad. Una pregunta buena y oportuna es ¿cómo una iglesia vive para la gloria de Dios como prioridad? Para contestar esta pregunta de manera sencilla y verdadera, clasifico la respuesta en tres partes: conocimiento, motivación y dependencia.

Conocimiento. La Iglesia no debe ser ignorante de lo que Dios quiere de ella y de cada uno de los que la componemos, como somos tú y yo. La Biblia señala claramente que existimos como personas y como Iglesia para vivir para Su gloria y lo primero que debe saber la Iglesia es eso.

Si nos preguntamos cómo vivir para la gloria de Dios, la respuesta es que debemos tener claridad en el conocimiento de que esa es la razón por la que existimos. Imagina que te invito a comer y me esmero por hacerte lo que es, a mi parecer, la mejor comida. Dedico todo el día a prepararla y, cuando llegas a mi casa y te sientas a la mesa, me doy cuenta de que la comida está muy buena, pero no te gusta porque simplemente no es lo que más te agrada. No es por el sabor; es solo por una cuestión de gusto. Ahora, si quería estar seguro de que lo que te cocinara te gustara, lo primero que debí preguntarte es cuáles son las comidas que más te gustan y luego, sobre ese conocimiento, debí agradarte.

---

[73] Ibíd.

Muchas iglesias de ayer y hoy están haciendo cosas para Dios que a Él no le gustan. No es que algunas de estas cosas estén mal; es simplemente que Dios no las acoge porque no están en el orden de prioridad que Él mismo ha establecido. Para que una iglesia y, por consiguiente un creyente, pueda agradar a Dios debe primero conocer Su carácter, lo que le gusta y lo que no. Mira lo que dice la Escritura:

> «Así dijo Jehová: No se alabe el sabio en su sabiduría, ni en su valentía se alabe el valiente, ni el rico se alabe en sus riquezas. Mas alábese en esto el que se hubiere de alabar: en entenderme y conocerme, que yo soy Jehová, que hago misericordia, juicio y justicia en la tierra; porque estas cosas quiero, dice Jehová» (Jer. 9:23-24).

Motivación. Una iglesia, y por consiguiente un creyente, viven para la gloria de Dios como prioridad cuando las motivaciones divinas son exaltadas en todo lo que hacemos como Su pueblo. Dios, Su grandeza, Su poder, Su sabiduría, Su majestad deben ser lo que nosotros debemos procurar exaltar al hacer algo para Él. Veamos algunos textos que nos hablan sobre esta verdad:

> «No a nosotros, oh Jehová, no a nosotros, sino a tu nombre da gloria, por tu misericordia, por tu verdad» (Sal. 115:1).

> «Por mí, por amor de mí mismo lo haré, para que no sea amancillado mi nombre, y mi honra no la daré a otro» (Isa. 48:11).

> «Si, pues, coméis o bebéis, o hacéis otra cosa, hacedlo todo para la gloria de Dios» (1 Cor. 10:31).

Vivir para la gloria de Dios implica que cada pensamiento y acción estén motivados para que Él sea admirado por Su belleza, grandeza, poder y majestad, todo lo que lo representa a Él y no a nosotros. ¡Que Él sea glorificado y no nosotros! Que tengamos la humildad para que todo crédito recibido se lo devolvamos a Él. Nos gustan los elogios, pero no son nuestros. Los recibimos, pero debemos llevarlos a la cruz; allí es donde ellos pertenecen.

<u>Dependencia.</u> Cuando una iglesia y, por consiguiente un cristiano, viven para la gloria de Dios, dependen completamente de Él. Cuando tienen que hacer algo, su dependencia y confianza está en el Señor. El creyente reconoce que sus fuerzas vienen de Dios. Reconoce que sin el Señor no puede hacer nada. Mira lo que dice la Escritura:

> «Fíate de Jehová de todo tu corazón, y no te apoyes en tu propia prudencia. Reconócelo en todos tus caminos, y él enderezará tus veredas. No seas sabio en tu propia opinión; teme a Jehová, y apártate del mal» (Prov. 3:5-7).

> «Yo soy la vid, vosotros los pámpanos; el que permanece en mí, y yo en él, éste lleva mucho fruto; porque separados de mí nada podéis hacer» (Juan 15:5).

Vivir para la gloria de Dios es deslumbrarnos y asombrarnos por toda esa majestad, poder y grandeza de la que hemos hablado. Pero también es vivir con la conciencia de que Él es así y procurando siempre que sea nuestra motivación y dependencia.

Nunca debemos olvidar que Cristo es la cabeza suprema de la iglesia, Su fundador y dueño:

> «[Y] sometió todas las cosas bajo sus pies, y lo dio por cabeza sobre todas las cosas a la iglesia, la cual es su cuerpo, la plenitud de Aquel que todo lo llena en todo» (Ef. 1:22-23).

> «[Y] él es la cabeza del cuerpo que es la iglesia» (Col. 1:18a).

Aunque Cristo es la Cabeza, Su Iglesia es gobernada por pastores (ancianos) que cuentan con la ayuda de los diáconos para administrar los recursos del Señor de la manera más eficiente. Los pastores han sido establecidos por Dios para apacentar Su Iglesia (1 Ped. 5:1a,2a). Dios espera que estos pastores y ancianos protejan el rebaño (Hech. 20:17,28-31), lo alimenten (Mat. 28:20; Juan 21:27; Hech. 2:42; 1 Tim. 4:3) y lo dirijan (1 Tim. 5:17a; Tito 1:7; 1 Ped. 5:1a,2a). [74]

---

[74] Miguel Núñez, *Una iglesia conforme al corazón de Dios* (Grand Rapids, MI: Editorial Portavoz, 2011).

Los pastores y diáconos también tienen colaboradores que hacen de la Iglesia una maquinaria integrada a través de distintos engranajes que funcionan para hacer de ella la institución que Dios espera que sea. Uno de esos engranajes eres tú, quien ha sido llamado por Dios a salvación para poder cumplir con Su propósito por medio de ti. No solo eres llamado a salvación, sino también a Su servicio.

Veamos algunas características generales de la iglesia local:

- ° La iglesia local, al igual que la universal, es fundada por Jesucristo (Mat. 16:18).
- ° Está sujeta a la Biblia (Hech. 2:42).
- ° Está compuesta por creyentes bautizados (Hech. 2:42-47).
- ° Participa en las decisiones generales (Hech. 6:1-7)
- ° Tiene poder para recibir, disciplinar y excluir a sus miembros[75] (Mat. 18:17; 1 Cor. 5:1-5; 2 Cor. 2:4-6).
- ° Los oficiales de la iglesia son los pastores y los diáconos (Fil. 1:1; 1 Tim. 3:1-11).
- ° La iglesia local es completa en sí misma (Col. 2:10).
- ° En la iglesia local canalizamos nuestros dones y talentos (Ef. 4:12).
- ° Somos miembros oficiales de la Iglesia por el bautismo (Hech. 2:41).

Es triste reconocer que hay iglesias que no están viviendo en el plan de Dios y terminan confundidas y sin rumbo. Me imagino que ni a ti ni a nadie le gustaría estar en una iglesia así. A continuación, te daré algunos indicadores de lo que sería una iglesia correcta. Para darte estos indicadores apelo a Mark Dever, un pastor que hace un aporte extraordinario al recopilar las características de la Iglesia en el Nuevo Testamento.

Esta propuesta de Dever no es perfecta, pero creo que las características que propone le hacen justicia a lo que vemos en el Nuevo Testamento que debe ser la Iglesia del Señor. Estas nueve marcas de una iglesia saludable son las siguientes:

---

[75] La iglesia recibe a sus miembros de la misma manera en que Pedro se dirigió a los hermanos y les preguntó acerca de los que fueron recibidos para el bautismo en Hechos 10:47. La iglesia excluye a miembros como se ve en Romanos 16:17; 1 Corintios 5:1-13 y 2 Tesalonicenses 3:6.

- º Predicación expositiva
- º Teología bíblica
- º Un entendimiento bíblico de las buenas nuevas
- º Un entendimiento bíblico de la conversión
- º Un entendimiento bíblico del evangelismo
- º Un entendimiento bíblico de la membresía de la iglesia
- º Disciplina bíblica de la iglesia
- º Discipulado y crecimiento bíblico
- º Liderazgo bíblico en la iglesia[76]

Todo creyente auténtico valorará la iglesia local y entenderá que ser miembro de ella es un privilegio que Dios espera que honremos y valoremos. Aunque no encontramos en la iglesia del Nuevo Testamento un sistema de registro de miembros como el que algunas iglesias tienen en la actualidad, sí vemos que hay evidencias de que existía tal membresía oficial y que era de vital importancia para la marcha de la iglesia. Mark Dever precisa lo siguiente:

> Hay listados de personas relacionadas con la iglesia del Nuevo Testamento. Estas eran algunas veces viudas que eran ayudadas por la iglesia (1 Tim. 5) [...]. Asimismo, existen pasajes en el Nuevo Testamento que infieren una definición clara de las fronteras que limitaban a los miembros de una iglesia. La iglesia conocía a sus miembros. Por ejemplo, en las cartas de Pablo a la iglesia de Corinto se muestra que algunos de sus miembros fueron expulsados (por ej., 1 Cor. 5) y otros eran incluidos (por ej., 2 Cor. 2). En este último ejemplo, Pablo menciona aun el término *la mayoría* de las personas (2 Cor. 2:6, LBLA), de quienes se refiere como habiendo «realizado el castigo» que le impuso de expulsión de la iglesia. Esta mayoría podría referirse a la mayoría de las personas que eran reconocidas como los miembros de la iglesia.[77]

---

[76] Mark Dever, *¿Qué es una iglesia sana?* (Washington, D.C.: 9Marks, 2016). Mark Dever es pastor de la iglesia Capitol Hill Baptist Church en Washington D.C., Estados Unidos, y presidente del ministerio 9Marks. Puede conseguir más información acerca de este ministerio en la página http://es.9marks.org.
[77] Dever, *Una iglesia saludable...*, 24.

La membresía de la Iglesia es bíblica y, por lo tanto, es de bendición para el cristiano individual y para la Iglesia en general. Ser miembro de una iglesia es una bendición para todos porque fomenta el compromiso y la participación, el apoyo financiero para con la causa de Cristo y la participación en el servicio en los ministerios para la gloria de nuestro Señor.

La iglesia local a donde Dios nos ha llamado es un espacio en donde tenemos la oportunidad de amar y servir. Es un lugar donde se sustituye el individualismo de la cultura contemporánea por la vida en comunidad basada en la Palabra de Dios; es un lugar en donde se pasa de la segregación a la integración, de la lucha de clases a la convivencia pacífica entre hermanos, de la intolerancia violenta a la tolerancia sana y gentil, y del egoísmo en la búsqueda de oportunidades a nuestro favor a servir a los demás sin buscar nuestros propios intereses.

La Iglesia es una comunidad donde todo aquel que requiera atención y cuidado será bien recibido. Una comunidad en donde el que quiera servir y recibir será bienvenido. Es el espacio para dar lo mejor de nosotros para que Dios se glorifique en medio y por medio de esa comunidad. Es en la iglesia local donde debemos congregarnos y debemos procurar el engrandecimiento del reino de Dios a través del aporte integral de cada uno de nosotros como sus miembros.

Lista de iglesias locales en el N.T. por orden alfabético:

1. Antioquía — Hechos 13:1
2. Asia — 1 Corintios 16:19; Apocalipsis 1:4
3. Babilonia — 1 Pedro 5:13
4. Cencrea — Romanos 16:1
5. Cesarea — Hechos 18:22
6. Cilicia — Hechos 15:41
7. Corinto — 1 Corintios 1:2
8. Creta — Tito 1:5
9. Éfeso — Efesios 1:22; Apocalipsis 2:1
10. Esmirna — Apocalipsis 2:8
11. Filadelfia — Apocalipsis 3:7
12. Galacia — Gálatas 1:2
13. Galilea — Hechos 9:31
14. Jerusalén — Hechos 15:4
15. Jope — Hechos 9:42
16. Judea — Hechos 9:31

17. Laodicea	Apocalipsis 3:14
18. Pérgamo	Apocalipsis 2:12
19. Samaria	Hechos 9:31
20. Sardis	Apocalipsis 3:1
21. Siria	Hechos 15:41
22. Tesalónica	1 Tesalonicenses 1:1
23. Tiatira	Apocalipsis 2:18

La verdadera Iglesia del Señor no es la que complace los caprichos de sus miembros, sino la que glorifica y exalta al Señor en todo lo que hace. Puede que sea poco conocida o con limitados recursos económicos, pero glorifica a Cristo en todo lo que hace. Con esto no quiero decir que las iglesias grandes y conocidas no sean saludables. Por el contrario, hay muchas iglesias grandes, con abundancia de miembros, recursos e influencia, que son sanas. Por la cercanía que tengo con sus pastores sé que su meta y propósito es la gloria de Dios; es llevar a la Iglesia a que sea sana porque, donde Dios es glorificado, constantemente hay bendición.

La Iglesia buscará que la gloria del Señor sea exaltada y vista a través de todo lo que hace porque para eso hemos sido creados; como dice el pastor Miguel Núñez: «Nuestra motivación para existir es conocer, amar y glorificar a Dios».[78]

El apóstol Pedro le dice a sus primeros lectores y oyentes, y a nosotros también:

> «El que habla, *que hable* conforme a las palabras de Dios; el que sirve, *que lo haga* por la fortaleza que Dios da, para que en todo Dios sea glorificado mediante Jesucristo, a quien pertenecen la gloria y el dominio por los siglos de los siglos. Amén» (1 Ped. 4:11, LBLA).

RESUMEN DEL CAPÍTULO 9

(1) ¿Qué es la iglesia?

 a. El vocablo iglesia que aparece en el Nuevo Testamento viene del término griego *ekklesia* que significa literalmente 'llamar, salir o sacar'.

---

[78] Núñez, *Una iglesia conforme...*, 29.

b. *Ekklesia* se aplica perfectamente a nosotros los hijos del Señor que hemos sido llamados por el Señor de «afuera» del mundo y ahora estamos en Su «asamblea».

(2) ¿Qué es la Iglesia universal de Jesucristo?

a. Es la que está formada por todos los cristianos, por todos los convertidos a Cristo, de cualquier parte del mundo, época o denominación.

(3) ¿Qué es la iglesia local?

a. Es visible, se limita aquí a la tierra y es donde debemos canalizar nuestros dones y talentos.
b. Es la reunión de los redimidos para el mantenimiento de la adoración a Dios, Sus ordenanzas y doctrinas, la evangelización y la unidad.
c. Todo creyente no solo debe ser miembro de la Iglesia universal, sino también de la iglesia local.

PARA ESTUDIAR

¿Qué significa la palabra *iglesia*?

¿Quiénes componen la Iglesia universal del Señor?

¿Quiénes componen la iglesia local?

Explique la importancia de la iglesia local.

Para pensar:

Explique su participación en la iglesia local.

DÍA 1

*Y yo también te digo, que tú eres Pedro, y sobre esta
roca edificaré mi iglesia; y las puertas del Hades no
prevalecerán contra ella (Mat. 16:18).*

¿Sobre cuál base está edificada la Iglesia del Señor? Al decir el Señor: «[S]obre esta roca edificaré mi iglesia», no se está refiriendo a Pedro, el hombre, como su fundamento, como algunos piensan hoy en día. La base principal de la Iglesia es Cristo, la «piedra del ángulo» (1 Ped. 2:5-6).

La Iglesia universal del Señor está compuesta por todos aquellos que confiesan y viven a través de esa fe basada en la misma Palabra de Dios, que han aceptado al Señor como su Salvador personal y que le confían su vida solamente a Él.

No hay nada que pueda destruir esta Iglesia, ya que su sustento es el mismo Jesucristo, a quien Dios designó como su cabeza (Col. 1:18) y que es el Señor de toda la creación visible e invisible.

Ningún ser humano es la base de la Iglesia. Solo Cristo es nuestro fundamento, la piedra angular y la base de nuestra fe.

*Gracias te doy, Señor, por permitirme ser parte de tu
Iglesia, gracias. Amén.*

¿QUÉ HAGO CON ESTO?

Cristo ha prometido que edificará a Su Iglesia. ¿Qué implicaciones tiene para tu vida que las puertas del Hades no prevalecerán contra ella?

DÍA 2

*Porque así como el cuerpo es uno, y tiene muchos
miembros, pero todos los miembros del cuerpo, siendo
muchos, son un solo cuerpo, así también Cristo
(1 Cor. 12:12).*

La glosopeda (o fiebre aftosa) es una enfermedad muy contagiosa entre los animales con pata hendida. Son ampollas sumamente dolorosas que salen alrededor de la boca y entre las pesuñas, y vienen acompañadas de mucha fiebre. Los animales que tienen esta enfermedad no comen ni beben y bajan de peso rápidamente.

Podríamos comparar la glosopeda con una enfermedad espiritual similar que afecta también los pies y la boca de los cristianos, y que sigue creciendo en proporciones epidémicas dentro de la Iglesia alrededor del mundo.

En 1 Corintios 12, se compara a los creyentes con los miembros de un cuerpo. Este tipo de enfermedad espiritual de pies y boca se produce cuando los que pertenecen a la Iglesia, que es el cuerpo de Cristo, empiezan a compararse entre ellos; es probable que un pie se sienta insatisfecho por su incapacidad de expresarse como la boca, y que la boca comience a quejarse por no poder andar como lo hace el pie. Esos cristianos pierden el apetito espiritual y se vuelven ineficaces en el servicio al Señor.

El remedio para la glosopeda espiritual se da cuando reconocemos que los hijos de Dios han sido diseñados soberanamente y colocados en el cuerpo de Cristo con propósitos específicos, y que cada uno de nosotros es vital para el bienestar de todos. Ninguno puede funcionar en lugar del otro. Por eso somos un solo cuerpo: el cuerpo de Cristo.

Padre Santo, no importa donde me hayas colocado
para servirte en tu Iglesia. Estoy dispuesto a servirte.
Amén.

¿QUÉ HAGO CON ESTO?

Cada uno de nosotros es parte del cuerpo de Cristo, que es la Iglesia. ¿Reconoces a los demás como parte de ese cuerpo también? ¿Cómo puedes empezar a hacerlo desde hoy?

Día 3

Y perseveraban en la doctrina de los apóstoles, en la
comunión unos con otros, en el partimiento del pan y
en las oraciones (Hech. 2:42).

Hace varios años, entrevistaron a unos antiguos prisioneros de guerra para determinar cuáles de los métodos usados por el enemigo habían sido los más eficaces para quebrarles la voluntad. Los investigadores descubrieron que a los presos se les quebraba rápidamente la voluntad cuando se los sometía a reclusión solitaria o se los cambiaba a menudo de celda y se los separaba de sus amigos.

Estas observaciones nos pueden ayudar a entender por qué los cristianos necesitan tener comunión con otros creyentes para ayudarse a permanecer fieles al Señor. Nuestra propia relación personal con Dios, por más vital y satisfactoria que sea, no es suficiente para producir madurez y resistencia espiritual. Las relaciones que se desarrollan dentro de un cuerpo unificado y lleno del Espíritu Santo son esenciales para crecer y mantener nuestra fidelidad individual al Salvador. A veces preferiríamos no participar de la vida de la Iglesia pensando que es más fácil ir por la vida solos. Sin embargo, los cristianos que asumen esta actitud pierden todos los beneficios de la comunión con los demás.

La vida cristiana está hecha para vivir en comunidad. Dios la destino así, y a Él le agrada cuando en Su Iglesia los miembros viven juntos y en armonía.

«Porque allí envía el Señor bendición, y vida eterna» (Sal. 133:3b).

Maravilloso Dios, gracias por los amigos y por la
familia que tengo en tu Iglesia. Amén.

¿QUÉ HAGO CON ESTO?

Dios se deleita en que los creyentes estén juntos y en armonía. ¿Cultivas la amistad sincera con tus hermanos en Cristo?

Día 4

Así que Pedro estaba custodiado en la cárcel; pero la iglesia hacía sin cesar oración a Dios por él (Hech. 12:5).

Uno de los propósitos fundamentales de la Iglesia del Señor es servir a cada uno de los creyentes como hermanos y, aún más, a toda nuestra comunidad. Pero cuando hablamos de servir no solamente nos referimos al servicio de las necesidades materiales, sino también de las necesidades espirituales y emocionales de las personas. Muchas veces nos encontraremos con situaciones en las que tendremos que servir a personas que atraviesan por diversos problemas en su vida personal, en su familia, trabajo y tantas otras áreas de la vida que afectan el cuerpo y el espíritu.

Cuando atendemos esas necesidades también servimos, al colaborar con nuestros hermanos, amigos y aun con desconocidos, y al obedecer el mandato del Señor de amar a los demás como a nosotros mismos.

Debemos procurar el bienestar integral de los hijos de Dios y del resto de los seres humanos. Los servimos en sus necesidades físicas, como también en sus necesidades del alma. Acompañamos en oración a todo aquel que esté cargado y atribulado como lo hicieron los hermanos con Pedro cuando estuvo en la cárcel.

Eso también es parte de nuestro deber con nuestros hermanos en Cristo.

Señor, ayúdanos como Iglesia a servirte a ti sirviendo a nuestros hermanos. Amén.

¿QUÉ HAGO CON ESTO?

Debemos procurar el bienestar integral de los hijos de Dios y del resto de los seres humanos. ¿Cuántas personas están presentes en tus oraciones diarias? ¿Estás atendiendo las necesidades de los demás con tus acciones y oraciones?

DÍA 5

Y todos los días, en el templo y por las casas, no cesaban de enseñar y predicar a Jesucristo (Hech. 5:42).

Es maravilloso saber que la Iglesia cumple con los propósitos que Dios nos ha encomendado. La predicación del evangelio es uno de los propósitos de la Iglesia del Señor. Es de gran bendición para el cuerpo de Cristo contar con una buena predicación en nuestra iglesia cuando sabemos que tenemos un ministerio de la palabra que cumple con la evangelización de los que se pierden.

Los hermanos de la iglesia del primer siglo predicaban a Cristo en el templo y por las casas. Esto significa que predicaban a Cristo en todos los momentos y ambientes en los que se encontraban. En el templo con todos los que buscaban al Señor y en las casas de manera más personal e íntima con sus familiares y amigos cercanos.

Nos causa gran gozo cuando tenemos la oportunidad de hablar de Cristo a otra persona y es algo que debemos hacer todos los días. Nuestros hogares deben ser los principales centros de operaciones para esta tarea porque es necesario que nuestros familiares, amigos y vecinos reconozcan que nuestra casa es terreno de Dios. No perdamos la mínima oportunidad de hacer esta obra. No dejemos a nadie de los que nos rodean sin escuchar acerca del amor de Dios y de la bendición que es tenerlo en nuestras vidas. ¿Cuándo fue la última vez que cumpliste con este propósito? Hazlo hoy.

Gracias, Dios mío, porque también a mí me salvaste a través de la predicación. Amén.

¿QUÉ HAGO CON ESTO?

Debemos procurar el bienestar integral de los hijos de Dios y del resto de los seres humanos. ¿Das testimonio a las personas que están más cerca de ti (familiares, amigos, vecinos)? ¿Predicas todos los días en «el templo y por las casas»?

DÍA 6

Mas el fruto del Espíritu es amor, gozo, paz, paciencia, benignidad, bondad, fe, mansedumbre, templanza; contra tales cosas no hay ley (Gál. 5:22-23).

Toda iglesia saludable es una iglesia que cultiva el fruto del Espíritu porque solo así se puede tener el carácter que Dios quiere que cada creyente tenga. En una iglesia que fortalece el fruto del Espíritu, hay una paz inmensa que es producto de la presencia del Señor. En ella existe la paciencia necesaria para restaurar a los caídos, la fe que ve al Señor obrar y lo pone en primer lugar de todas sus operaciones. También es una iglesia con dominio propio para hacer todas las cosas como dice la Biblia decentemente y en orden.

El Espíritu Santo nos capacita para amarnos los unos a los otros y también nos da el gozo para vivir la vida cristiana agradeciendo y bendiciendo a nuestro Señor todos los días. Las diferentes manifestaciones del fruto del Espíritu están presentes en la Iglesia y en cada creyente salvado por la sangre de Jesucristo.

Para que este fruto esté presente en la Iglesia es necesario que esté presente en nuestras vidas. ¿Hasta qué punto cultivas el fruto del Espíritu? ¿Eres un agente de bendición en tu iglesia manifestando el carácter de Cristo?

Padre Santo, tú eres maravilloso y me enseñas las cosas que son necesarias para mi vida. Guíame cada día a cultivar más el fruto del Espíritu. Amén.

¿QUÉ HAGO CON ESTO?

Para que este fruto esté presente en la Iglesia es necesario que esté presente en nuestras vidas. ¿Cuál de los frutos del Espíritu necesitas cultivar más en tu vida?

Capítulo 10

EL BAUTISMO

El bautismo por sí solo no salva a nadie, pero es una evidencia pública de fe en aquellos que son salvos por el Señor.

O. S.

Jesús desplazó los elaborados rituales del judaísmo,[79] pero instituyó dos ordenanzas[80] o ceremonias para que fueran observadas perpetuamente. Son representaciones gráficas de los hechos fundamentales del evangelio. Estas ordenanzas son el *bautismo* y la *Cena del Señor*.

El bautismo es una ordenanza simbólica que consiste en la inmersión de un creyente en agua, en el nombre de la Trinidad y en obediencia al mandamiento del Señor. Concordamos con H. E. Dana[81] cuando afirma que el bautismo tiene dos significados:

---

[79] El judaísmo es la religión oficial de los judíos.

[80] Una ordenanza es un mandamiento divino que se manifiesta en una práctica o ceremonia establecida. En otras palabras, son aquellas ceremonias o prácticas establecidas por Dios por medio de Su Palabra que dan testimonio de la filiación de Sus hijos con el Señor.

[81] H. E. Dana, *Manual de eclesiología* (El Paso, TX: Casa Bautista de Publicaciones, 1987), 125-26.

- ○ **Práctico.** El bautismo representa la renuncia a la vida vieja de pecado y el inicio de una nueva vida en Cristo.
- ○ **Simbólico.** El bautismo representa la sepultura del pecado y la resurrección a una nueva vida, según lo que enseña la Biblia:

«¿O no sabéis que todos los que hemos sido bautizados en Cristo Jesús, hemos sido bautizados en su muerte? Porque somos sepultados juntamente con él para muerte por el bautismo, a fin de que como Cristo resucitó de los muertos por la gloria del Padre, así también nosotros andemos en vida nueva. Porque si fuimos plantados juntamente con él en la semejanza de su muerte, así también lo seremos en la de su resurrección» (Rom. 6:3-5).

«[S]epultados con él en el bautismo, en el cual fuisteis también resucitados con él, mediante la fe en el poder de Dios que le levantó de los muertos» (Col. 2:12).

¿QUIÉNES DEBEN BAUTIZARSE?

La Biblia enseña claramente que el bautismo es una ordenanza o práctica para los que se han convertido a Cristo. El patrón que encontramos en el Nuevo Testamento es que solo los que dan muestras visibles y evidentes de fe deben ser bautizados. Todo candidato a ser bautizado debe cumplir todos los requisitos presentados en el Nuevo Testamento:

- ○ «Por tanto, id, y haced discípulos a todas las naciones, bautizándolos en el nombre del Padre, y del Hijo, y del Espíritu Santo» (Mat. 28:19).
- ○ «Arrepentíos, y bautícese cada uno de vosotros en el nombre de Jesucristo para perdón de los pecados» (Hech. 2:38b).
- ○ «Así que, los que recibieron su palabra fueron bautizados; y se añadieron aquel día como tres mil personas» (Hech. 2:41).
- ○ «Pero cuando creyeron a Felipe, que anunciaba el evangelio del reino de Dios y el nombre de Jesucristo, se bautizaban hombres y mujeres» (Hech. 8:12).

Estos versículos nos muestran que el bautismo es un acto de obediencia producto de la conversión. Eso quiere decir que solo puede bautizarse todo aquel que verdaderamente se ha convertido a Cristo.

¿BAUTISMO DE NIÑOS?

El bautismo de niños recién nacidos es una práctica común en algunas iglesias. Sin embargo, por lo visto anteriormente, la Biblia no apoya en ninguna parte el bautismo de infantes. El bautismo de niños recién nacidos es una práctica que no le hace justicia al Nuevo Testamento porque no encontramos ningún precedente en sus páginas.

Para algunos, el bautismo de niños es una práctica que simboliza la circuncisión del Antiguo Testamento. Por otro lado, hay iglesias que bautizan a partir de la adolescencia, pero tampoco encontramos una orden bíblica para tal práctica. Lo que sí vemos es que aun Jesús se bautizó siendo un adulto y los bautismos en el Nuevo Testamento eran de personas que tenían clara conciencia de lo que estaban haciendo al responder al evangelio y luego al responder al mandato del bautismo por ellos mismos.

Entonces, ¿un niño no puede bautizarse? Wayne Grudem señala: «La respuesta más directa es que *los niños a bautizar* deben tener edad suficiente para dar una profesión de fe. Es imposible fijar una edad precisa que se aplicará a todo niño, pero cuando los padres *cristianos* ven evidencias convincentes de genuina vida espiritual, y también algún grado de comprensión respecto a lo que significa confiar en Cristo, entonces el bautismo es apropiado».[82]

Podríamos considerar entonces los siguientes puntos al momento de pensar en el bautismo de un niño:

- Debe tener la autorización de sus padres.
- Debe tener conciencia de pecado (Sal. 51:5; Rom. 3:23).
- Debe entender el plan de salvación (Hech. 8:30).
- Debe reconocer que es pecador, confesar y arrepentirse de sus pecados. (Luc. 24:7; Hech. 3:19; 20:21).
- Debe reconocer a Cristo como Salvador (Juan 3:16; Hech. 2:21).

---

[82] Grudem, *Teología sistemática*, 1034. Wayne Grudem es un autor de nacionalidad norteamericana muy conocido y respetado por su erudición.

º Debe bautizarse como acto de obediencia (Mat. 28:19;
Hech. 8:36-38).

¿CÓMO DEBE REALIZARSE EL BAUTISMO?

Los seres humanos siempre vivimos inventando procedimientos al
margen de las Escrituras. A pesar de que el Nuevo Testamento se pro-
nuncia claramente acerca de cómo debe ser el bautismo, los cristianos
tienden a optar por otras formas. En la práctica se conocen tres formas
de bautismo. Dos de ellas son de fabricación humana. Las dos formas
sin base en el Nuevo Testamento son estas:

º **Aspersión:** salpicando agua sobre la cabeza del individuo.
º **Ablución:** derramando agua sobre el individuo.

Sin embargo, es sumamente claro que el bautismo del Nuevo Testamento es el bautismo por inmersión. Encontramos varias razones de
peso para practicarlo solo de esa manera:[83]

Razón etimológica: la palabra *bautismo* viene del vocablo original
baptizein que significa literalmente 'sumergir'. Es también la misma
palabra que se usa para describir, por ejemplo, a un barco que se
hunde.

Razón práctica: el N.T. relata la práctica bautismal y se confirma
que era por inmersión, como lo vemos a continuación:

«Y luego, cuando subía del agua, vio abrirse los cielos»
(Mar. 1:10a).

«[P]orque había allí muchas aguas» (Juan 3:23b)

«[Y] descendieron ambos al agua [...] y le bautizó»
(Hech. 8:38b).

Razón simbólica: el bautismo simboliza la identificación con la
muerte, la sepultura y la resurrección de Cristo. Solo el bautismo por
inmersión puede simbolizar ese acto espiritual. La Biblia dice:

---

[83] Lavonn D. Brown, *La vida de la iglesia* (El Paso, TX: Casa Bautista de Publicaciones,
1989).

«¿O no sabéis que todos los que hemos sido bautizados en Cristo Jesús, hemos sido bautizados en su muerte? Porque somos sepultados juntamente con él para muerte por el bautismo, a fin de que como Cristo resucitó de los muertos por la gloria del Padre, así también nosotros andemos en vida nueva. Porque si fuimos plantados juntamente con él en la semejanza de su muerte, así también lo seremos en su resurrección» (Rom. 6:3-5).

En el Nuevo Testamento, las personas se bautizaban inmediatamente después de creer en Jesucristo. No tenían que pasar por un curso ni nada semejante. Hoy en día, las iglesias en su gran mayoría tienen un curso prebautismo. Sin embargo, más allá de estos detalles, la Iglesia cristiana sigue observando esta práctica como testimonio público de su fe en su Salvador y Señor Jesucristo.

Un buen resumen de lo que es el bautismo lo presenta la Confesión de Fe de Londres de 1689:

El bautismo es una ordenanza del Nuevo Testamento instituida por Jesucristo, con el fin de ser para la persona bautizada una señal de su comunión con Él en su muerte y resurrección, de estar injertado en Él, de la remisión de pecados y de su entrega a Dios por medio de Jesucristo para vivir y andar en novedad de vida.

Los que realmente profesan arrepentimiento para con Dios y fe en nuestro Señor Jesucristo y obediencia a Él son los únicos sujetos adecuados de esta ordenanza. El elemento exterior que debe usarse en esta ordenanza es el agua, en la cual ha de ser bautizada la persona en el nombre del Padre, del Hijo y del Espíritu Santo.

La inmersión de la persona en el agua es necesaria para la correcta administración de esta ordenanza.[84]

---

[84] Anónimo, *Esto creemos*, 103.

RESUMEN DEL CAPÍTULO 10

(1) ¿Qué es el bautismo?

    a. Es una ordenanza simbólica que consiste en la inmersión de un creyente en agua en el nombre de la Trinidad y en obediencia al mandamiento del Señor.

    b. Tiene varios significados:
        i. Práctico
        ii. Simbólico

(2) ¿Quiénes deben bautizarse?

    a. La Biblia enseña claramente que el bautismo es una ordenanza que deben cumplir todos aquellos que han sido lavados por la sangre de Cristo (Hech. 2:38).

(3) ¿Bautismo de niños?

    a. Puede bautizarse teniendo en cuenta lo siguiente:
        i. Debe tener conciencia de pecado (Sal. 51:5).
        ii. Debe entender el plan de salvación (Hech. 8:30).
        iii. Debe convertirse a Cristo (Hech. 2:21).
        iv. Debe bautizarse como acto de obediencia (Hech. 8:36-38).

(4) ¿Cómo debe ser el bautismo?

    a. El bautismo del Nuevo Testamento es por inmersión.

    b. Hay varias razones para practicar el bautismo por inmersión:
        i. Etimológica (significado de la palabra)
        ii. Práctica (Mar. 1:10a)
        iii. Simbólica (Rom. 6:3-5)

PARA ESTUDIAR

¿Cómo definirías el bautismo?

¿Quiénes deben bautizarse?

Marque el cuadro correcto.

El bautismo que enseña el N.T. es por:

- ☐ Aspersión
- ☐ Ablución
- ☐ Inmersión

¿Recuerdas tu fecha de bautismo? Escríbela. (Si no se te has bautizado, hazlo. Pregunta a tu pastor).

Para pensar:

¿Existe alguna condición específica que esté impidiendo tu bautismo en este momento? ¿La puedes describir?

DÍA 1

Por tanto, id, y haced discípulos a todas las naciones,
bautizándolos en el nombre del Padre, y del Hijo, y del
Espíritu Santo (Mat. 28:19).

Cuando somos niños, nos enseñan que es importante ser obedientes a nuestros padres en todas las cosas porque ellos tienen autoridad sobre nosotros. Al crecer, se nos muestran más autoridades a las que obedecer: maestros, empleadores, el Estado, entre otros. Cuando llegamos al Señor aprendemos que con Él no es diferente y también le debemos obediencia porque incluso fue Él mismo quien instituyó las autoridades en la tierra.

Dios se nos ha revelado como nuestro Señor y, por lo tanto, es a quien debemos servir y obedecer. El bautismo es un mandato de nuestro Señor y Salvador a quien le debemos todas las cosas y que tiene autoridad sobre todos nosotros como Creador y como nuestro Salvador.

El bautismo no fue una sugerencia o una opción para Sus seguidores. Si no nos bautizamos, somos desobedientes. Jesús dio el ejemplo al bautizarse. Es importante recordar siempre que una de las características de una persona que ame al Señor es que siempre estará dispuesta a cumplir con cada uno de Sus mandatos y el bautismo no es la excepción a ellos.

Gracias, Señor, por cada uno de tus mandamientos;
gracias porque ellos no son gravosos. Amén.

¿QUÉ HAGO CON ESTO?

En el texto de hoy observamos que Jesús envió a Sus discípulos a hacer discípulos y a bautizarlos. ¿Has creído? ¿Te has arrepentido genuinamente? ¿Qué impide que seas bautizado?

DÍA 2

Y en esto sabemos que nosotros le conocemos,
si guardamos sus mandamientos (1 Jn. 2:3).

¿Cómo les mostramos nuestro amor a nuestros padres, amigos, a las personas que son importantes para nosotros? Cuando amamos a alguien, nuestra relación con esa persona está marcada por un alto sentido de respeto. Seremos capaces de hacer lo que nos piden porque entendemos que, si nos aman, no nos pedirán nada que sea dañino para nosotros. Estaremos dispuestos a complacerlos aunque sacrifiquemos aquellas cosas que para nosotros podrían ser importantes.

Lo mismo sucede con Dios: si verdaderamente lo amamos, vamos a obedecer cada uno de Sus mandatos. Cuando nos bautizamos, estamos diciendo que realmente amamos a Dios y que estamos dispuestos a obedecerlo en cada uno de Sus mandamientos. El bautismo es una manifestación pública que prueba que una persona es un verdadero seguidor obediente de Cristo.

El bautismo no es una opción; no es una sugerencia; no es un favor que le hacemos al Señor. Por el contrario, es una de las primeras demostraciones de que nuestras vidas están rendidas ante el Señor, que nuestro deleite es obedecerlo porque sabemos quién es Él, qué ha hecho por nosotros y cuál es la vida a la que estamos llamados a vivir como consecuencia de la relación que ahora experimentamos con Él. Gloria a Dios porque nos permite reflejar en el bautismo que nos sometemos porque lo conocemos.

Señor, guía mi vida cada día a obedecerte más y más, y
a cumplir con cada uno de tus mandamientos. Amén.

¿QUÉ HAGO CON ESTO?

El bautismo no es un requisito para ser salvo, pero sí es una evidencia pública de tu fe. ¿Les has dicho a todos por medio de tu bautismo que eres un creyente?

Día 3

*A cualquiera, pues, que me confiese delante
de los hombres, yo también le confesaré delante de
mi Padre que está en los cielos. Y a cualquiera que me
niegue delante de los hombres, yo también le negaré
delante de mi Padre que está en los cielos*
(Mat. 10:32-33).

¿Sabes lo que es remachar un clavo? Cuando un carpintero remacha un clavo, lo clava en una tabla y dobla la porción que sobresale; de esa manera, el clavo no se puede sacar halándolo de la tabla.

Declarar nuestra fe en Cristo públicamente en el bautismo es como «remachar un clavo». Al bautizarnos estamos simbolizando de forma pública que morimos a nuestra vida pasada de pecado y a las viejas prácticas mundanas, y que nacemos a una nueva vida en Cristo. Le declaramos al mundo nuestro amor y compromiso con Cristo y Su obra, al ser fieles y obedecer Su mandamiento.

Cuando nos bautizamos, nuestra fe y nuestra relación con Dios se fortalecen. Damos testimonio de lo que hemos creído, demostramos públicamente nuestra renuncia a todo aquello que sea contrario a Dios y reconocemos que aún con nuestras luchas y fallas, si vivimos, para el Señor vivimos.

Gracias, Señor, por la bendición que das de poder obedecer; quiero siempre confesarte delante de los demás. Amén.

¿QUÉ HAGO CON ESTO?

Quizás pienses que negar a Cristo sea solo no hablar de Él con tu boca, pero no obedecerlo es otra manera de no confesarlo.

¿Estás negando a Cristo con tu boca y tu corazón?

DÍA 4

Así que, los que recibieron su palabra fueron bautiza-
dos; y se añadieron aquel día como tres mil personas
(Hech. 2:41).

El deseo de bautizarse ha sido una marca indeleble en los creyentes en Cristo desde los tiempos de la iglesia primitiva. Un verdadero creyente siempre estará dispuesto a obedecer todos los mandatos de Dios sin importar el precio.

Pedro predicó sobre el bautismo desde su primer discurso (Hech. 2:38). También vemos que cuando Felipe le predicó al eunuco, él recibió al Señor como su salvador e inmediatamente decidió obedecer y bautizarse. Quiso confesar a Cristo como su salvador y comenzar una nueva vida como hijo de Dios (Hech. 8:36-37).

Aunque sabemos que no todo el que se bautiza es un verdadero creyente, lo que sí sabemos es que todo verdadero creyente debe bautizarse. Primero hay que ser creyente y luego bautizarse; es decir, este mandamiento como todos los demás no garantiza la salvación de ninguna persona, sino que es un acto de obediencia que es consecuencia de haber conocido al Señor y querer obedecerle.

Señor, pon en nosotros un deseo ardiente de
obedecerte. Amén.

¿QUÉ HAGO CON ESTO?

¿Eres un creyente que ya ha obedecido a Cristo mediante el bautismo? Si es así, ¡felicidades!

DÍA 5

El que tiene mis mandamientos, y los guarda, ése es el
que me ama; y el que me ama, será amado por mi Pa-
dre, y yo le amaré, y me manifestaré a él (Juan 14:21).

¿Realmente amamos a Dios? ¿Cómo manifestamos nuestro amor hacia Él? Cuando amamos a Dios, existe en nosotros la convicción de obedecerle en todas las cosas que nos ha mandado. Al entregarle nuestra vida, Él comienza a reinar en ella y sentiremos la necesidad de caminar por el camino que Él nos muestra. El bautismo es un acto de obediencia al que toda persona que realmente ama al Señor no se va a resistir. No tendremos ningún temor de confesar públicamente nuestra fe y compromiso con Dios, ya que sabemos que con el bautismo estamos demostrando nuestro amor por Él.

Uno de los mayores obstáculos que muestran algunos para cumplir este mandato es creer que aún no están preparados, que son muy jóvenes en la fe, que deben adquirir más conocimiento o esperar a algún familiar para hacerlo juntos. La verdad es que la Biblia solo nos muestra un requisito para el bautismo y es *ser creyente*, nada más. No tenemos que esperar años para obedecer, ya que el Espíritu Santo que mora en nosotros nos impulsa a hacerlo debido a la nueva naturaleza que ahora hay en nosotros.

Como hemos visto, lo obedecemos porque lo amamos y, si lo amamos, seremos amados por el Padre. ¿Qué cosa mejor podemos anhelar que tener el amor Dios sobre nosotros? Cuando amamos al Señor y guardamos Sus mandamientos, entonces este amor se manifiesta en nuestras vidas y nos guía a hacer cosas que solo por Su poder en nosotros podemos lograr.

Dios, gracias por ese amor que me das; gracias por tu misericordia. Quiero que la obediencia siempre sea una realidad en mi vida. Amén.

¿QUÉ HAGO CON ESTO?

¿Te preguntas a menudo si eres un verdadero creyente? La cuestión es ¿amas y obedeces a Dios?

DÍA 6

[S]epultados con él en el bautismo, en el cual fuisteis
también resucitados con él, mediante la fe en el poder
de Dios que le levantó de los muertos (Col. 2:12).

El acto del bautismo nos muestra dos cosas:

* Lo que Jesús hizo por nosotros: vino al mundo, vivió una vida perfecta, murió por nuestros pecados, fue sepultado y volvió a vivir (1 Cor. 15:3-4). Gracias a ese acto de amor y poder nos ha dado la vida eterna que solo en Él podemos obtener.
* Lo que nos ha sucedido: nuestro corazón ha cambiado; nuestra mente ha sido transformada; somos una nueva criatura; ya no vivimos para deleitarnos en el pecado, sino en Dios. Por medio del bautismo simbolizamos que morimos a nuestra antigua manera de vivir y que resucitamos para vivir una vida nueva en Cristo, una vida de santidad, guiada por Su voluntad (Rom. 6:3-4).

Demos gloria a nuestro Padre celestial, quien, además de salvar nuestra alma y nuestro destino eterno, cambió nuestra vida y nos da el privilegio de demostrarlo en nuestro diario vivir. Una de esas demostraciones públicas es el bautismo ante nuestros seres queridos y hermanos en la fe.

Padre Santo, es una bendición para mí poder obedecer-
te a través del bautismo y confesar delante de todos mi
compromiso y amor por ti. Amén.

¿QUÉ HAGO CON ESTO?

El bautismo tiene el significado de la muerte y resurrección de Cristo, así como la imagen de tu nueva vida en Cristo. ¿Es tu vida un reflejo de esa nueva vida en Cristo?

Capítulo 11

LA CENA DEL SEÑOR

Así, pues, todas las veces que comiereis este pan, y bebiereis esta copa, la muerte del Señor anunciáis hasta que él venga.

El apóstol Pablo

Nosotros somos salvos por medio de la muerte y resurrección de nuestro Señor Jesucristo. Ese sacrificio a favor de Su pueblo se recuerda públicamente de manera intencional, no solo en los cultos de adoración, sino también en lo que llamamos la «Cena del Señor».

Podemos definir la Cena del Señor como una de las dos ordenanzas (o ceremonias) que nuestro Señor Jesucristo establece para ser observada por Su Iglesia. Nuestro Señor estableció esta práctica cuando estaba reunido con Sus discípulos en la víspera de Su arresto y posterior crucifixión:

«Y mientras comían, tomó Jesús el pan, y bendijo, y lo partió, y dio a sus discípulos, y dijo: Tomad, comed; esto es mi cuerpo» (Mat. 26:26).

Sin embargo, Jesús añadió que Sus discípulos debían practicar esta Cena de manera permanente en Su Iglesia:

«Y habiendo tomado la copa, dio gracias, y dijo: Tomad esto, y repartidlo entre vosotros; porque os digo que no beberé más del fruto de la vid, hasta que el reino de Dios venga. Y tomó el pan y dio gracias, y lo partió y les dio, diciendo: Esto es mi cuerpo, que por vosotros es dado; haced esto en memoria de mí. De igual manera, después que hubo cenado, tomó la copa, diciendo: Esta copa es el nuevo pacto en mi sangre, que por vosotros se derrama» (Luc. 22:17-20).

Los discípulos entendieron bien lo que Jesús les instruyó y, después de Su partida, siguieron practicando la ceremonia de la Cena:

«Porque yo recibí del Señor lo que también os he enseñado: Que el Señor Jesús, la noche que fue entregado, tomó pan; y habiendo dado gracias, lo partió, y dijo: Tomad, comed; esto es mi cuerpo que por vosotros es partido; haced esto en memoria de mí. Asimismo tomó también la copa, después de haber cenado, diciendo: Esta copa es el nuevo pacto en mi sangre; haced esto todas las veces que la bebiereis, en memoria de mí. Así, pues, todas las veces que comiereis este pan, y bebiereis esta copa, la muerte del Señor anunciáis hasta que él venga» (1 Cor. 11:23-26).

La iglesia celebraba la Cena en un ambiente fraternal donde comían con alegría y sencillez de corazón:

«Día tras día continuaban unánimes en el templo y partiendo el pan en los hogares, comían juntos con alegría y sencillez de corazón» (Hech. 2:46, LBLA).

Sin embargo, no todas las iglesias la practicaron y la entendieron correctamente. Esta celebración fue víctima de excesos; por ejemplo, los creyentes de la iglesia de Corinto desvirtuaron su naturaleza y espíritu solemne, como lo señala con tristeza el apóstol Pablo:

«Porque al comer, cada uno se adelanta a tomar su propia cena; y uno tiene hambre, y otro se embriaga. Pues qué, ¿no tenéis casas en que comáis y bebáis? ¿O menospreciáis la iglesia de Dios, y avergonzáis a los que no tienen nada? ¿Qué os diré? ¿Os alabaré? En esto no os alabo» (1 Cor. 11:21-22).

El texto parece indicar que existía una regulación de la Cena del Señor que establecían los parámetros con el pan y el vino que permanecen casi idénticos hasta el día de hoy:

> «Así que, hermanos míos, cuando os reunís a comer, esperaos unos a otros. Si alguno tuviere hambre, coma en su casa, para que no os reunáis para juicio. Las demás cosas las pondré en orden cuando yo fuere» (1 Cor. 11:33-34).

¿TIENE ALGÚN SIGNIFICADO LA CENA DEL SEÑOR?

La Cena del Señor establecida por nuestro Señor Jesucristo tiene como propósito recordar Su sacrificio en la cruz:

> «Así, pues, todas las veces que comiereis este pan, y bebiereis esta copa, *la muerte del Señor anunciáis* hasta que él venga» (1 Cor. 11:26, énfasis añadido).

También es un recordatorio para todos los creyentes de que Cristo regresará por segunda vez:

> «Así, pues, todas las veces que comiereis este pan, y bebiereis esta copa, *la muerte del Señor* anunciáis *hasta que él venga*» (1 Cor. 11:26, énfasis añadido).

La Cena del Señor representa la expiación[85] de Cristo como el único medio de nuestra justificación (por Su obra, Dios nos recibe como justos) y el único sostén para la vida nueva que tenemos en Cristo.[86] Es necesario aclarar que aunque nuestro Señor Jesucristo estableció

---

[85] La expiación es la remoción de la culpa o el pecado a través de un tercero. El sujeto culpable queda absuelto de cualquier pena por medio del sacrifico de otro.

[86] W. A. Criswell, *El pastor y su ministerio: una guía práctica* (El Paso, TX: Casa Bautista de Publicaciones, 1998). Wallie A. Criswell fue pastor de la Primera Iglesia Bautista de Dallas, Texas, Estados Unidos, entre 1944 y 1993, y pastor emérito hasta su muerte.

la Cena del Señor (Luc. 22:17-20), esta no tiene ningún valor místico o mágico, salvo el gozo que produce el cumplir con la observación de ella tal como lo estableció Cristo.

Para algunos grupos, la Cena del Señor o comunión, como también podemos llamarle, tiene un «poder sacramental»,[87] pero debemos recordar que es, más bien, una ordenanza que debemos cumplir, ya que sus elementos (pan y vino) son puramente simbólicos y no se convierten literalmente ni en el cuerpo ni en la sangre de nuestro Señor Jesucristo. Más bien, como dice W. A. Criswell: «la Cena es conmemorativa en su naturaleza (1 Cor. 11:23-26). Esta «exhibe», representa, dramatiza, pinta la muerte sufriente de nuestro Señor en la cruz».[88]

Wayne Grudem señala lo siguiente:

> El significado de la Cena del Señor es complejo, rico e íntegro. En la Cena del Señor hay varios símbolos: la muerte de Cristo (1 Cor. 11:26); nuestra participación en los beneficios de la muerte de Cristo (Mat. 26:26); y el alimento espiritual (Juan 6:53-57).[89]

Los símbolos de la Cena del Señor son ricos en significado, pero entonces, ¿qué quiso decir Cristo cuando dijo: «esto es mi cuerpo» y «esto es mi sangre»? Para contestar a esta pregunta, tenemos que apelar a las imágenes y figuras que el Señor usa en Su lenguaje. Como buen maestro y comunicador, Jesús apelaba a parábolas (método didáctico común en Su época) y otros elementos cotidianos para que Sus primeros oyentes y posteriores lectores pudieran asimilar las enseñanzas. Veamos algunos ejemplos en los evangelios:

- ○ «Jesús les dijo: Yo soy el pan de vida; el que a mí viene, nunca tendrá hambre; y el que en mí cree, no tendrá sed jamás» (Juan 6:35).
- ○ «Otra vez Jesús les habló, diciendo: Yo soy la luz del mundo; el que me sigue, no andará en tinieblas, sino que tendrá la luz de la vida» (Juan 8:12).

---

[87] Por poder sacramental en la comunión, se entiende que hay una bendición o poder especial.
[88] Ibíd.
[89] Grudem, *Teología sistemática*, 1043.

○ «Volvió, pues, Jesús a decirles: De cierto, de cierto os digo: Yo soy la puerta de las ovejas» (Juan 10:7).

○ «Jesús le dijo: Yo soy el camino, y la verdad, y la vida; nadie viene al Padre, sino por mí» (Juan 14:6).

○ «Yo soy la vid verdadera, y mi Padre es el labrador» (Juan 15:1).

El mismo Jesús que usó distintas figuras o imágenes para describir Sus funciones, es el mismo que dijo: «Esto es mi cuerpo» y «Esto es mi sangre». Puesto que el pan se desgarra para comerlo, así el cuerpo de Cristo fue desgarrado por nosotros. Así como el vino con su color rojizo se vierte para tomarlo, así la sangre de Cristo fue derramada por nosotros.

La Cena es una ordenanza de nuestro Señor Jesucristo que debe celebrarse con la frecuencia que la iglesia local determine. En algunas congregaciones la celebran cada tres meses, otras mensualmente y otras todas las semanas. No se establece una frecuencia en el Nuevo Testamento, ni tampoco por llamarse Cena tiene que ser de noche; solo dice lo siguiente:

> «Así, pues, todas las veces que comiereis este pan, y bebiereis esta copa, la muerte del Señor anunciáis hasta que él venga» (1 Cor. 11:26).

Tampoco se establecen días exactos, aunque existe evidencia de que los primeros creyentes la celebraban el día domingo:

> «El primer día de la semana, reunidos los discípulos para partir el pan, Pablo les enseñaba, habiendo de salir al día siguiente; y alargó el discurso hasta la medianoche» (Hech. 20:7).

Aunque la mayoría de las iglesias celebran la Cena del Señor el día domingo, el Señor la estableció y se celebró por primera vez la noche del jueves antes de ser entregado. Participaron solo los discípulos, por lo que solo deben participar los creyentes bautizados en un ambiente de solemnidad e intimidad del pueblo de Dios (Mat. 26:17-29; Luc. 22:7-23; Juan 13:21-30; 1 Cor. 11:23-26). La cena tiene un componente expiatorio porque Cristo murió por nosotros y tiene un componente escatológico porque se anuncia Su segunda venida. ¡Celebremos la Cena del Señor porque Él murió y resucitó por nosotros! ¡Celebremos la Cena del Señor porque Él volverá por nosotros!

RESUMEN DEL CAPÍTULO 11

(1) ¿Qué es la Cena del Señor?

    a. Podemos definir la Cena del Señor como una de las dos ordenanzas (o ceremonias) que nuestro Señor Jesucristo establece para que Su Iglesia observe (Luc. 22:17-20).

(2) Propósito de la Cena del Señor

    a. Recordar Su sacrificio en la cruz (1 Cor. 11:24-25).

    b. Recordar que Cristo regresará por segunda vez (1 Cor. 11:26).

(3) Simbolismo de la Cena del Señor

    a. Los elementos (pan y vino) son puramente simbólicos y no se convierten, de forma literal, ni en el cuerpo ni en la sangre de nuestro Señor Jesucristo.

    b. Así como Jesús usó distintas figuras o imágenes para describir Sus funciones, así también dijo: «Esto es mi cuerpo» y «Esto es mi sangre».

(4) ¿Con qué frecuencia y que día hay que celebrarla?

    a. La Cena es una ordenanza de nuestro Señor Jesucristo que debe celebrarse con la frecuencia y el día que la iglesia local determine.

PARA ESTUDIAR

¿Cómo definirías la Cena del Señor?

La Cena del Señor

¿Quiénes deben participar de la Cena del Señor?

¿Con qué frecuencia debemos celebrar la Cena del Señor?

¿En cuáles días se celebraba la Cena del Señor en el Nuevo Testamento?

La Cena del Señor tiene un sentido expiatorio y escatológico. ¿Por qué?

Para pensar:

¿Tu actitud interior y exterior al tomar la Cena del Señor agradan a Dios o te traen juicio?

Día 1

Tomad, comed; esto es mi cuerpo que por vosotros es partido; haced esto en memoria de mí. [...] Esta copa es el nuevo pacto en mi sangre; haced esto todas las veces que la bebiereis, en memoria de mí (1 Cor. 11:24b-25b).

Jesús nos dejó claro que el pan y el vino han de servir como elementos para recordar lo que ha hecho por nosotros. La Cena del Señor es una ayuda para tener a Cristo y Su obra presentes en la memoria. Sirve para recordarnos que Su cuerpo fue sacrificado y Su sangre derramada para salvarnos de la ira de Dios y establecernos una relación con Él.

Es muy fácil pensar en el sacrificio de Cristo en la cruz como un boleto para entrar al cielo y solo recordarlo cuando contamos nuestro testimonio o cuando predicamos el evangelio. Pero Dios, en Su infinita misericordia, ha establecido que la Cena del Señor también sirva para ayudarnos a recordar Su obra. El pan y el vino nos obligan a volver la mirada hacia la cruz de Cristo y recordar con gratitud lo que Él sufrió y logró a través de Su muerte a nuestro favor.

Así como podemos ver y saborear el pan y el vino, así también podemos disfrutar de lo que Cristo hizo en la cruz por nuestros pecados.

Padre, gracias por tu obra en la cruz y gracias por la ordenanza de la Cena del Señor para ayudarnos a recordar lo que Cristo hizo para nuestra salvación en la cruz. Amén.

¿QUÉ HAGO CON ESTO?

¿Tienes el hábito de meditar constantemente en el sacrificio de Cristo por ti en la cruz?

DÍA 2

De manera que cualquiera que comiere este pan o
bebiere esta copa del Señor indignamente, será culpado
del cuerpo y de la sangre del Señor (1 Cor. 11:27).

Uno de los grupos que más problemas y dolores de cabeza dieron a Juan Calvino eran los libertinos de Ginebra. Como su nombre lo indica, ellos vivían una vida de libertinaje y pecados de los que se jactaban como si se tratara de algo bueno. Un día, los libertinos se presentaron a tomar la Cena del Señor. Se había predicado el sermón, se había orado y Calvino descendió del púlpito para ocupar su puesto al lado de los elementos en la mesa de la comunión. Estaba ya listo para distribuirlos cuando de repente los libertinos comenzaron a abalanzarse hacia la mesa de la comunión. Calvino rodeó con sus brazos los recipientes sacramentales como para protegerlos del sacrilegio, mientras hizo resonar su voz en el edificio:

«Podéis quebrar estas manos, podéis cortar estos brazos, podéis tomar mi vida, mi sangre es vuestra y podéis derramarla; pero nunca me forzaréis a profanar las cosas sagradas y deshonrar la mesa de mi Dios».

Tras sus palabras, se celebró la Cena del Señor en profundo silencio y bajo un solemne sobrecogimiento de todos los presentes, como si Dios mismo se hubiera hecho visible entre ellos.

Padre, perdóname por las veces que he tomado la Cena
del Señor de forma indigna e irrespetuosa. Ayúdame a
reverenciar ese momento como uno donde recordamos
tu muerte por nosotros. Amén.

¿QUÉ HAGO CON ESTO?

¿Qué haces normalmente antes de tomar la Cena del Señor?

DÍA 3

Por tanto, pruébese cada uno a sí mismo, y coma así
del pan, y beba de la copa (1 Cor. 11:28).

Una niña estaba sentada en la primera banca en una escuela misionera. Cuando la directora narraba la crucifixión de Cristo, se le llenaron los ojos de lágrimas, se levantó y salió. Luego volvió sonriente y la directora le preguntó:

—María, ¿a dónde fuiste?

—¡Oh, maestra! No pude contenerme cuando usted nos habló de la crucifixión de Jesús porque me sentía culpable de haber ayudado a clavarlo allí. Salí de la escuela, me arrodillé y dije a Jesús que mis pecados habían ayudado a clavarlo en la cruz. Le rogué que me perdonara por haber ayudado a los demás a matarlo y le dije que me sentía muy triste por esto. ¡Y ahora me siento muy feliz![90]

La Cena del Señor es una oportunidad para examinarnos a nosotros mismos, para reconocer nuestros pecados y apropiarnos por fe del perdón que compró por precio la muerte de Cristo. La próxima vez que participes de la Cena del Señor, no olvides esta verdad. Examínate a ti mismo, meditando en tu propia vida para ver si hay pecado sin confesar; y si los descubres, pues arrepiéntete de tus pecados y participa de la Cena del Señor.

Padre Santo, perdóname por las veces que he partici-
pado de la Cena del Señor sin probarme a mí mismo.
Gracias por tu perdón. Amén.

¿QUÉ HAGO CON ESTO?

La Cena del Señor es una buena oportunidad para evaluar nuestras vidas a la luz de las Escrituras. ¿Eres constante en examinar tu vida delante de Dios?

---

[90] Alfredo Lerín, *500 ilustraciones* (El Paso, TX: Casa Bautista de Publicaciones, 2000), 297.

DÍA 4

*Así, pues, todas las veces que comiereis este pan, y
bebiereis esta copa, la muerte del Señor anunciáis hasta
que él venga (1 Cor. 11:26).*

La Cena del Señor es una ceremonia que nos recuerda cómo nuestro Señor Jesucristo se entregó por nosotros, al ceder Su cuerpo y derramar Su sangre. Pero también, este símbolo no solo nos permite ver el pasado, sino también el futuro: nuestro Redentor regresará por nosotros. Aquel que se dio por completo regresará por cada uno de los que son Suyos sin perder a uno de ellos para llevarnos en las nubes, con un cuerpo transformado, a Su presencia, a una eternidad de gozo para siempre.

Mientras tanto, tomemos el pan y el vino no solo recordando lo que hizo por nosotros, sino también anunciando Su regreso. Del mismo modo que los discípulos tomaron una última cena con Cristo y nosotros la seguimos practicando de manera simbólica como recordatorio, así también, algún día, cenaremos con Cristo en la gloria. Pero ya no será una cena de despedida, sino que será de celebración y gozo.

*Señor, gracias por la esperanza de tu regreso. No solo
me has mostrado tu amor al morir por mí, sino que
también tengo la certeza de que regresaras por mí.
Amén.*

¿QUÉ HAGO CON ESTO?

¿Cómo anticipa la Cena del Señor el regreso de Cristo? ¿Te entusiasma la idea de Su regreso?

DÍA 5

[H]aced esto todas las veces que la bebiereis,
en memoria de mí (1 Cor. 11:25b).

La Biblia no nos dice la frecuencia o el día especifico en que debemos tomar la Cena del Señor. En cambio, nos da una indicación fundamental: «[H]aced esto todas las veces que la bebiereis, en memoria de mí». El sacrificio del Señor es algo que debemos recordar no solamente un día, sino siempre. Recordamos la muerte de Jesús con los símbolos de la Cena del Señor, pero también tenemos oportunidad para recordarlo en todo momento.

Su sangre nos cubre de todos nuestros pecados; Su cuerpo fue entregado para pagar todas nuestras deudas delante de Dios. En el momento en que Él decidió entregar Su vida en manos de los malhechores, ocurrió el acto más cruel e injusto que jamás haya existido: un hombre verdaderamente inocente y sin pecado estaba siendo condenado como el peor de los pecadores. Pero también ocurrió el acto de justicia más grande que jamás haya existido porque ese inocente cargó con todos nuestros pecados y en Él fueron perdonados. En la cruz, Dios manifestó amor, misericordia, gracia y bondad hacia nosotros.

Todo eso lo recordamos en la Cena del Señor. ¿No es algo digno de recordar por siempre?

Padre eterno, ayúdame a recordar todos los días que tú
moriste por mí, para que también yo esté dispuesto a
vivir para ti todos los días. Amén.

¿QUÉ HAGO CON ESTO?

Es evidente que nuestro Señor Jesús desea que Sus hijos recuerden lo que Él hizo por ellos en la cruz, ¿De cuáles otras formas puedes recordar Su sacrificio?

Día 6

Porque el amor de Cristo nos constriñe, pensando esto:
que si uno murió por todos, luego todos murieron; y
por todos murió, para que los que viven, ya no vivan
para sí, sino para aquel que murió y resucitó por ellos
(2 Cor. 5:14-15).

¡Jesucristo murió y resucitó! La muerte ha sido vencida y el pecado derrotado. Esas son excelentes noticias. Pero Su muerte nos lleva a pensar que nosotros también deberíamos morir. Debemos morir al pecado, al mundo, a nuestros malos deseos. La muerte de Cristo no solo pagó nuestra condenación, sino que también venció al pecado. Cristo murió en nuestro lugar recibiendo nuestra condenación, pero también murió en nuestro lugar para vencer el poder del pecado en nosotros. En Cristo hemos muerto al pecado, como bien dice Pablo:

«Porque somos sepultados juntamente con él para muerte por el bautismo, a fin de que como Cristo resucitó de los muertos por la gloria del Padre, así también nosotros andemos en vida nueva. Porque si fuimos plantados juntamente con él en la semejanza de su muerte, así también lo seremos en la de su resurrección [...]. Así también vosotros consideraos muertos al pecado, pero vivos para Dios en Cristo Jesús, Señor nuestro. No reine, pues, el pecado en vuestro cuerpo mortal, de modo que lo obedezcáis en sus concupiscencias» (Rom. 6:4-5,11-12).

Por tanto, si tenemos vida en Cristo, debemos decir como Pablo: «Ya no vivo yo, sino Cristo en mí». Debemos vivir para Él porque Él murió por nosotros. Cristo murió «para que los que viven, ya no vivan para sí, sino para aquel que murió y resucitó por ellos» (2 Cor. 5:15b).

Amado Señor, gracias por morir por mí; ahora
quiero vivir por ti. Mi vida te pertenece por siempre.
Amén.

¿QUÉ HAGO CON ESTO?

Cristo entregó Su propia vida por ti. ¿Qué entregas tú por Él?

Capítulo 12

CONGREGARSE

Cuando nos reunimos como iglesia, celebramos como familia la salvación que nos ha dado nuestro Salvador.

O. S.

¿Cuánto tiempo dura más encendido un carbón? ¿Junto con los demás o solo? La respuesta es evidente: juntos pueden permanecer más tiempo encendidos. Congregarse es como mantener carbones encendidos juntos. Asistir a la iglesia es parte de la vida de la Iglesia cristiana desde sus inicios y hasta el día de hoy. Se observa esta práctica como parte de sus fundamentos para vivir una vida cristiana saludable.

La Iglesia es una comunidad de personas salvadas por Jesucristo que tienen la necesidad de juntarse para adorar a Dios de manera pública y colectiva. Hoy en día, con tantos cultos transmitidos por Internet y por televisión, algunos creyentes (o personas que dicen ser creyentes) han dejado de congregarse sin tener alguna razón justificable (como, por ejemplo, enfermedad). Alegan que se alimentan porque ven los cultos por algún medio electrónico. Sin embargo, cuando el Señor estableció en Su Palabra que Su pueblo debía congregarse, sabía que vendrían estos recursos tecnológicos, pero aun así la Escritura mantiene la exhortación al pueblo de Dios a congregarse con regularidad. Las transmisiones de los servicios por Internet son una manera eficiente y valiosa de llevar el mensaje de nuestro Señor Jesucristo hasta lo último de la tierra, pero sabemos que no son un sustituto de la vida en medio de la comunidad cristiana.

Toda persona, sobre todo si es creyente, debe congregarse en su respectiva comunidad cristiana con el fin de adorar a Dios, recibir Su Palabra y desarrollar compañerismo y edificación junto con su comunidad de fe. Aunque puedan existir razones que impidan que nos congreguemos (enfermedades, viajes, distancias o la ausencia de iglesias), el orden que Dios ha establecido es que nos reunamos y lo adoremos como comunidad juntos y en armonía.

Cuando reconocemos algo como fundamental, tendemos a decir que es el «ABC». Cuando nos referimos al conjunto ordenado de vocales y consonantes de un idioma lo llamamos *alfabeto* o *abecedario*. El primer término recibe el nombre por las dos primeras letras griegas *alfa* (α) y *beta* (β). Como dijimos, el ABC es una manera de decir que algo es sencillo; no solo se usa en la gramática, sino también para significar cualquier proceso que puede parecer complejo pero que no lo es.

Podemos decir que el evangelio,[91] por su sencillez, es el ABC en la vida cristiana. Por eso es lamentable reconocer que algunos lo hayan vuelto complicado y confuso. Queremos volver a ese evangelio sencillo con personas sencillas. No queremos una vida religiosa vacía; queremos vivir una profunda relación con Cristo porque estamos convencidos de que ser cristianos no es solo una *religión,* sino una religión viva que se caracteriza por una *relación* significativa y relevante con Jesucristo, nuestro Señor y Salvador.

Queremos ayudarte en este caminar con Cristo. El propósito al escribir este libro es acompañarte durante tus primeros pasos en la vida cristiana y hacer, desde el principio, que tu relación con Dios sea una experiencia transformadora, relevante, profunda y sencilla a la vez. Si quieres crecer en tu relación con Dios, queremos que nos acompañes en este ABC para confirmar la importancia vital que tiene el congregarse.

---

[91] *Evangelio* es un término que proviene del griego *euangélion* y significa 'buenas nuevas, buenas noticias'.

«A» DE ADORACIÓN

El domingo es el día de adoración colectiva de la Iglesia cristiana. Es el día en que nos reunimos para cantar alabanzas al Señor, tener compañerismo, honrarle con todo lo que poseemos y sobre todo para recibir Su Santa Palabra. Ese es el día para rendirnos al Señor y recibir aliento e inspiración. Esto es de vital importancia para todo aquel que quiera agradar al Señor y crecer en su relación con Él. Tenemos fuertes razones bíblicas para reunirnos a adorar a Dios. Desde los tiempos del Antiguo Testamento, el pueblo de Dios se ha reunido para darle adoración pública y colectiva. Hay evidencias suficientes en Su Palabra que nos muestran las razones por las que el pueblo se congregaba:

- Para adorarlo colectivamente (Sal. 66:4).
- Para demostrar obediencia (Sal. 84:2).
- Para edificación mutua (Sal. 92:13).
- Para alegrarnos juntos al adorar colectivamente (Sal. 122:1).
- Para compartir con los demás hermanos (Sal. 133:1).

También vemos la congregación en el Nuevo Testamento como una práctica para mantener la adoración colectiva a Dios, el compañerismo entre los santos y otros medios de gracia que Dios nos da para crecer integralmente como Su pueblo. La evidencia habla por sí sola:

- Los creyentes procuraban estar juntos siempre (Hech. 2:46).
- Se reunían para estudiar las Escrituras (Hech. 5:42).
- Predicaban la Palabra de Dios, oraban y conmemoraban la comunión (Hech. 20:7).

Adorar al Señor como pueblo Suyo es una marca de un creyente maduro. No quiere decir que todo el que se congrega sea creyente; más bien, es que todo creyente verdadero se congrega.

«B» DE BIBLIA

Siguiendo el ABC y honrando el orden bíblico, vemos que la única manera que tenemos de conocer a Dios y saber Su propósito para nosotros es a través del estudio sistemático de la Biblia. El estudio de las Escrituras no es una opción para un cristiano, como ya hemos visto, sino que es un acto de obediencia que agrada a Dios porque, desde el nacimiento de la Iglesia, los creyentes perseveran en el estudio de Su Palabra:

> «Y todos los días, en el templo y de casa en casa, no cesaban de enseñar y predicar a Jesús como el Cristo» (Hech. 5:42, LBLA)

El estudio de la Biblia conduce al cristiano a vivir con sabiduría. La sabiduría es el conocimiento y el temor de Dios. La única manera en que podemos conocer a Dios es a través de Cristo por medio de Su revelación escrita. El apóstol Pablo le dice a Timoteo:

> «[Y] que desde la niñez has sabido las Sagradas Escrituras, las cuales te pueden dar la sabiduría que lleva a la salvación mediante la fe en Cristo Jesús» (2 Tim. 3:15, LBLA).

El estudio de las Escrituras nos lleva a adquirir un punto de vista bíblico para las distintas circunstancias que nos toca enfrentar en la vida, y hacemos de ellas nuestra norma de fe y conducta:

> «Toda Escritura es inspirada por Dios y útil para enseñar, para reprender, para corregir, para instruir en justicia, a fin de que el hombre de Dios sea perfecto, equipado para toda buena obra» (2 Tim. 3:16-17, LBLA).

La Biblia es la revelación de Dios y por eso todo creyente se reúne para estudiar la Palabra de Dios de manera sistemática e interactiva. Muchas iglesias tienen reuniones durante la semana para estudiar la Biblia. En nuestra iglesia lo hacemos los miércoles, pero conozco otras que lo hacen los martes, otras los jueves o por medio de células y grupos pequeños en diferentes días de la semana. En fin, el día, la hora o si es dentro o fuera del templo no es lo importante. Lo que sí importa es que la iglesia tenga un espacio para honrar a Dios por medio del estudio de Su Palabra.

«C» DE COMPAÑERISMO O COMUNIÓN

Un autor señala que la iglesia es como un ave que tiene dos alas.[92] Un ala se reúne los domingos en el culto de adoración como grupo grande; la *otra* se reúne como grupo pequeño para estudiar la Palabra de Dios, orar, servirse mutuamente y compartir el amor de Cristo. En la Iglesia Bautista Ozama, en Santo Domingo, donde sirvo desde hace 25 años, hacemos estas reuniones una vez a la semana en diferentes lugares fuera del templo, como, por ejemplo, las casas de los hermanos, la universidad o en un negocio. El Nuevo Testamento nos confirma que los cristianos no solo se reunían en el templo, sino también en las casas como grupos pequeños que hay quienes llaman células,[93] comunidades de fe, grupos familiares, etc.:

> «Día tras día continuaban unánimes en el templo y partiendo el pan en los hogares, comían juntos con alegría y sencillez de corazón» (Hech. 2:46, LBLA).

> «Y todos los días, en el templo y de casa en casa, no cesaban de enseñar y predicar a Jesús *como* el Cristo» (Hech. 5:42, LBLA).

Te invitamos a que te unas cuanto antes a estas reuniones de grupos pequeños (si tu iglesia las tiene) para poder aprender a vivir en la sencillez profunda del evangelio de Jesucristo y fortalecer las relaciones interpersonales, esto es, al amar a Dios con todo nuestro corazón, con toda nuestra alma y con toda nuestra mente y amar a nuestro prójimo como a nosotros mismos.

La Biblia enseña que congregarse es un acto de obediencia que debe tomarse con suma seriedad. Asistir y participar del servicio dominical es vital para glorificar a Dios y alimentar nuestro espíritu. Dever y Alexander señalan:

---

[92] William A. Beckham, *La segunda reforma: un nuevo estilo de vida celular para la Iglesia* (Barcelona, España: Editorial Clie, 2004).
[93] La definición de *célula* o *grupo pequeño* que prefiero es la del autor Joel Comiszkey que dice que es un grupo de 5 a 12 o 15 personas que se reúnen fuera del templo con el propósito *de adorar a Dios* y multiplicarse. (Itálicas añadidas por el autor).

[El servicio dominical] es la principal reunión de adoración en la iglesia. Ya que la adoración es una respuesta a la revelación, aquí es donde se sirve la comida expositiva más sustanciosa. La exposición bíblica es el enfoque central no solo de estos servicios, sino de todo el ministerio público de la Palabra.[94]

Congregarse no es una opción; es un acto de obediencia que nos produce gozo. La razón del gozo es muy sencilla: vamos a adorar a nuestro Dios públicamente y a recibir la exposición de Su Palabra (bajo la guía del Espíritu Santo) para poder vivir vidas que lo glorifiquen los siete días de la semana. En el Nuevo Testamento, congregarse revalidaba el gozo que producía congregarse en el Antiguo Testamento. Aunque el culto del Antiguo Testamento era muy diferente al del Nuevo, quiero señalar los efectos que se producían en los antiguos al reunirse para adorar a Dios:

- Adoración colectiva (Sal. 65:4)
- Anhelo de adorar a Dios (Sal. 84:2)
- Edificación espiritual (Sal. 92:13)
- Alegría (Sal. 122:1)
- Comunión en el pueblo (Sal. 133:1)
- Sumisión al Señor y dependencia en Él al ofrendar (Mal. 3:10)

Aunque la reunión en el templo cristiano tiene elementos muy diferentes a los de la reunión en el tabernáculo y en el templo, las motivaciones y los resultados siguen siendo los mismos: adorar a Dios y edificar al pueblo. Cuando analizamos la vida de los primeros cristianos que se reunían en esa primera Iglesia cristiana en Jerusalén, observamos cómo la práctica de congregarse, primero en el Templo y luego por las casas, se destaca como dos de los pilares de la vida cristiana:

«Y perseveraban en la doctrina de los apóstoles, en la comunión unos con otros, en el partimiento del pan y en las oraciones. Y sobrevino temor a toda persona; y muchas maravillas y señales eran hechas por los apóstoles. Todos

---

[94] Mark Dever y Paul Alexander, *La iglesia deliberante: edificando su ministerio en el evangelio* (Burlington, NC: Publicaciones Faro de Gracia, 2008), 103.

los que habían creído estaban juntos, y tenían en común todas las cosas; y vendían sus propiedades y sus bienes, y lo repartían a todos según la necesidad de cada uno. Y perseverando unánimes cada día en el templo, y partiendo el pan en las casas, comían juntos con alegría y sencillez de corazón, alabando a Dios, y teniendo favor con todo el pueblo. Y el Señor añadía cada día a la iglesia los que habían de ser salvos» (Hech. 2:42-47).

En este pasaje se destacan las prácticas de esa primera iglesia:

- Perseveraban en la doctrina de los apóstoles (v. 42).
- Tenían comunión unos con otros (v. 42).
- Partían el pan (v. 42).
- Oraban (v. 42).
- Permanecían juntos (v. 44).
- Atendían generosamente las necesidades de todos (v. 45).
- Estaban unánimes (v. 46).
- Se reunían en las casas y en el templo (v. 46).
- Tenían camaradería al comer juntos (v. 46).
- Adoraban a Dios en forma grupal (v. 47).
- Evangelizaban y tenían el fruto de almas salvadas (v. 47).

Todas esas prácticas de la iglesia primitiva están relacionadas con la importancia de congregarse o mantenerse juntos. La vida en comunidad se refleja en estas acciones cristianas del primer siglo en donde los creyentes iban al templo y se reunían también en las casas. Los cristianos tuvieron que huir de Jerusalén luego del inicio de la persecución judía (Hech. 7). Al no tener templo, debieron reunirse solo en las casas:

«Saludad también a la iglesia de su casa» (Rom. 16:5a).

«Las iglesias de Asia os saludan. Aquila y Priscila, con la iglesia que está en su casa, os saludan mucho en el Señor» (1 Cor. 16:19).

«Saludad a los hermanos que están en Laodicea, y a Ninfas y a la iglesia que está en su casa» (Col. 4:15).

«[Y] a la amada hermana Apia, y a Arquipo nuestro compañero de milicia, y a la iglesia que está en tu casa» (Filem. 1:2).

Tenemos suficientes referencias en el Nuevo Testamento para pensar que el lugar de reunión de los cristianos durante sus primeros tres siglos fueron las casas no porque rechazaran el templo, sino porque no lo tenían. El templo judío fue destruido en 70 d.C. y la Iglesia cristiana no tenía valor oficial en Roma como para poder constituir lugares de culto públicos como las otras religiones paganas.

Queremos reafirmar una vez más que la Palabra de Dios nos muestra que el congregarse es parte de la vida del cristiano. No es algo que deba pesarle, sino algo que ama y se deleita porque reconoce su inmenso valor. Sin embargo, es posible que encontremos creyentes débiles que, en un momento de flaqueza espiritual, dejen de congregarse. Por eso es que el autor de Hebreos nos exhorta a los cristianos a que no nos acostumbremos a no congregarnos:

«Mantengamos firme, sin fluctuar, la profesión de nuestra esperanza, porque fiel es el que prometió. Y considerémonos unos a otros para estimularnos al amor y a las buenas obras; no dejando de congregarnos, como algunos tienen por costumbre, sino exhortándonos; y tanto más, cuanto veis que aquel día se acerca» (Heb. 10:23-25).

William Hedricksen explica la razón de la exhortación de la siguiente manera:

Aparentemente algunos miembros de la congregación hebrea a los cuales se dirigió originalmente la epístola mostraban descuido en su asistencia a los cultos. Lo hacían a sabiendas, desertando de la comunión de los santos.[95]

No congregarse producirá un malestar del alma al que llamaremos anemia espiritual. Cuando dejamos de congregarnos, estamos negándonos la posibilidad de ser alimentados y, por lo tanto, de gozar de

---

[95] Simon J. Kistemaker, *Comentario al Nuevo Testamento: Hebreos* (Grand Rapids, MI: Libros Desafío, 1991), 341.

buena salud espiritual. Por el contrario, un creyente sano reconoce la importancia que tiene congregarse y por eso hace que forme parte de su vida desde el comienzo. Para algunos estudiosos del tema, congregarse y adorar en el culto dominical es vital para medir el progreso espiritual en una congregación y en nuestras propias vidas. Cuando se reúne el pueblo de Dios para adorarlo y escuchar Su Palabra, podemos calibrar cómo van las cosas en la iglesia. Veamos, pues algunos de esos indicadores:

- Observamos la asistencia al culto y podemos considerar el nivel de compromiso espiritual de cada creyente.
- Cuantificamos la fidelidad financiera y podemos deducir como marchan las finanzas y nuestro compromiso financiero con la obra del Señor.
- Contamos la cantidad de visitas y podemos notar los resultados de la evangelización y nuestro interés de llevar invitados.
- Somos testigos de los que confiesan al Señor y lo celebramos.
- Participamos en la adoración colectiva y nos inspiramos.
- Evaluamos el progreso de la gente al participar en la Escuela Bíblica y notamos el interés por la Palabra de Dios.
- Percibimos la comunión entre los creyentes cuando interactúan y podemos ver como se fortalecen los vínculos de amor del pueblo de Dios.

¿CÓMO DEBEMOS PARTICIPAR EN EL CULTO?

No es simplemente asistir pasivamente al templo y reunirnos como pueblo como consecuencia de una rutina religiosa. Por el contrario, debemos tener una actitud que refleje nuestra adoración al verdadero Dios. Veamos algunas características activas que debemos tener cuando nos congregamos en el culto a Dios:

- Debemos participar con alegría (Sal. 122:1).
- Debemos participar con reverencia (Sal. 15:4b).
- Debemos participar con expectativa (Sal. 138:1-3).
- Debemos estar dispuestos a hacer la voluntad de Dios (Sal. 84).
- Debemos darle solo la gloria a Dios (Sal. 134).
- Debemos participar con fe y humildad (Sal. 138:2).

La adoración colectiva a Dios nunca puede ser una opción para el creyente porque allí se evidencian los creyentes sanos que quieren glorificar al Señor a través de lo siguiente:

1. La lectura de las Escrituras (Hech. 20:7)
2. La proclama de las Escrituras (Hech. 20:7)
3. La oración (Hech. 2:42)
4. Las alabanzas (Ef. 5:19; Col. 3:16)
5. La confesión de fe pública de los cristianos (Hech. 2:43-47; 5:42)
6. Las ofrendas (1 Cor. 16:2)
7. Las ordenanzas: el bautismo y la Cena del Señor (Hech. 20:7)

Congregarse es un hermoso regalo de Dios para Su pueblo. En lo particular, espero con ansias cada oportunidad que el Señor me brinda para que, junto con Su pueblo, nos reunamos y practiquemos lo que haremos por la eternidad.

RESUMEN DEL CAPÍTULO 12

(1) ¿Por qué debemos congregarnos?

    a. Porque podemos adorar al Señor colectivamente (Sal. 66:4).

    b. Porque es una señal de un creyente obediente (Sal. 84:2).

    c. Porque nos edificamos (Sal. 92:13).

    d. Porque nos alegra (Sal. 122:1).

    e. Porque compartimos con los demás hermanos (Sal. 133:1).

    f. Porque llevamos nuestros diezmos y ofrendas (Mal. 3:10).

    g. Porque nos fortalecemos (Hech. 2:42-47).

    h. Porque Dios así lo manda (Heb. 10:25).

(2) ¿Cómo debemos participar en el culto?

    a. Debemos participar alegremente (Sal. 122:1).

    b. Con reverencia (Sal. 15:4b).

    c. Con expectativa (Sal. 138:1-3).

    d. Dispuestos a hacer Su voluntad (Sal. 84).

    e. Para dar gloria a Dios (Sal. 134).

    f. Con fe y humildad (Sal. 138:2).

PARA ESTUDIAR

¿Por qué debemos congregarnos?

¿Cómo debemos participar en el culto?

La adoración colectiva a Dios se caracteriza por...

¿Con qué regularidad invitas personas a participar del culto?

Ora y piensa a quién invitarás para el próximo culto.

Día 1

Yo me alegré con los que me decían:
A la casa de Jehová iremos (Sal. 122:1).

Si nos invitan a una recepción a la que acudirán personas importantes de la sociedad, donde hablará un famoso orador, una buena orquesta interpretará nuestra música favorita y después se servirá un gran bufé donde comeremos las cosas que más nos gustan, es muy probable que con mucho entusiasmo aceptemos la invitación.

Pero ¿y si nos invitan a conocer al más importante de los reyes, al más sabio de los maestros, al más poderoso de los luchadores, al más influyente entre los grandes, al mayor de los gobernantes, al poseedor de cada pedazo de tierra, al dueño de la vida y la muerte, al portador de las llaves de la eternidad, a aquel que trazó los cielos y la tierra, y que fijó las profundidades del mar? ¿Qué sentimos cuando vamos a la casa de ese Dios al que nos hemos referido?

Cuando llega el día de ir a la casa de Dios, deberíamos sentir una gran emoción. Nuestro corazón debe sentir la alegría de poder venir sin intermediarios delante del Señor, nuestro Salvador, para traerle nuestra adoración de manera personal y voluntaria. Deberíamos gozarnos al entregarle nuestras ofrendas y disfrutar la bendición de adorarlo junto a nuestros hermanos, como un pueblo que lo reconoce solamente a Él como Dios y que recuerda que está por encima de todo.

Padre mío, es una gran bendición cuando nos reunimos como Iglesia para adorarte. Quiero disfrutar estos momentos todos los días de mi vida. Gracias por este privilegio. Amén.

¿QUÉ HAGO CON ESTO?

¿Qué produce en ti asistir a la casa de Dios? ¿Es la casa de Dios un lugar en el que te gusta estar?

Día 2

*Una cosa he demandado a Jehová, ésta buscaré; que
esté yo en la casa de Jehová todos los días de mi vida,
para contemplar la hermosura de Jehová, y para inqui-
rir en su templo (Sal. 27:4).*

Muchos piensan que no es importante ir a la iglesia. Para ellos es mejor levantarse tarde, tomar un buen desayuno sin apuros y sentarse a dialogar con la familia, mirar algún juego deportivo mientras descansan del ajetreo de la semana. Al llegar la tarde, van a visitar a algunos amigos o a disfrutar de un parque, donde juegan con los hijos. Al final del día, un buen baño y tal vez una película. Eso es un buen domingo para una inmensa mayoría de personas en el mundo entero.

¿Congregarnos? ¿Quién necesita congregarse? ¿Para qué hacerlo? ¿Cómo me beneficia? La respuesta es que todos necesitamos hacerlo porque Dios así lo ordena. Fuimos creados para glorificar a Dios y no podremos cumplir nuestro propósito a menos que cultivemos una correcta relación con Él. Congregarnos nos ayuda a cumplir ese propósito porque nos recuerda nuestra identidad como pueblo escogido y limpiado por Su sangre que, cuando se reúne como congregación, ensaya aquello que hará por la eternidad.

Al congregarnos, la conciencia se estimula por la santidad de Dios, se alimenta nuestra mente con Su verdad, el corazón se abre a Su amor y la voluntad se dedica a Su propósito. Y así nos acercamos a nuestra meta de llegar a ser más como Dios quiere que seamos.

*Señor, ayúdame a encontrar tu propósito a través de la
adoración. Amén.*

¿QUÉ HAGO CON ESTO?

¿Has notado el impacto de congregarte en tu vida espiritual?

DÍA 3

Porque donde están dos o tres congregados en mi nombre, allí estoy yo en medio de ellos (Mat. 18:20).

La mayor bendición que tenemos, al congregarnos, es que Dios está en medio de nosotros. Esto no es el resultado de nuestras acciones, sino de Su decisión y promesa. Su presencia como rey lo lleva a aprobar cada una de las cosas que hacemos, siempre y cuando estén de acuerdo con Su voluntad.

Imaginemos la celebración sorpresa del cumpleaños de tu jefe. Allí se encuentran familiares, amigos y demás compañeros de trabajo. Todos están felices en medio de bromas y juegos, mientras lo esperan para sorprenderlo. De pronto, entra la asistente personal del jefe anunciando que se encuentra fuera del país, en un viaje de negocios imprevisto. ¿Cómo te sentirías ante una situación así? Tal vez esto no sea algo grave, pero no hay manera de que el sentimiento experimentado sea positivo. Aun sin quererlo, te sientes desilusionado.

Con un Dios presente y fiel todo es diferente. Tenemos la bendición de que, cuando cantamos, oramos, entregamos nuestras ofrendas o predicamos, lo hacemos para un Dios que está en medio de nosotros y a quien podemos percibir porque nos llena de alegría y bendiciones gracias a Su presencia. Dice la Biblia que Dios habita en medio de las alabanzas de Su pueblo (Sal. 22:3). Esta es una bendición que solo nosotros, Sus hijos, podemos disfrutar.

Gracias, Señor, porque siendo nosotros pecadores tú
nos visitas, y cuando nos reunimos como tu pueblo
desciendes para habitar en medio de nosotros. Amén.

¿QUÉ HAGO CON ESTO?

¿Qué buscas cuando vas a la iglesia? ¿Qué llevas cuando vas a la iglesia?

Día 4

Y perseverando unánimes cada día en el templo, y partiendo el pan en las casas, comían juntos con alegría y sencillez de corazón (Hech. 2:46).

Una de las bendiciones de congregarnos es el compañerismo. Cuando nos reunimos como iglesia, fortalecemos la *Koinonía*[96] como cuerpo de Cristo. Es en el seno del Cuerpo de Cristo donde nos damos cuenta de los problemas que enfrentan nuestros hermanos; allí podemos interesarnos en ellos y trabajar juntos a fin de contribuir a su solución. En muchas ocasiones, somos tan individualistas que creemos que asistir a la iglesia y saludarnos es suficiente para pagar la cuota de compañerismo. ¡Nada más equivocado!

La iglesia no es un club social al que solo vamos a compartir superficialmente con otros ni tampoco es un teatro al que solo vamos a observar de manera anónima. La iglesia es para glorificar a Dios y una de las maneras en que lo hacemos es a través de la comunión que tenemos unos con otros, soportándonos, apoyándonos, animándonos, corrigiéndonos y viviendo juntos. De hecho, si damos una mirada a la primera iglesia, esa era una de las características más evidentes porque no solo compartían en el templo, sino también en las casas, manteniendo encendido el fuego de Dios en sus vidas.

Es necesario tener una actitud de empatía con el dolor y la alegría de nuestros hermanos. Allí también está la bendición de Dios y también cumplimos uno de Sus mandatos: amarnos los unos a los otros.

Señor, haz de este compañerismo y amor una realidad en mi vida, mi familia y mi congregación. Amén.

---

[96] La palabra *Koinonía* es una palabra griega que se traduce como *comunión* o *compañerismo*.

¿QUÉ HAGO CON ESTO?

¿Cuándo fue la última vez que compartiste con uno de tus hermanos en medio de su necesidad, en un momento de gozo o en medio del dolor?

DÍA 5

No dejando de congregarnos, como algunos tienen por costumbre, sino exhortándonos; y tanto más, cuanto veis que aquel día se acerca (Heb. 10:25).

Una fiel cristiana se preparaba el domingo por la mañana para ir al templo. Cuando estaba por salir, llegó uno de sus hijos y la invitó a pasear. Ante la negación de la señora de faltar a la iglesia, su hijo le preguntó con cierta exasperación: «¿Es que no puedes faltar ni un día? ¿Acaso eres indispensable?». Manteniendo la calma, la señora contestó: «Nadie me obliga a ir al templo para adorar y nadie cuenta mis ausencias. Yo voy a adorar porque Dios me es indispensable y Él es tan bueno que no puedo fallarle».

A veces le fallamos al Señor por asuntos sin importancia. Nos olvidamos de lo indispensable y bueno que es Él para con nosotros, y tendemos a menospreciarlo cuando aparece una oferta que parece más atractivas que asistir a adorarlo a la iglesia. Es necesario que adoptemos un compromiso firme para con Dios y que estemos dispuestos a dejar cualquier cosa que interfiera con este compromiso.

Padre amado, perdónanos por las veces que te hemos fallado y que hemos roto este compromiso por cosas que no tienen ningún valor. Amén.

¿QUÉ HAGO CON ESTO?

Cuando asistes a la iglesia, ¿lo haces consciente de que es un compromiso con el Señor?

DÍA 6

*¡Cuán amables son tus moradas, oh Jehová de los ejér-
citos! Anhela mi alma y aun ardientemente desea los
atrios de Jehová; mi corazón y mi carne cantan al Dios
vivo (Sal. 84:1-2).*

Qué precioso el anhelo del rey David y cuán hermosa es su descripción de las moradas del Señor, Su casa. «¡Cuán amables son tus moradas!». Es como afirmar lo bien que nos sentimos cuando vamos a la casa de Dios, cuando pasamos tiempo con Él en oración, cuando nos dedicamos al estudio de Su Palabra. Este sentimiento de bondad y de amor es lo que provoca un deseo ardiente de la presencia del Señor, un canto de agradecimiento permanente por las maravillas que diariamente Dios hace en nuestras vidas.

Nuestra asistencia al servicio de adoración en la iglesia no debe ser frívolo y apático, sino apasionado, gozoso y lleno de gratitud. El deseo de adorar al Señor junto a los demás hermanos es una de las evidencias de madurez cristiana. La adoración corporativa es un ensayo de lo que experimentaremos en la eternidad.

*Oh, Jehová, pon en mí ese anhelo de habitar
en tu casa, de bendecir tu nombre en todo momento.
Amén.*

Hacia la meta

¿QUÉ HAGO CON ESTO?

Lee este Salmo completo mientras meditas en lo maravilloso que es habitar en la casa de Dios y disfrutas de las cosas que describe el salmista.

PARTE VI

¿QUÉ ESPERA DIOS QUE HAGAMOS?

Capítulo 13

NACIDOS PARA ADORAR

Todo ser humano es un adorador de nacimiento porque necesita adorar algo que esté por encima de él para poder vivir. Siempre estamos adorando algo.

O. S.

Adorar a Dios es prioridad en la vida del creyente y en la vida de la Iglesia. Aprenderemos sobre la adoración en el contexto de la iglesia de Jerusalén y ampliaremos el significado de la adoración en el contexto judío y en el contexto cristiano de hoy en día.

El ser humano ha expresado su deseo de adorar desde tiempos muy remotos. Esto no significa que la adoración siempre haya sido correcta, pero por lo menos muestra la intención del ser humano de reconocer algo que cree superior a él o que admira. A través de los siglos, el ser humano ha adorado de todo. Su devoción ha sido dirigida a todo elemento que ha considerado divino, sobrenatural o superior, ya sea para pedir favores, clamar por misericordia, implorar por la salvación de su alma, sin importar el concepto que le merezca ese elemento o la fascinación que le produzca.

La humanidad ha adorado al sol, al fuego, a los dragones, a las estrellas, a los árboles, a los animales, a las personas y hasta a objetos inanimados. Esto nos lleva a concluir que el ser humano necesita adorar. El dilema humano no radica en la adoración *per se*, sino en lo que adora. Hasta los que no creen en un ser superior también adoran. Ellos adoran la ciencia, la materia, como Carl Sagan que tenía una fascinación casi idolátrica por ella.

Podríamos decir que cada civilización o cultura que ha existido en la tierra ha manifestado un deseo insaciable de adorar a alguien o a algo. Esto es innegable a través de la historia porque la gran mayoría de la raza humana (de todos los tiempos) ha creído de alguna manera u otra en un ser o en algo sobrenatural y también ha participado en alguna forma de adoración, por más primitiva que haya sido. ¡Todos somos adoradores! Todo esto evidencia que aun los que se rehúsan a adorar al único Dios verdadero, expresan su anhelo de veneración. No digo que esté bien adorar a los seres humanos, a los animales o a las cosas, sino simplemente que todos los seres humanos tienen el anhelo universal de honrar a alguien o a algo.

Cuando vemos la adoración desde las Escrituras nos damos cuenta de la diferencia entre la adoración verdadera y la falsa. La verdadera adoración se da cuando adoramos al único Dios verdadero, el Dios que se autorrevela en la Biblia como el Creador del cielo y de la tierra.

La palabra hebrea para adoración en el Antiguo Testamento es *sacha*, que se traduce como *postrarse* (especialmente en homenaje a la realeza o a Dios), *humillarse, inclinarse, postrarse, rendir reverencia*. Este vocablo aparece por lo menos 18 veces en todo el Antiguo Testamento y describe distintos momentos en que los siervos de Dios se postraron en adoración:

> «Entonces dijo Abraham a sus siervos: Esperad aquí con el asno, y yo y el muchacho iremos hasta allí y adoraremos [nos humillaremos, nos postraremos, rendiremos un homenaje a Dios], y volveremos a vosotros» (Gén. 22:5).

> «Tú solo eres Jehová; tú hiciste los cielos, y los cielos de los cielos, con todo su ejército, la tierra y todo lo que está en ella, los mares y todo lo que hay en ellos; y tú vivificas todas estas cosas, y los ejércitos de los cielos te adoran [se postran ante ti, te rinden reverencia]» (Neh. 9:6).

> «Mas yo por la abundancia de tu misericordia entraré en tu casa; adoraré [me postraré, haré reverencia] hacia tu santo templo en tu temor» (Sal. 5:7).

Los seres humanos pueden llegar a desbordarse en adoración apasionada hacia otra persona. Recuerdo cómo un joven me contaba con lágrimas y temblores sobre su visita a India. Me habló de la emoción que sintió cuando pudo comer la tierra por donde pisaba el fenecido gurú hindú *Sathya Sai Baba*. Me dijo además que había sido la experiencia más grande de su vida porque había estado comiendo el polvo que había pisado el ser que adoraba. Los humanos tendemos a adorar a otros humanos a los que consideramos superdotados, como algunos líderes religiosos, artísticos o hasta políticos.

Debemos cuidar que la admiración que sentimos por algo o alguien no se convierta en adoración. Al nacer con la necesidad de adorar, canalizamos esa necesidad al adorar a Dios o a cualquier cosa que sobrecoja nuestro caprichoso corazón. En cambio, la meta principal de los creyentes verdaderos no es solo adorar a quien consideramos nuestro Dios, sino adorarlo correctamente (Ex. 20:4-6; 32:5).

En el Nuevo Testamento, la palabra *adorar* viene básicamente del término griego *proskuneo* que se traduce como a*dorar, postrarse, arrodillarse, hacer reverencia, caer a los pies de*. Tuggy[97] dice que este término es usado para referirse a la adoración:

- A Dios: Mat. 4:10; Luc. 4:8; Juan 4:20-24; Juan 12:20; Hech. 8:27; Hech. 24:11; 1 Cor. 14:25; Heb. 1:6; Heb. 11:21; Apoc. 4:10; Apoc. 5:14; Apoc. 7:11; Apoc. 11:1; Apoc. 11:16; Apoc. 14:7; Apoc. 15:4; Apoc. 19:4; Apoc. 19:10.
- A Cristo: Mat. 2:2; Mat. 2:8; Mat. 2:11; Mat. 8:2; Mat. 9:18; Mat. 14:33; Mat. 15:25; Mat. 20:20; Mat. 28:9; Mat. 28:17; Mar. 5:6; Mar. 15:19; Luc. 24:52; Juan 9:38.
- A ángeles: Apoc. 19:10; Apoc. 22:8.
- A ídolos: Hech. 7:43; Apoc. 13:15; Apoc. 14:9; Apoc. 14:11; Apoc. 16:2; Apoc. 19:20.
- A Satanás y demonios: Mat. 4:9; Luc. 4:7; Apoc. 9:20; Apoc. 13:4; Apoc. 13:8; Apoc. 13:12; Apoc. 20:4.
- A humanos: Hech. 10:25; Apoc. 3:9.

Mateo emplea el término *proskuneo* trece veces, más que cualquier otro escritor del Nuevo Testamento (Mat. 2:2,8,11; 4:9,10; 8:2; 9:18;

---

[97] Alfredo E. Tuggy, *Nuevo léxico griego-español del Nuevo Testamento* (El Paso, TX: Casa Bautista de Publicaciones, 2003), 825-26.

14:33; 15:25; 18:26; 20:20; 28:9,17). Es posible que haya empleado este término con frecuencia porque es precisamente la actitud que corresponde de parte de un súbdito para con su rey. Esto tiene mucho sentido teniendo en cuenta que el tema central del Evangelio de Mateo es «El Rey y Su Reino».

LA ADORACIÓN POR MEDIO DE LAS ALABANZAS EN LA IGLESIA DE JERUSALÉN

La adoración a Dios se expresa de diferentes maneras en la Biblia como se ha podido ver por la etimología del término. En el Nuevo Testamento, en el contexto de la iglesia, la alabanza a Dios es una de esas expresiones de adoración. Cuando leemos Hechos 2:42-47 nos damos cuenta de que la alabanza a Dios era primordial en la iglesia primitiva; formaba parte de la vida cotidiana de los cristianos y era uno de los pilares de la vida de la iglesia local. Existen suficientes evidencias para indicarnos que la adoración a Dios formaba parte esencial de la vida de la iglesia:

«[E]n las oraciones [...] y alabando a Dios» (Hech. 2:42b,47a).

En el Nuevo Testamento encontramos también el término *alabar* que proviene del griego y se refiere a adorar a Dios por medio de la gozosa alabanza a Dios en cánticos y oraciones hechas por individuos, un grupo, la comunidad o ángeles:

Individuos:
«Y volvieron los pastores glorificando y alabando a Dios por todas las cosas que habían oído y visto, como se les había dicho» (Luc. 2:20).

«[Y] saltando, se puso en pie y anduvo; y entró con ellos en el templo, andando, y saltando, y alabando a Dios. Y todo el pueblo le vio andar y alabar a Dios» (Hech. 3:8-9).

Un grupo:
«Cuando llegaban ya cerca de la bajada del monte de los Olivos, toda la multitud de los discípulos, gozándose, comenzó a alabar a Dios a grandes voces por todas las maravillas que habían visto» (Luc. 19:37).

La comunidad:

> «[A]labando a Dios, y teniendo favor con todo el pueblo» (Hech. 2:47a).

> «Y salió del trono una voz que decía: Alabad a nuestro Dios todos sus siervos, y los que le teméis, así pequeños como grandes» (Apoc. 19:5).

Los ángeles:

> «Y repentinamente apareció con el ángel una multitud de las huestes celestiales, que alababan a Dios, y decían: ¡Gloria a Dios en las alturas, y en la tierra paz, buena voluntad para con los hombres!» (Luc. 2:13-14).

Todos estos pasajes revelan la transcendencia y la relevancia de la adoración y la alabanza tanto en el Antiguo como en el Nuevo Testamento. Por eso también vemos que fue una práctica distintiva de la iglesia de Jerusalén que corrió hacia todas las iglesias del Nuevo Testamento hasta llegar a nuestros días.

Al examinar la adoración en la iglesia de Jerusalén, encuentro tres maneras sobresalientes en la expresión de su adoración: (a) las alabanzas (Hech. 2:47), (b) las dádivas (Hech. 2:42,44-46), y (c) las oraciones (Hech. 2:42).

La recién nacida iglesia exaltaba y glorificaba a Dios. Pero no debemos olvidar que la adoración no se limita a las alabanzas. La adoración es mucho más que alabar al Señor con cánticos. La adoración a Dios es la razón principal por la que existimos como Iglesia y como cristianos individuales.

Algunos creyentes e iglesias piensan que la evangelización o las misiones son la prioridad de la Iglesia, pero no es así. La razón de ser de la Iglesia es la adoración a Dios; es vivir para darle toda la gloria al Señor. El pastor Eric Alexander contó que mientras hacía su tesis doctoral tuvo la oportunidad de entrevistar al Dr. Martin Lloyd-Jones. Una de las preguntas que le hizo fue cuál era la razón de ser de la Iglesia. El doctor Lloyd-Jones respondió: «La exaltación y glorificación del nombre de nuestro Señor Dios». ¡Esa es la razón de ser de la Iglesia! Hemos sido creados y salvados para adorar y procurar la gloria de Dios en todo lo que hacemos. La prioridad de la Iglesia es la adoración a Dios.

Lo que estamos resaltando hasta ahora es que la adoración a Dios no es simplemente lo que hacemos en el culto, sino que nuestra vida misma en todas sus áreas es motivo de adoración a Dios. La evangelización y las misiones existen para que puedan existir más adoradores y motivos para adorar al Señor en todo el mundo. Cuando estemos con Cristo y los millones de salvos estemos delante de Su presencia, ya no hará más falta evangelizar, pero la adoración seguirá por toda la eternidad. La Biblia dice al respecto:

«Te alaben los pueblos, oh Dios; todos los pueblos te alaben. Alégrense y gócense las naciones, porque juzgarás los pueblos con equidad, y pastorearás las naciones en la tierra» (Sal. 67:3-4).

«El Señor reina; regocíjese la tierra; alégrense las muchas islas» (Sal. 97:1, LBLA).

«Diré al norte: Da acá; y al sur: No detengas; trae de lejos mis hijos, y mis hijas de los confines de la tierra, todos los llamados de mi nombre; para gloria mía los he creado, los formé y los hice» (Isa. 43:6-7).

«Si, pues, coméis o bebéis, o hacéis otra cosa, hacedlo todo para la gloria de Dios» (1 Cor. 10:31).

«Porque habéis sido comprados por precio; glorificad, pues, a Dios en vuestro cuerpo y en vuestro espíritu, los cuales son de Dios» (1 Cor. 6:20).

«[S]egún nos escogió en Él antes de la fundación del mundo, para que fuéramos santos y sin mancha delante de Él. En amor nos predestinó para adopción como hijos para sí mediante Jesucristo, conforme al beneplácito de su voluntad, para alabanza de la gloria de su gracia que gratuitamente ha impartido sobre nosotros en el Amado [...] a fin de que nosotros, que fuimos los primeros en esperar en Cristo, seamos para alabanza de su gloria [...] que nos es dado como garantía de nuestra herencia, con miras a la redención de la posesión *adquirida de Dios*, para alabanza de su gloria» (Ef. 1:4-6,12,14, LBLA).

John Piper presenta en su libro *Alégrense las naciones*[98] más de 50 referencias en toda la Biblia acerca de la exaltación y adoración de Dios por lo que Él es y por lo que ha hecho. Esa contemplación de la gloria de Dios es el propósito para el cual fuimos creados. Predicar el evangelio de Cristo a todas las naciones es un mandato, pero la prioridad es la adoración. Si la adoración es nuestra prioridad, entonces debemos compartir el evangelio a todas las naciones. Esa alabanza y adoración fue un elemento de culto vital en el Antiguo Testamento y no deja de serlo en un Nuevo Testamento que está repleto de manifestaciones de adoración:

- Los magos:
  «¿Dónde está el rey de los judíos, que ha nacido? Porque su estrella hemos visto en el oriente, y hemos venido a *adorarle*» (Mat. 2:2, énfasis añadido).

  «Y al entrar en la casa, vieron al niño con su madre María, y postrándose, lo *adoraron*; y abriendo sus tesoros, le ofrecieron presentes: oro, incienso y mirra» (Mat. 2:11, énfasis añadido).

- Los discípulos:
  «Entonces los que estaban en la barca vinieron y le *adoraron*, diciendo: verdaderamente eres Hijo de Dios» (Mat. 14:33, énfasis añadido).

  «Y cuando le vieron, le *adoraron*» (Mat. 28:17a, énfasis añadido).

La adoración fue primordial en la iglesia de Jerusalén como lo debe ser también en la iglesia de hoy en día. La adoración a Dios es tan esencial que el diablo no se atreve a adorar. El diablo es capaz de tratar de engañarnos con lo siguiente:

---

[98] John Piper, *¡Alégrense las naciones!* (Barcelona, España: Editorial CLIE, 2008).

○ Puede falsificar la piedad (2 Tim. 3:5).
○ Puede falsificar el creer en Dios (Sant. 2:19).
○ Puede falsificar un ministerio (Hech. 8:9-24).
○ Puede hacer creer que es de Cristo (Mat. 24:4,5,11,23,24-26).
○ Puede falsificar la profecía (Mat. 7:22).
○ Puede falsificar el poder de Dios (Mat. 7:22).
○ Puede falsificar los milagros (Mat. 7:22).

Pero hay algo que Satanás nunca intentará hacer: adorar a Dios de verdad. La razón es muy sencilla, y es que odia a Dios. Satanás odia a Dios; por eso no lo alaba. Nosotros, en cambio, amamos a Dios; por eso lo alabamos y lo adoramos. Un creyente verdadero adora a Dios, alaba a Dios, reconoce Su grandeza, Su majestad, y no se avergüenza de hacerlo de noche y de día.

¿Alabas a Dios? ¿Le adoras? La alabanza a Dios es una expresión de gratitud, pero también es una forma de combatir las amarguras que nos pueden producir las intrigas de este mundo caído y degenerado. Debemos alabar a Dios por las mismas razones que los creyentes de Jerusalén. El Dr. Martin Lloyd-Jones propone algunas razones interesantes por las cuales esta primera iglesia cristiana de Jerusalén alababa el nombre del Señor:

> *Alababan a Dios porque ya habían sido salvo*s. Aquí tenemos personas que habían estado viviendo en la desesperación en todos los sentidos, habían vivido una vida desgraciada. Estos nuevos convertidos experimentaban ahora la nueva vida en Cristo. «Sed salvos de esta perversa generación» (Hech. 2:40b) «Y el Señor añadía cada día a la iglesia los que habían de ser salvos» (Hech. 2:47a).
>
> *Alababan a Dios porque seguían recibiendo salvación.* La salvación no solo se expresaba en lo que Dios había hecho con ellos, sino también en lo que estaban haciendo. Cuando recibimos la salvación, tiene una aplicación definitiva y absoluta. Somos salvos de una vez y para siempre: «Entonces viendo el denuedo [confianza] de Pedro y de Juan, y sabiendo que eran hombres sin letras y del vulgo [sin preparación], se maravillaban; y les reconocían que habían estado con Jesús» (Hech. 4:13).
>
> *Alababan a Dios porque esperaban la salvación futura.* Ellos, al igual que nosotros, estaban siendo preparados

para la gloria. A esa salvación futura, la Biblia la llama «la gloria». Esta vida no es la única y la muerte y el sepulcro no son el fin; hay otra vida, una vida gloriosa: la vida a la que ha ido el Hijo de Dios. Jesús dijo: «En la casa de mi Padre muchas moradas hay; si así no fuera, yo os hubiere dicho; voy, pues, a preparar lugar para vosotros» (Juan 14:2).[99]

Al igual que nosotros, querían estar listos para entrar en esa herencia. Habían sido salvos, seguían recibiendo salvación y finalmente serían salvos por completo. Por todo eso, alababan a Dios. Nosotros no tenemos motivos muy diferentes. Hemos sido salvos, seguimos recibiendo salvación y seremos salvos de todas las calamidades de este mundo y «cuando estemos en gloria, en presencia de nuestro Salvador, a una voz la historia diremos del gran vencedor».

Alabamos a Dios cuando pensamos que llegará el día en que no estaremos más aquí y estaremos en la presencia del Señor. Alabamos a Dios cuando sabemos que el bien y el poder de Dios al final vencerán y que las guerras y las tribulaciones presentes cesarán para siempre. Alabamos a Dios porque la muerte es solo una escala necesaria para una vida mejor. Alabamos a Dios porque estamos preparados para enfrentar el frío aliento de la muerte sin desesperación ni angustia. Cuando ella llegue, le diremos como dijo el apóstol Pablo en su carta a Timoteo:

> «Porque yo ya estoy para ser sacrificado, y el tiempo de mi partida está cercano. He peleado la buena batalla, he acabado la carrera, he guardado la fe. Por lo demás, me está guardada la corona de justicia, la cual me dará el Señor, juez justo, en aquel día; y no sólo a mí, sino a todos los que aman su venida» (2 Tim. 4:6-8).

LA ADORACIÓN ES LA VIDA MISMA

Queremos repetirlo una vez más: la adoración a Dios es la esencia de la vida cristiana hoy en día, tal como lo fue también para los creyentes

---

[99] Martyn Lloyd-Jones, *Authentic Christianity: Sermons on the Acts of the Apostles* (Carlisle, PA: Banner of Truth, 1999), capítulo 15.

de Jerusalén. En el pasaje que hemos venido estudiando (Hech. 2:42-47) vimos cómo ellos adoraron a Dios. Lo hicieron básicamente por medio de las alabanzas (Hech. 2:47), las dádivas (Hech. 2:42,44-46) y las oraciones (Hech. 2:42). También hemos vistos las razones por las cuales ellos alababan a Dios. Lo hacían básicamente por tres razones: alababan a Dios porque ya habían sido salvos; alababan a Dios porque seguían recibiendo salvación, y alababan a Dios porque esperaban la salvación futura.

LA ADORACIÓN ES NECESARIA PARA TODO SER HUMANO

El ser humano necesita comida, agua, aire y un lugar donde protegerse de las inclemencias del clima al igual que los incontables miles de millones de seres vivos que habitan este planeta. También necesita libertad, vestido, educación y salud. Pero hay una necesidad que es común a todos los seres humanos y es la necesidad de adorar. La revista *American Sociological Review* publicó un artículo que decía: «Parece que el ser humano tendrá siempre cierta inclinación espiritual».[100]

Esta necesidad e inclinación prominente de cada ser humano se hace evidente a través de la historia y también de los distintos objetos de devoción que los seres humanos han creado para adorar. La adoración o la necesidad de devoción de los seres humanos puede ser canalizada, a grandes rasgos, de las siguientes maneras:

1. La adoración teísta bíblica
2. La adoración de las grandes religiones
3. La adoración animista
4. La adoración de los secularistas
5. La adoración de los ateos
6. La adoración satánica

1. La adoración teísta bíblica

La adoración teísta bíblica, como su nombre lo indica, es propuesta por la Biblia y evidencia que Dios se revela como lo siguiente:

---

[100] Ronald Inglehart y Wayne E. Baker, «Modernization, Cultural Change and the Persistence of Traditional Values», *American Sociological Review* 65, n.º 1 (febrero de 2000), consultado el 9 de septiembre de 2016. http://www.jstor.org/stable/2657288.

- El Creador supremo del universo (Gén. 1:1)
- Un Dios en tres personas (Juan 1:1)
- Quien nos creó para adorarlo (Ef. 1:5)

2. La adoración de las grandes religiones

En la adoración de las grandes religiones, como el budismo, el hinduismo y el islamismo, no solo se adora por devoción, sino también como un medio para obtener salvación. Todas las religiones a excepción de la fe cristiana revelada en las Escrituras enseñan la salvación por obra y aun los mismos actos de adoración de estas religiones son medios entre otros para obtener salvación.

3. La adoración animista

Este tipo de adoración es aquella que engloba diversas creencias en las que tanto objetos como cualquier elemento de la naturaleza (montañas, ríos, el cielo, la tierra, determinados lugares característicos, rocas, plantas, animales o árboles) están dotados de alma y son venerados o temidos como dioses.

El *Diccionario de religiones, creencias, sectas y ocultismo* define *animismo* como la idea de que todas las cosas del universo están investidas de una fuerza viva, alma o mente.[101] Lo vemos mayormente en culturas de adoración animista como las del continente africano y en muchos países con influencia mágico-religiosa africana donde el «mundo de los espíritus» tiene un poder extraordinario en las vidas de quienes se aferran a este tipo de creencias que llegan a ser parte de sus vidas. El animismo está estrechamente vinculado con la superstición, el ocultismo, la santería, el vudú, etc.

4. La adoración de los secularistas

Los secularistas o materialistas son personas que no necesariamente descreen de Dios, sino que su prioridad y esperanza solo está en el mundo y en todas las banalidades que este ofrece. Viven centrados en sí mismos, dándole apertura a todo lo que le traiga gratificación a sus sentidos. Su creencia en Dios es puramente intelectual o circunstancial. El mundo de hoy es un mundo hedonista.

---

[101] George Mather y Larry A. Nichols, *Diccionario de creencias, religiones, sectas y ocultismo* (Barcelona, España: Editorial CLIE, 2001), 38.

El *Diccionario de la Real Academia de la lengua española* define *hedonismo* como 'la teoría que establece el placer como fin y fundamento de la vida', y el hedonista es aquella persona que busca esa vida. Los secularistas no son para nada religiosos; solo se preocupan por lo material aunque no necesariamente son ateos. Muchos de ellos dicen «creer» en Dios, pero su conocimiento acerca del Creador es muy superficial.

La cantante Madonna en la década de los 80 popularizó un tema titulado *Material Girl* [Chica material]. Durante esa época se popularizó con el apodo del mismo tema del disco; sin embargo, Madonna, aunque dice no ser muy material, tiene sus creencias religiosas: «No tengo afiliación con ningún grupo religioso específico. Me conecto con diferentes aspectos rituales de los diferentes sistemas de creencias religiosas, y veo el hilo de conexión que hay entre ellas».[102] Según el diario español *ABC*, Madonna dice haber encontrado, en la secta judía, la *Kabbalah*, la «respuesta»:

> Madonna revela su faceta más espiritual en un artículo
> que publica hoy el diario israelí *Yediot Aharonot*, en el que
> cuenta haber encontrado, en la cábala judía, las respuestas
> a todas sus preguntas sobre el significado de la vida.

La chica material también es religiosa y adora, pero no de manera genuina con una fe verdadera. Lamentablemente, ese *materialismo* ha permeado algunas iglesias que dicen ser cristianas con consecuencias devastadoras. Se ha pretendido reducir a Dios a un ser que provee para llenar las apetencias materiales. El hecho de que existan personas sin Dios que sean materialistas no me sorprende, pero que existan personas que dicen ser cristianas e iglesias cuyo énfasis, prédica y culto orbiten en torno a lo material es triste, preocupante y, en algunos casos, hasta vergonzoso.

5. La adoración de los ateos

Los ateos también adoran. Tienen su dios en la ciencia y canalizan su devoción a través de la fascinación por todo aquello que pueda ser demostrable por medio de la razón y el método científico. Incluso hay quienes promueven reuniones con el fin de cantarle a la naturaleza o a la materia.

---

[102] Ynet, «Madonna: I'm not Jewish, I'm an Israelite», consultado el 3 de septiembre de 2016. http://www.ynetnews.com/articles/0,7340,L-4640263,00.html.

Hace un tiempo, tuve en mis manos una revista para ateos que ofrecía un crucero donde tenían todo un programa con cánticos a la naturaleza, charlas sobre Charles Darwin y todo tipo de «prédicas» y talleres orientados todos a reforzar el ateísmo en todos los participantes. Es tanta la profunda necesidad de adoración que tienen todos los seres humanos que desde 2013 comenzó una asamblea (iglesia)[103] para los que quieren tener una experiencia de fraternidad, comunidad y amor… pero sin Dios. Este grupo fue formado por los comediantes de monólogos Sanderson Jones y Pippa Evans. En la actualidad, además de estar en Inglaterra, tienen una tímida presencia en Australia, Alemania, Irlanda, los Países Bajos, Nueva Zelanda y Estados Unidos. ¡Qué ironía! Quieren una iglesia, quieren la experiencia de comunión, quieren cánticos, quieren solidaridad, quieren amor, pero sin la persona de quien emanan todas estas virtudes.

Todo eso refleja necesidad y necedad a la vez: necesidad porque necesitan adorar y necedad porque su corazón revela la condición de todos los hombres en la cual estaba yo. Si todavía no has rendido tu corazón a Cristo, hazlo. Pídele perdón por tus pecados, arrepiéntete y mira a Cristo como aquel que ocupó tu lugar en la cruz para que puedas deleitarte en la verdadera adoración.

6. La adoración satánica

Existen grupos que canalizan su vacío espiritual y su odio hacia Dios por medio de la adoración abierta a Satanás. Es conocido el caso del tristemente célebre Anton Lavey,[104] quien fundó la iglesia de Satán el 30 de abril de 1966. Ellos mismos dicen ser la primera organización en la historia que abiertamente está dedicada a la aceptación de la verdadera naturaleza del hombre: una bestia carnal, que vive en un cosmos permeado y motivado por las fuerzas tenebrosas de Satanás.

Como Lavey, hay en la actualidad muchos más que con una mente corrompida canalizan profundamente mal sus frustraciones, fracasos, resentimientos y simples deseos de notoriedad. Sus ritos incluyen sacrificios de animales, ocultismo, lealtad ciega a los líderes y, como toda secta, aislamiento de la familia de origen. Las personas que vienen de hogares disfuncionales son las principales víctimas de los grupos satánicos en todas sus vertientes.

---

[103] The Sunday Assembly, http://www.sundayassembly.com.
[104] Anton Lavey era de nacionalidad norteamericana.

LA NECESIDAD Y EL DELEITE
DE LA ADORACIÓN A DIOS

La adoración es una necesidad de todos los seres humanos, y, como hemos visto, algunos la canalizan de manera equivocada. La adoración que va dirigida al único Dios verdadero, Creador del universo, es la única verdadera y que da satisfacción. Esa adoración a Dios, la persona que nos dio salvación por medio de Jesucristo, es la única que la Biblia reconoce como santa y verdadera. Podemos conocerlo y relacionarnos mejor con nuestro Señor por medio de Su Palabra escrita. Qué bueno que tenemos esa revelación y que podemos canalizar esa necesidad de la única forma correcta: ¡adorando al Dios de la Biblia!

Cuando adoramos al Dios de la Biblia, canalizamos nuestra necesidad de adoración, pero también esa necesidad es un deleite para nosotros. Nos gozamos cuando adoramos correctamente a Dios.

La adoración a Dios es la respiración del pueblo cristiano; es el espacio y el tiempo en donde un pueblo y su amado Dios se encuentran en una interacción puramente espiritual que nos estremece y en la que el Señor se deleita. Dios quiere que Su pueblo lo adore, pero que lo adore en espíritu y en verdad (Juan 4:24).

Alguien podría pensar que nosotros inventamos la adoración. Aunque tenemos la necesidad de adorar, la verdadera adoración nace en el corazón de Dios y, por lo tanto, Él solo la recibe cuando lo hacemos tal y como la ha establecido. El primero de los Diez Mandamientos dice que Dios es el único y verdadero Dios, y a Él solo se debe adorar. El segundo regula cómo debe ser esa adoración a Dios. Por lo tanto, Dios quiere que Su pueblo lo adore, pero que lo adore correctamente. La experiencia de la adoración como parte de la vida misma se muestra en el ejemplo de hombres y mujeres ordinarios del mundo bíblico. A través de ellos podemos aprender cómo es Dios y cómo debemos relacionarnos con Él en adoración.

La verdadera adoración es única.

Así la vemos en la experiencia de Moisés con la zarza ardiente (Ex. 3:1-6), también en la manifestación con los rayos y truenos en el Sinaí, en la experiencia agonizante y liberadora de Isaías (Isa. 6:1-8), en la experiencia gloriosa de Ezequiel (Ezeq. 1–2) o la experiencia de Elías (1 Rey. 19).

La verdadera adoración revela el poder de Dios.

La verdadera adoración revela un Dios todopoderoso, por lo que una experiencia de adoración puede ser dramática como la que llenó de miedo al pueblo en el monte Sinaí o como la de Isaías que temió por su vida. El Dios que adoramos es Soberano, y una experiencia de adoración también puede ser pacífica y solemne como la de Moisés frente a la zarza ardiente, como la de Elías en el monte Horeb (1 Rey. 19:8-18) y como la de los discípulos en el monte de la transfiguración (Mat. 17:1-9; Mar. 9:1-9; Luc. 9:28-36).

La verdadera adoración afecta al adorador.

Algo que se resalta en la correcta adoración es que siempre afecta al adorador. Moisés tuvo que quitarse las sandalias; Isaías dijo: «¡Ay de mí! que soy muerto». Ezequiel quedó aturdido por la experiencia y cayó ante la presencia de Jehová; para poder sostenerse, tuvo que entrar el Espíritu de Dios en él (Ezeq. 1:1-28; 2:1-2). Elías fue transformado en Galaad (1 Rey. 17:1). En la transfiguración, los discípulos más íntimos quedaron tan impresionados que desearon quedarse contemplado aquello para siempre (Mat. 17:1-8; Mar. 9:2-8; Luc. 9:28-36).

Es importante notar que el término griego que se traduce como *se transfiguró* es la raíz de nuestra palabra *metamorfosis*, que señala un cambio externo que brota desde adentro. Cuando una oruga hace su capullo y luego emerge como mariposa, es debido al proceso de metamorfosis. La gloria de nuestro Señor no era gloria reflejada, sino gloria que irradiaba desde dentro de sí mismo. Hubo un cambio externo que surgía desde adentro conforme Él permitía que reluciera Su gloria esencial (Heb. 1:3).[105] Esta experiencia particular de los tres discípulos más cercanos al Señor (Pedro, Jacobo y Juan; Mat. 26:37; Mar. 5:37; 13:3) los marcaría para siempre. Como bien señala Greg Harris:

> Los tres espectadores volverían de la montaña transformados para siempre. Por el resto de sus vidas recordarían lo que habían visto en aquel día inolvidable.[106]

---

[105] Warren Wiersbe, *Leales en Cristo: estudio expositivo del Evangelio Según Mateo* (Sebring, FL: Editorial Bautista Independiente, 2003), 151.
[106] Harris, *La copa y la gloria*, 23.

Esa experiencia la recordaría Pedro en su segunda epístola:

> «Porque no os hemos dado a conocer el poder y la venida de nuestro Señor Jesucristo siguiendo fábulas artificiosas, sino como habiendo visto con nuestros propios ojos su majestad. Pues cuando él recibió de Dios Padre honra y gloria, le fue enviada desde la magnífica gloria una voz que decía: Este es mi Hijo amado, en el cual tengo complacencia. Y nosotros oímos esta voz enviada del cielo, cuando estábamos con él en el monte santo» (2 Ped. 1:16-18).

Lo mismo pasaría con Juan, cuando años más tarde escribiría:

> «Y aquel Verbo fue hecho carne, y habitó entre nosotros (y vimos su gloria, gloria como del unigénito del Padre), lleno de gracia y de verdad» (Juan 1:14).

Adorar verdadera y profundamente a Dios es una experiencia única y enriquecedora; llega hasta las profundidades del alma humana y afecta todo nuestro ser para ser menos como nosotros y más como él.

La verdadera adoración revela a Dios y revela al hombre.

Al ver a Dios, Isaías se vio a sí mismo. La verdadera adoración revela la santidad de Dios y muestra el pecado del ser humano (Isa. 6:5). Al ver a Dios, Isaías «murió» y «resucitó». Murió a su carnalidad para renacer como un nuevo Isaías. El verdadero adorador ha nacido de nuevo. Dios no recibe adoración de quien no lo conoce porque lo primero que le podemos ofrecer es nuestro propio corazón.

La verdadera adoración es regulada por Dios.

Todas estas experiencias de adoración nos enseñan que Dios decide cómo revelarse para poner de manifiesto Su carácter, Su gloria, Su majestad, Su poder y Su autoridad. No somos los adoradores que le decimos al adorado (Dios) cómo debe revelarse o cómo debemos adorarlo. El Señor ha puesto las condiciones de la adoración desde un inicio. La adoración, para que sea verdadera, tiene que estar dirigida al único Dios revelado, Jehová de los ejércitos, quien, a su vez, decide lo que recibe en adoración.

El pueblo del Antiguo Testamento, para poder adorar, tuvo que aprender a hacerlo sobre la base de lo que Dios mismo les había revelado. En el Nuevo Testamento, se da de la misma manera. Los primeros cristianos supieron perseverar en aquello que los apóstoles les habían enseñado y que, a su vez, ellos recibieron de Jesús. A través de los siglos, el pueblo del Dios único de la Biblia lo ha adorado de la misma manera. Sin embargo, el reto para las nuevas generaciones será el mismo de siempre: ¡adorarlo correctamente!

> ¡Santo! ¡Santo! ¡Santo! Señor Omnipotente,
> Siempre el labio mío loores te dará;
> ¡Santo! ¡Santo! ¡Santo! te adoro reverente,
> Dios en tres Personas, bendita Trinidad.

> ¡Santo! ¡Santo! ¡Santo! en numeroso coro,
> Santos escogidos te adoran sin cesar,
> De alegría llenos y sus coronas de oro
> Rinden ante el trono y el cristalino mar.

> ¡Santo! ¡Santo! ¡Santo! la inmensa muchedumbre,
> De ángeles que cumplen tu santa voluntad,
> Ante ti se postra bañada de tu lumbre,
> Ante ti que has sido, que eres y serás.

> ¡Santo! ¡Santo! ¡Santo! por más que estés velado,
> E imposible sea tu gloria contemplar;
> Santo tú eres solo y nada hay a tu lado,
> En poder perfecto, pureza y caridad.

> ¡Santo! ¡Santo! ¡Santo! la gloria de tu nombre,
> Vemos en tus obras en cielo, tierra y mar.
> ¡Santo! ¡Santo! ¡Santo! te adora todo hombre,
> Dios en tres Personas, bendita Trinidad. Amén.[107]

---

[107] Reginald Heber, «¡Santo! ¡Santo! ¡Santo!», *Himnario Bautista* (El Paso, TX: Casa Bautista de Publicaciones, 1978), n.º 1.

RESUMEN DEL CAPÍTULO 13

(1) La adoración en el Antiguo Testamento

   a. La palabra empleada en el Antiguo Testamento es *sacha*.

(2) La adoración en el Nuevo Testamento

   a. La palabra empleada en el Nuevo Testamento es *proskuneo*.

(3) En el Nuevo Testamento, vemos que adoraron...

   a. Los magos (Mat. 2:2,11)
   b. Los discípulos (Mat. 14:33; 28:17b)
   c. Individuos (Luc. 2:20; Hech. 3:8-9)
   d. Un grupo (Luc. 19:37)
   e. La comunidad (Hech. 2:47a; Apoc. 19:5)
   f. Los ángeles (Luc. 2:13-14)

(4) La alabanza en la iglesia de Jerusalén

   a. Ellos adoraron a Dios de tres maneras:
      i.Las alabanzas (Hech. 2:47)
      ii. Las dádivas (Hech. 2:42,44-46)
      iii. Las oraciones (Hech. 2:42)
   b. Alababan a Dios porque ya habían sido salvos.
   c. Alababan a Dios porque seguían recibiendo salvación.
   d. Alababan a Dios porque esperaban la salvación futura.

(5) El diablo es capaz de hacer algunas cosas

   a. Puede falsificar la piedad (2 Tim. 3:5).
   b. Puede fingir creer en Dios (Sant. 2:19).
   c. Puede falsificar un ministerio (Hech. 8:9-24).
   d. Puede hacer creer que alguien es de Cristo
      (Mat. 24:4,5,11,23,24-26).
   e. Puede falsificar la profecía (Mat. 7:22).
   f. Puede falsificar el poder de Dios (Mat. 7:22).

(6) La adoración es inherente a todo ser humano

   a. La adoración teísta bíblica
   b. La adoración de las grandes religiones
   c. La adoración animista
   d. La adoración de los secularistas

    e. La adoración de los ateos
    f. La adoración satánica

(7) El doble deleite de la adoración a Dios
    a. La verdadera adoración es única.
    b. La verdadera adoración revela el poder de Dios.
    c. La verdadera adoración afecta al adorador.
    d. La verdadera adoración revela a Dios y revela al hombre.
    e. La verdadera adoración es regulada por Dios.

PARA ESTUDIAR

¿Qué significa la palabra *adorar* en el Antiguo Testamento?

¿Qué significa la palabra *adorar* en el Nuevo Testamento?

Enumera algunas cosas que el diablo puede falsificar.

¿De cuáles maneras adoraba la iglesia de Jerusalén?

¿Qué es la adoración teísta bíblica?

Para pensar:

¿Cómo adora tu iglesia al Señor?

¿Cómo adoras tú de manera privada al Señor?

¿Cuáles elementos de los aprendidos en este capítulo quisieras incorporar a tu adoración privada?

Día 1

El Señor reina; regocíjese la tierra; alégrense
las muchas islas (Sal. 97:1, LBLA).

El Señor nuestro Dios reina sobre todo el universo; cada planeta, estrella, meteorito o galaxia es sustentado por Su poder. El Señor reina sobre la tierra; los animales, las plantas, los mares, los ríos, las montañas, los desiertos, las nubes, las selvas, y todo lo que existe en la tierra está bajo el poder y el escrutinio de Dios. El Señor reina sobre todo ser humano; no hay rey, emperador, presidente ni ninguna persona, por más humilde que sea, que esté fuera del control soberano de nuestro Dios. Él es Rey de reyes y Señor de señores. El Señor reina sobre todo espíritu; los ángeles y aun los demonios están bajo la soberanía de Dios.

No hay nada que escape de Sus manos. Él gobierna y tiene el control de todo cuanto sucede en nuestras vidas. Y si somos Sus hijos, Él nos ha prometido que todo lo que nos suceda será para nuestro bien (Rom. 8:28).

Por tanto, si disponemos de este Señor como nuestro Señor y Padre, tenemos motivos de sobra para regocijarnos y alegrarnos durante toda la vida porque Él es rey eterno y Su reino no tendrá fin. Este regocijo nos llevará de forma automática a la adoración a Dios.

Hermanos, meditemos en la soberanía de Dios y llegaremos a percibir cuán dulce es la adoración a un Dios que tiene poder y autoridad. Nuestro Dios es el rey de todo, y nosotros somos Sus hijos. ¡Cuán maravillosa noticia!

Señor mío y Padre mío, gracias por tu soberanía sobre
mi vida y en favor de mi alma. Ayúdame a comprender
mejor tu soberanía para así llenarme cada vez de más
alegría y adorarte como eres digo de ser adorado. Amén.

¿QUÉ HAGO CON ESTO?

¿Confías y descansas en la soberanía de Dios?

DÍA 2

*Si, pues, coméis o bebéis, o hacéis otra cosa, hacedlo
todo para la gloria de Dios (1 Cor. 10:31).*

Olvidamos con frecuencia que la razón de nuestra existencia es glorificar a Dios a través de toda nuestra vida. No podemos olvidar que, de no ser porque Dios ama Su propia gloria, tú y yo no existiéramos. Fuimos creados porque Dios se deleita en manifestar Su gloria.

Dios es sabio, es todopoderoso, es amor y es un Dios de gracia, y cuando decidió crearnos manifestó todos esos atributos. Mostró Su sabiduría y excelencia en la belleza y el orden de la creación. Mostró Su omnipotencia al crear todo el universo con tan solo decir: «Sea hecho». Mostró Su amor y gracia al crearnos para que disfrutemos de Su creación sin que mereciéramos ser creados, sin que nos necesite, pues es todo suficiente y satisfecho en sí mismo.

Nuestro propósito es glorificar a Dios y lo debemos hacer con toda nuestra vida. Glorificar a Dios es expresar el supremo valor que Él tiene para nosotros. En otras palabras, cuando vivimos de una manera que evidencia a los demás que Dios es lo más importante para nosotros, estamos glorificándolo. Por eso, debemos manejar el dinero de una manera que evidencie que Dios es más importante para nosotros; cuando comamos o bebamos, hagámoslo de una manera que evidencie que Dios es nuestro sustentador y proveedor. Cuando adquiramos una nueva casa, un nuevo carro, cuando hagamos negocios, cuando nos entretengamos, debemos hacerlo como para manifestar que Dios realmente es más importante que todo lo demás.

Glorificar a Dios también implica hacer todo con el fin de que Él sea exaltado y no nosotros.

Señor, ayúdame a comprender tu valor supremo y la razón de mi existencia. Ayúdame a glorificarte en todo lo que haga. Que cada vez viva menos yo para que vivas más tú en mí. Amén.

¿QUÉ HAGO CON ESTO?

Cuando no vivimos para la gloria de Dios, vivimos para la gloria nuestra. ¿Vives para la gloria de Dios o aún intentas vivir para tu propia gloria?

DÍA 3

[A] él sea gloria en la iglesia en Cristo Jesús por todas las edades, por los siglos de los siglos. Amén (Ef. 3:21).

Al único que debemos tributar gloria en nuestras vidas y como Iglesia es a nuestro Señor. Debemos recordar que la Iglesia está compuesta por todos aquellos que hemos entregado nuestras vidas a Cristo para que Él sea nuestro Salvador y Señor. Por eso, el único propósito de nuestras reuniones es darle la gloria a Él en todo lo que hacemos como congregación y de manera individual.

Nuestros cantos, oraciones y la predicación de la Palabra deben perseguir este propósito. Darle la gloria a Dios en la iglesia incluye también la actitud con la que nos presentamos delante de Él. Por eso debemos tener una vida devocional y de oración intensa donde cada día procuremos más y más buscar Su rostro y encontrar Su voluntad.

Cuando le damos la gloria a Dios, todo lo que hacemos va encaminado a cumplir los cinco propósitos fundamentales de la iglesia, la PESCA: Proclamación, Enseñanza, Servicio, Comunión y Adoración. Si tenemos que escoger el más importante, sería la adoración. Por medio de ella, cumplimos todos los demás.

Señor, solo tú eres merecedor de la gloria y la honra,
que todo lo que haga en mi vida como ciudadano,
como tu hijo y como iglesia procure darte la gloria.
Amén.

¿QUÉ HAGO CON ESTO?

Vivir para la gloria de Dios no da lugar para vivir para nuestra gloria. ¿Cómo se da esta dinámica en tu vida?

DÍA 4

Procura con diligencia presentarte a Dios aprobado,
como obrero que no tiene de qué avergonzarse, que usa
bien la palabra de verdad (2 Tim. 2:15).

Si la adoración es un estilo de vida, entonces la integridad personal es fundamental para agradar a Dios.

Uno de nuestros principales retos debe ser cumplir con lo que dice el pasaje del encabezado. Al dirigirse a Timoteo, el apóstol Pablo le da esta encomienda que nosotros también debemos tener en cuenta. Es necesario que en todos nuestros caminos podamos presentarnos a Dios sin nada de qué avergonzarnos, en nuestras familias, ministerios, empleos, estudios y relaciones con los demás. Debemos esforzarnos en salir con éxito de cada una de las pruebas que se nos presentan, manteniendo nuestra santidad e integridad ante Dios y los demás.

La Biblia nos manda cultivar cada día la integridad:

«[P]orque escrito está: Sed santos, porque yo soy santo» (1 Ped. 1:16).

«Seguid la paz con todos, y la santidad, sin la cual nadie verá al Señor» (Heb. 12:14).

¿Qué tipo de esfuerzo estás haciendo para ser santo, para estar aprobado delante de Dios? Pídele al Señor que te ayude cada día a apegarte más a Su Palabra.

Señor, perdona mis pecados; guíame cada día hacia la santidad, a presentarme delante de ti sin nada de qué avergonzarme. Amén.

¿QUÉ HAGO CON ESTO?

La manera en que vivimos debe reflejar a los demás cuán valioso es Dios para nosotros. ¿Se caracteriza tu vida por ser una vida íntegra? ¿Es tu vida un reflejo de que amas a Dios más que todas las cosas?

DÍA 5

Porque en su mano están las profundidades de la tierra, y las alturas de los montes son suyas. Suyo también el mar, pues él lo hizo; y sus manos formaron la tierra seca. Venid, adoremos y postrémonos; arrodillémonos delante de Jehová nuestro Hacedor (Sal. 95:4-6).

Nuestro Dios es poderoso y toda la creación descansa en Sus manos. Él controla toda la creación desde lo más insignificante hasta lo más imponente, desde lo más inofensivo hasta lo más peligroso. No hay nada que escape de Su control o que desafíe Su autoridad.

Nuestra meta es glorificarlo y alabarlo con todo nuestro ser. Debemos vivir una vida de obediencia porque Él es poderoso y grande sobre todo lo que existe. Solamente Él es digno de recibir la gloria, la honra y el honor. Es necesario que cumplamos este mandato y dediquemos nuestra vida al Rey de reyes y Señor de señores.

En el día de hoy, medita en el Salmo 95 y disfruta al alabar y adorar a Dios como lo dice Su Palabra.

Dios de amor, ayúdame a reconocer que solo tú eres digno de adoración y alabanza. Que esto sea una realidad en mí durante toda mi vida, en el nombre de tu hijo Jesús. Amén.

¿QUÉ HAGO CON ESTO?

No siempre las cosas salen como nosotros las planeamos. Entendiendo esto, ¿cómo puedes ser más paciente en Dios?

DÍA 6

Mas la hora viene, y ahora es, cuando los verdaderos adoradores adorarán al Padre en espíritu y en verdad; porque también el Padre tales adoradores busca que le adoren (Juan 4:23).

Cristo dijo que el Padre buscaba adoradores. Dios busca que Sus adoradores lo adoren en espíritu y verdad. Cuando proclamamos el evangelio, también buscamos verdaderos adoradores para nuestro Dios. Cada persona que viene a los pies de Cristo es un nuevo adorador que se une a los millares de ángeles que lo adoran sin cesar. Cuando estudiamos las Escrituras, aprendemos cómo Dios quiere que lo adoremos. Su Palabra transforma nuestras vidas para adorarlo como a Él le agrada.

Servimos a nuestro prójimo para agradar a nuestro Señor. Somos uno así como Cristo y Dios son uno. Hacer un bien al necesitado es como hacerlo al mismo Cristo.

«Y respondiendo el Rey, les dirá: De cierto os digo que en cuanto lo hicisteis a uno de estos mis hermanos más pequeños, a mí lo hicisteis» (Mat. 25:40).

De la misma manera, Él se deleita en que Su pueblo tenga comunión. El Señor espera que lo alabemos a través de la comunión entre los hermanos. Allí envía «bendición y vida eterna».

Señor, ayúdame a adorarte con toda mi vida.
Ayúdame a cumplir el propósito para el cual me creaste: adorarte. Amén.

¿QUÉ HAGO CON ESTO?

¿Sientes pasión por Dios? ¿Te deleitas en Su grandeza al punto de sentir la necesidad de expresarlo y compartirlo con otros?

Capítulo 14

LOS DONES
DEL ESPÍRITU SANTO

*Los dones espirituales son las herramientas que
Dios nos da por medio de Su Espíritu Santo para
servirle.*

O. S.

¿QUÉ ES UN DON ESPIRITUAL?

Es una capacidad especial que el Espíritu Santo da a cada
convertido a Cristo, según la gracia de Dios, para usarlo para Su gloria
y para la edificación de la Iglesia y el prójimo en general. J. I. Packer
en *Teología concisa* dice lo siguiente:

> La palabra *don* (literalmente, «donativo») aparece en
> relación con el servicio espiritual solo en Efesios 4:7-8.
> Pablo explica las palabras *dio dones a los hombres* como
> relacionadas con la entrega a su Iglesia, por parte del Cris-
> to ascendido, de personas llamadas y preparadas para los
> ministerios de apóstol, profeta, evangelista y pastor-maestro.

También, por medio del ministerio capacitador de estos funcionarios, Cristo les está entregando un papel ministerial de uno u otro tipo a todos los cristianos. En otros textos (Rom. 12:4-8; 1 Cor. 12-14), Pablo les llama *jarísmata* (dones que son manifestaciones concretas de la *járis* o gracia, el amor activo y creativo de Dios, 1 Cor. 12:4) a estos poderes dados por Dios, y también *pneumatiká* (dones espirituales como demostraciones concretas del poder del Espíritu Santo, el *pnéuma* de Dios, 1 Cor. 12:1).[108]

Podemos resumir que un don espiritual es un regalo que Dios da a Sus hijos, por medio de Su Espíritu Santo y lo reparte según Él quiere:

«De manera que, teniendo diferentes dones, según la gracia que nos es dada» (Rom. 12:6a)

«Pero todas estas cosas las hace uno y el mismo Espíritu, repartiendo a cada uno en particular como él quiere» (1 Cor. 12:11)

«Cada uno según el don que ha recibido, minístrelo a los otros, como buenos administradores de la multiforme gracia de Dios» (1 Ped. 4:10)

Los dones son las herramientas que Dios da por medio de Su Espíritu para que nosotros lo sirvamos. Es bueno saber que esos dones los recibimos en el momento de nuestra conversión y nos son otorgados en un mismo evento donde suceden varias cosas al mismo tiempo:
Pasamos a ser hijos de un Dios que viene a ser nuestro Padre.

«Mas a todos los que le recibieron, a los que creen en su nombre, les dio potestad de ser hechos hijos de Dios» (Juan 1:12).

Viene el Espíritu Santo de Dios a nuestras vidas.

---

[108] Packer, *Teología concisa*, 230–31.

«[Y] la esperanza no avergüenza; porque el amor de Dios ha sido derramado en nuestros corazones por el Espíritu Santo que nos fue dado» (Rom. 5:5).

«Y por cuanto sois hijos, Dios envió a vuestros corazones el Espíritu de su Hijo, el cual clama: ¡Abba, Padre!» (Gál. 4:6).

Se nos dan capacidades (dones) especiales para servir a Dios.

«De manera que, teniendo diferentes dones, según la gracia que nos es dada» (Rom. 12:6a).

«Pero todas estas cosas las hace uno y el mismo Espíritu, repartiendo a cada uno en particular como él quiere» (1 Cor. 12:11).

¿CUÁL ES EL PROPÓSITO DE LOS DONES? (EF. 4:12)

Los dones espirituales tienen un propósito muy claro en las Escrituras. Sin embargo, es probable que alguien decida usarlo con algún despropósito, sin apego a lo que nuestro Señor ha establecido en Su Palabra. Es imprescindible que los creyentes entiendan que para hacer un uso correcto de los dones espirituales, solo deben usarse para la gloria y el señorío de Cristo. La Biblia es clara al respecto y debemos actuar conforme a lo que allí se declara con respecto al propósito de los dones del Espíritu Santo.

Debemos usarlos para la gloria de Dios.

«Si, pues, coméis o bebéis, o hacéis otra cosa, hacedlo todo para la gloria de Dios» (1 Cor. 10:31).

«Y todo lo que hacéis, sea de palabra o de hecho, hacedlo todo en el nombre del Señor Jesús, dando gracias a Dios Padre por medio de él» (Col. 3:17).

«Si alguno habla, hable conforme a las palabras de Dios; si alguno ministra, ministre conforme al poder que Dios da, para que en todo sea Dios glorificado por Jesucristo,

a quien pertenecen la gloria y el imperio por los siglos de
los siglos. Amén» (1 Ped. 4:11).

Todos estos textos bíblicos señalan que la motivación y el propósito
de todos nosotros como servidores de Cristo es que Él sea exaltado y
glorificado en todo lo que hacemos, es decir, que Cristo sea alabado por
medio de nuestros actos y que cualquier mérito recibido sea endosado
o acreditado a Dios, porque sabemos que nosotros solo somos carnales
y que estos dones no son nuestros, sino de Él.

Debemos edificar Su Iglesia.

Los dones se usan para edificar al pueblo de Dios, al trabajar para
que sea más maduro y equipado con todas las herramientas para el
servicio a Dios que siempre repercutirá en beneficios para el Reino y
la sociedad en general.

Cristo ha establecido diferentes ministerios (distintas formas de servir)
en la Iglesia para preparar a los cristianos a edificarse entre sí. La Iglesia es
el edificio y cada uno de los creyentes es vital en el proceso de construcción.
La edificación o madurez del cuerpo de Cristo, la Iglesia, es sumamente
importante, tal y como Pablo la menciona en su carta a los romanos:

> «Así que procuremos lo que contribuye a la paz y a la
> edificación mutua» (Rom. 14:19, LBLA).

> «Cada uno de nosotros agrade a su prójimo en lo que es
> bueno, para edificación» (Rom. 15:2).

> «Pero el que profetiza habla a los hombres para edifica-
> ción, exhortación y consolación» (1 Cor. 14:3).

Debemos ayudar al prójimo.

Cuando el creyente sirve a Dios con los dones que ha recibido de Él,
edifica a la Iglesia y bendice al prójimo en sentido general. En la Biblia,
encontramos que hay diversidad de dones y, por ende, también hay
diversidad de resultados. Al ejercitar los dones, los creyentes les llevan
bendiciones a los demás. Veamos algunos ejemplos:

º Con el don de enseñanza, edifican en el conocimiento de la
  Palabra de Dios a los creyentes.

º Con el don de la predicación, proclaman el evangelio y muchas vidas son transformadas.

º Con los dones de misericordia y de servicio, muchas personas reciben ayuda en sus necesidades independientemente que sean creyentes o no.

Por lo que hemos visto, los dones espirituales no son destrezas ni talentos, y es fundamental conocer la diferencia entre ambos conceptos. El *Diccionario de la lengua española* define *talento* como la capacidad para el desempeño de algo. Podemos definir también *talento* como las capacidades adquiridas o innatas para hacer algo específico. Por ejemplo, una persona puede poseer el talento de cantar y puede cantar bien aunque no haya estudiado canto. El estudio le ayudará a desarrollar las técnicas vocales del canto, pero tiene el talento. Hay personas que tienen talento para los deportes, pero no son muy intelectuales; otros son muy intelectuales o tecnológicos (*nerds, geeks*).

Los seres humanos poseen talentos independientemente de ser cristianos o no. Es parte de la gracia común de Dios. En cambio, los dones espirituales son estrictamente para los creyentes, para la gloria de Dios y para edificar a Su pueblo. «No hay cristiano alguno que no tenga algún don (1 Cor. 12:7; Ef. 4:7), y que todos tenemos la responsabilidad de hallar, desarrollar y usar al máximo las capacidades de servicio que Dios nos ha dado».[109] Una persona desde antes de ser cristiana ya tiene talentos y una vez que Cristo la salva, combinará esos talentos con los dones espirituales como herramientas para glorificar al Señor.

LISTA GENERALMENTE ACEPTADA DE LOS DONES ESPIRITUALES

La lista de dones espirituales varía según las posiciones teológicas de sus proponentes. Las que verán a continuación han sido tomadas de los tres pasajes que, de manera ortodoxa, se tienen como listado oficial de dones. Sin embargo, hay otros dones que no están en estas listas y que merecen ser mencionados como el don de abstinencia (Mat. 19:11; 1 Cor. 7:9). A continuación, la lista de dones tal como la escribió el apóstol Pablo a los romanos, los corintios y los efesios:

---

[109] Ibíd., 231.

Romanos 12:6-8

1. Profecía
2. Servicio
3. Enseñanza
4. Exhortación
5. Dar (Repartir)
6. Liderazgo (Presidir)
7. Misericordia

1 Corintios 12:8-10

1. Sabiduría
2. Conocimiento (Ciencia)
3. Fe
4. Sanidades
5. Milagros
6. Profecías
7. Discernimiento de espíritus
8. Lenguas
9. Interpretación

Efesios 4:11

1. Apóstoles
2. Evangelistas
3. Pastores
4. Maestros

Las iglesias deben enseñar y promover el uso de los dones para que cada creyente pueda ejercerlos en el servicio a Dios, de acuerdo al llamado particular que les haya hecho, para Su gloria y para la edificación de Su pueblo. Los dones no se piden ni mucho menos se reclaman; se reciben bajo el ministerio soberano del Espíritu Santo, quién reparte a cada uno como le place:

> «Pero a cada uno le es dada la manifestación del Espíritu para provecho. [...] Pero todas estas cosas las hace uno y el mismo Espíritu, repartiendo a cada uno en particular como él quiere» (1 Cor. 12:7,11).

«De manera que, teniendo diferentes dones, según la gracia que nos es dada» (Rom. 12:6a).

Como lo dijimos al principio, estos dones los recibimos desde el momento de nuestra conversión a Jesucristo, así que todo creyente ha sido dotado de estas herramientas para usarlas para la gloria de Dios.

Para saber cuál es su don espiritual, todo creyente debe orar para que el Señor lo guíe. Además debe buscar el consejo de los pastores y líderes que confirmarán el don por medio de la observación y las oportunidades de servir que Dios le vaya dando. Lo importante es que seamos cristianos activos en nuestras iglesias, que aprovechemos cada oportunidad para servir. Será en medio del servicio donde el Señor irá mostrándonos los dones y los ministerios donde quiere que lo sirvamos.

Si eres un creyente, Dios no solo te ha llamado para ser salvo, sino para servir. Dios en Su infinito amor te ha escogido para formar parte de Su equipo; por eso, espera de ti y de mí fidelidad. Piensa en que Dios quiere usarte a pesar de ti mismo y por eso te ha dado las herramientas necesarias para hacerlo.

En las Escrituras, vemos cómo Dios usó a personas como Moisés a partir de los 80 años y con problemas del habla; a José, vilipendiado y maltratado por sus hermanos; y a los discípulos, que en las horas cruciales de la crucifixión lo abandonaron o lo negaron. Sin embargo, todos ellos a pesar de sus debilidades supieron crecer y creer en el llamado de Dios para servirle por medio de Sus dones. A través de la historia, Dios ha usado a hombres y mujeres que capacitó con los dones espirituales como lo ha hecho conmigo y también contigo.

Servir al Señor por medio de los dones requiere oración, estudio de Su Palabra y la participación de los pastores o hermanos maduros en la fe que te confirmen, te acompañen y te asistan en el proceso de identificar tus dones para servir al Señor de forma óptima, no para procurar lo que anhelas simplemente, sino aquello para lo que Dios te ha llamado en verdad.

RESUMEN DEL CAPÍTULO 14

(1) ¿Qué es un don espiritual?

    a. Es una capacidad especial que el Espíritu Santo da a cada convertido a Cristo, según la gracia de Dios, para usarlo para Su gloria y para la edificación de la Iglesia y el prójimo en general.

b. Los dones son otorgados dentro de un mismo acontecimiento donde suceden varias cosas al mismo tiempo:
    i. Pasamos a ser hijos de un Dios (Juan 1:12).
    ii. Viene el Espíritu Santo de Dios a nuestras vidas (Rom. 5:5).
    iii. Se nos dan capacidades (dones) especiales (Rom. 12:6-8).

(2) ¿Cuál es el propósito de los dones espirituales?
    a. Para la gloria de Dios (1 Ped. 4:11)
    b. Para edificar la Iglesia del Señor (Ef. 4:11-12)
    c. Para ayudar al prójimo (Rom. 15:2)

(3) Lista generalmente aceptada de los dones espirituales.
    a. Romanos 12:6-8
    b. 1 Corintios 12:8-10
    c. Efesios 4:11

PARA ESTUDIAR

¿Qué es un don espiritual?

¿Cuál es el propósito de los dones espirituales?

¿Con cuáles dones espirituales te sientes más identificado?

Para pensar

¿Has identificado tu don o dones espirituales? De ser así, ¿cómo fue el proceso?

¿Describe específicamente cómo usas tus dones en la iglesia?

DÍA 1

Si alguno habla, hable conforme a las palabras de Dios; si alguno ministra, ministre conforme al poder que Dios da, para que en todo sea Dios glorificado por Jesucristo, a quien pertenecen la gloria y el imperio por los siglos de los siglos. Amén (1 Ped. 4:11).

Los dones nos han sido dados para glorificar a Dios al servir a los demás. Muchas personas tienden a dividir este objetivo en dos. Unos dicen que los dones son para glorificar a Dios y otros dicen que los dones son para el servicio a los demás. En realidad, ambos tienen razón, pero nunca debe divorciarse un propósito del otro porque ambos objetivos deben de cumplirse al mismo tiempo.

Cuando servimos a los demás con los dones espirituales, Dios es glorificado. Por ejemplo, si posees el don de enseñanza, al enseñar a los demás sobre las doctrinas de la Biblia y sobre cómo podemos conocer y obedecer a Dios, esas personas comprenden cabalmente la enseñanza; entonces el poder de Dios ha obrado a través de ti y les es manifiesto a todos. Por lo tanto, Dios es glorificado. Pero en todo esto, cuando las personas comprenden a través de tu enseñanza, son edificadas y desafiadas a crecer y profundizar su relación con Dios.

El don en sí mismo no cumple la tarea de exaltar el nombre de Dios. Lo hace cuando se usa en el servicio a los demás.

Padre, perdóname por mi falta de diligencia en descubrir y usar mis dones para gloria tuya y servicio a los demás. Gracias por haberme dado dones para servirte en el servicio a otros. Amén.

¿QUÉ HAGO CON ESTO?

Cuando utilizas tus dones para glorificar a Dios, los demás se benefician; cuando los usas para servir a otros, Dios se glorifica. ¿Cómo estás utilizando tus dones?

Día 2

Ahora bien, hay diversidad de dones, pero el
Espíritu es el mismo. [...] Pero ahora son muchos los
miembros, pero el cuerpo es uno solo. Ni el ojo puede
decir a la mano: No te necesito, ni tampoco la cabeza
a los pies: No tengo necesidad de vosotros
(1 Cor. 12:4,20-21)

El doctor Jorge W. Truett fue pastor de la Primera Iglesia Bautista de Dallas. Viajaba mucho, dirigía campañas de evangelización en las grandes ciudades, actuaba como presidente de la Convención Bautista del Sur, era miembro del consejo de varias organizaciones dentro de la denominación y muchas otras cosas más. ¿Cómo pudo atender tantas actividades y a la vez pastorear una iglesia que llegó a tener cerca de 10.000 miembros?

Uno de los diáconos que tenía grandes capacidades, decidió dedicar casi todo su tiempo a ayudar al pastor. Durante la ausencia del doctor Truett, Robert Coleman atendía todas las urgencias de la iglesia, visitaba a los enfermos y hasta dirigía los servicios fúnebres. Cuando el doctor Truett estaba en la ciudad, el señor Coleman seguía atendiendo muchos de los asuntos de la obra para que el pastor tuviera tiempo para prepararse espiritualmente para atender su pastorado. Robert Coleman era altamente estimado y amado por sus hermanos en la fe y, cuando pasó a mejor vida, la iglesia lamentó su muerte tanto como cuando falleció su amado pastor, el doctor Truett.

No todos servimos haciendo lo mismo en la iglesia, pero todos somos necesarios haciendo lo que Dios nos ha llamado a hacer. Todos hemos sido dotados con, al menos, un don para ponerlo al servicio de los demás. No eres imprescindible, pero eres necesario y tu aporte es único. ¡Únete a servir!

Señor, gracias por los dones que me has dado. Ayúda-
me a encontrar esa área en la que mejor pueda servirte
en mi congregación para el beneficio de los demás y
para tu gloria. Amén.

¿QUÉ HAGO CON ESTO?

¿Quién podría necesitar de los dones que Dios te dio y que no estás utilizando en este momento? ¿Cómo pueden tus hermanos de la iglesia beneficiarse espiritualmente de tu servicio al Señor?

DÍA 3

Si yo hablase lenguas humanas y angélicas, y no tengo amor, vengo a ser como metal que resuena, o címbalo que retiñe. Y si tuviese profecía, y entendiese todos los misterios y toda ciencia, y si tuviese toda la fe, de tal manera que trasladase los montes, y no tengo amor, nada soy (1 Cor. 13:1-2).

¿Qué relación existe entre los dones espirituales y el amor? Tal vez la siguiente anécdota nos ayude a responder esta pregunta:

Una maestra le preguntó a su clase qué era el amor. Entonces una niñita de seis años se levantó de la silla y fue hasta la maestra, la abrazó, la besó y le dijo: «Esto es amor». En seguida la maestra dijo: «Está bien; pero el amor es algo más. ¿Qué más es?». La misma niña, después de un rato de pensar, se levantó y comenzó a poner en orden las sillitas que estaban fuera del lugar que les correspondía, limpió bien el pizarrón, levantó unos papeles que estaban en el suelo y arregló los libros que estaban en desorden sobre una mesa. Luego de terminar y con aire de satisfacción, le dijo a su maestra: «Amor es ayudar a otros».

La relación entre los dones espirituales y el amor es el servicio. El uso de los dones que no sea para el servicio a los demás, carece de amor por los otros. No importa cuánto digamos con palabras que amamos a los demás; no importa cuántos abrazos y besos podamos darle: todo eso es importante, pero, si no servimos a nuestro prójimo, realmente no lo amamos. Ya el apóstol Pablo dejó en claro que más importante que los dones es el amor que mueve su uso apropiado.

Padre, perdóname por las tantas veces que he tenido la oportunidad de servir a mi prójimo y no lo he hecho. Ayúdame a amar más a mi prójimo y a usar los dones para servirlo en virtud del amor que siento por él. Amén.

¿QUÉ HAGO CON ESTO?

Por lo aprendido hoy, entendemos que el amor es la correcta motivación de nuestras acciones. ¿Cuál es la motivación de tu servicio a Dios?

DÍA 4

Si alguno habla, hable conforme a las palabras de Dios; si alguno ministra, ministre conforme al poder que Dios da (1 Ped. 4:11a).

De este pasaje, podemos aprender tres cosas. Primero, los dones son de Dios. Cualquiera que sea nuestro don o vocación de servicio, estamos llamados a llevarlo a cabo recordando que hemos recibido esa capacidad y hasta la disposición para hacerlo de nuestro Dios. No es algo que hemos traído de nacimiento; tampoco es algo que ha nacido de nosotros o que sencillamente hemos adquirido en algún curso o clase. Ha sido Dios quien nos lo ha dado a través de Su Espíritu Santo.

Segundo, los dones deben ser usados en el servicio. El pasaje es claro al señalar que si tenemos algún don, pues que lo usemos. Luego dice: «[S]i alguno ministra», y la palabra *ministrar* literalmente significa 'servir'. Los dones nos han sido dados para que con ellos sirvamos a los demás para la edificación del cuerpo de Cristo.

Por último, los dones deben ser usados en el poder de Dios. Los dones han sido dados por Dios para ser usados para los propósitos de Dios y en el poder de Dios. Él no nos pide creatividad, estrategia o cualquier ingenio humano para hacer más efectivos los dones. No, Él nos dota de Su poder para usarlos. Esto nos permite ser humildes para realizar la tarea a la que hemos sido llamados.

Padre Santo, ayúdame a servirte a ti sirviendo a otros
con lo que tú me has dado. Todo lo que tengo es tuyo;
por eso te lo devuelvo a ti. Amén.

¿QUÉ HAGO CON ESTO?

La manera en la que utilizamos nuestros dones dice a quién le pertenecen. ¿Usas tus dones como si fueran tuyos o de Dios?

DÍA 5

[P]ara que en todo sea Dios glorificado por Jesucristo,
a quien pertenecen la gloria y el imperio por los siglos
de los siglos. Amén (1 Ped. 4:11b).

Toda la gloria es para nuestro Señor. Él nos ha amado, nos ha salvado, nos ha capacitado y nos da la oportunidad de servirlo a través de nuestros dones espirituales. Por eso, es que Dios se lleva toda la gloria. El uso y el ejercicio de los dones espirituales son para que «en todo sea Dios glorificado por Jesucristo, a quien pertenecen la gloria y el imperio por los siglos de los siglos. Amén».

Es muy fácil perder de vista esta verdad porque, al ver los resultados de vidas cambiadas por la obra de Dios a través de nuestro trabajo, podemos llegar a creer que son el resultado de nuestra capacidad. Es muy fácil ver un rostro triste que comienza a sonreír por una palabra de exhortación que pudimos dar y luego pensar que nuestra sabiduría consiguió tal cambio. Es muy fácil llegar a pensar que el poder radica en el ungido y no en aquel que unge. Cuán fácil es decir que la gloria es de Dios y actuar como si fuera de la persona que Dios está usando en Su gracia.

¿Cuántas veces hemos pedido que determinada persona ore por nosotros creyendo que su oración será más efectiva que la de otros o aun la mía? ¿Cuántas veces hemos admirado a un predicador hasta el punto de marginar a los demás?

Solo Dios merece la gloria por el resultado del ejercicio de los dones, pues «de él, y por él, y para él, son todas las cosas. A él sea la gloria por los siglos. Amén» (Rom. 11:36).

> *Señor, doy a ti toda la gloria. Me has dado tu Espíritu*
> *y también me has dado los dones del Espíritu. Te doy*
> *toda la gloria. Amén.*

¿QUÉ HAGO CON ESTO?

El texto de hoy nos enseña que, al final, cada buena acción u obra realizada para bien de la Iglesia termina dando gloria a Cristo. ¿Cómo te sientes cuando tus acciones pasan inadvertidas ante los ojos de los demás?

DÍA 6

> *[S]ino que siguiendo la verdad en amor, crezcamos en*
> *todo en aquel que es la cabeza, esto es, Cristo, de quien*
> *todo el cuerpo, bien concertado y unido entre sí por*
> *todas las coyunturas que se ayudan mutuamente, según*
> *la actividad propia de cada miembro, recibe su creci-*
> *miento para ir edificándose en amor (Ef. 4:15-16).*

Es evidente que Dios espera que como creyentes y hermanos nos ayudemos a crecer en la fe unos a otros. Esa es una de las funciones primordiales de los dones espirituales. Dios espera que nos ayudemos a crecer y que nos edifiquemos mutuamente. Cada uno de nosotros ayuda al otro a través del ejercicio de los dones espirituales, que han sido dados a la Iglesia para que nos amemos a través del servicio.

A nadie le han sido dados dones para que florezca en su carrera, gane renombre, haga mucho dinero o adquiera fama. Ni siquiera le han sido dados para su propia edificación espiritual. Por el contrario, todos los dones están especialmente diseñados para servir a otros. Mi edificación vendrá a través de los dones ejercitados por otros, y otros serán edificados a través del ejercicio de mis dones. Es por eso que, sin importar lo insignificante que pueda parecerte tu don, debes usarlo para servir a otros, pues ha sido diseñado para edificar a otros.

Es nuestro deber mostrar el amor a través del servicio, y debemos servirnos unos a otros a través de nuestros dones espirituales.

Padre eterno, ayúdame a amar a otros a través del servicio. Quiero poner mis dones a tus pies. Amén.

¿QUÉ HAGO CON ESTO?

¿Estás utilizando tus dones para tu propio provecho o para el beneficio de los demás?

Capítulo 15

HABLEMOS DE CRISTO

*Toda persona que Cristo ha salvado tiene una
hermosa historia que contar.*

O. S.

La Biblia dice: «de la abundancia del corazón, habla la
boca» (Mat. 12:34b). Esto quiere decir que, de lo que esté lleno nuestro
corazón, de eso hablaremos. Si estamos llenos de deportes, hablaremos
de Messi o Ronaldo, del Boston Red Sox o de los New York Yankees.
Si estamos llenos de música popular, hablaremos de Juan Luis Guerra;
o si fuera de música clásica, entonces hablaremos de Bach, Mozart,
Beethoven o Pavarotti. Si estamos llenos de moda, hablaremos de
Chanel, Dior o de Óscar de la Renta.

Pero si estamos llenos de Cristo, hablaremos de Él, de Su obra, de
lo que ha hecho en nuestra vida y en las vidas de los demás. Como
dijeron los apóstoles del primer siglo, «no podemos *dejar de decir
lo que hemos visto y oído*» (Hech. 4:20, énfasis añadido). Por supuesto que hablar de Cristo no es una opción para los cristianos.
Por el contrario, es un acto de obediencia que todos los creyentes debemos estar prestos y dispuestos a cumplir. La Biblia dice al
respecto:

«[I]d, y haced discípulos a todas las naciones» (Mat. 28:19b).

«Id por todo el mundo y predicad el evangelio» (Mar. 16:15b).

«Y los envió a predicar el reino de Dios» (Luc. 9:2a).

«Felipe [...] les predicaba a Cristo» (Hech. 8:5).

«[P]redicaba a Cristo en las sinagogas» (Hech. 9:20b).

«¿Y cómo oirán si no hay quien les predique?» (Rom. 10:14, RVC).

«[S]ino a predicar el evangelio; [...] nosotros predicamos a Cristo crucificado» (1 Cor. 1:17,23).

A este hablar de Cristo lo llamamos «evangelizar». Podemos definir esta palabra como la acción de dar a conocer el evangelio (las buenas nuevas) de salvación por distintos medios a quienes no conocen a Cristo. Es el encargo entregado en la Gran Comisión dada por Jesús a los discípulos antes de partir:

> «Pero los once discípulos se fueron a Galilea, al monte donde Jesús les había ordenado. Y cuando le vieron, le adoraron; pero algunos dudaban. Y Jesús se acercó y les habló diciendo: Toda potestad me es dada en el cielo y en la tierra. Por tanto, id, y haced discípulos a todas las naciones, bautizándolos en el nombre del Padre, y del Hijo, y del Espíritu Santo; enseñándoles que guarden todas las cosas que os he mandado; y he aquí yo estoy con vosotros todos los días, hasta el fin del mundo. Amén» (Mat. 28:16-20).

El primer mandato de Jesús a Sus discípulos tiene que ver con la tarea de evangelizar:

> «Venid en pos de mí, y haré que seáis pescadores de hombres» (Mar. 1:17b).

El último mandato del Señor a Sus discípulos es también el de predicar el evangelio de salvación:

> «[Y] me seréis testigos en Jerusalén, en toda Judea, en Samaria, y hasta lo último de la tierra» (Hech. 1:8).

Es evidente que la encomienda de ganar a otros para Cristo es de alta prioridad. Nosotros conocemos la importancia de ser obedientes a Cristo en todo lo que nos demanda. Sin embargo, también es muy cierto que Satanás lo sabe y, por eso, trata de poner tantos obstáculos para impedir que podamos ser obedientes en esta tarea trascendental.

¿CÓMO PODEMOS HACERLO?

Las palabras finales de las personas tienden a ser muy importantes. Allí se suelen dar instrucciones, expresar deseos, quejas o simplemente manifestar los sentimientos más profundos. Estas palabras salen del corazón antes de viajar, al dejar un cargo, al momento de mudarnos a otro lugar o ante la presencia inminente de la muerte. Les presento las últimas palabras pronunciadas por algunos personajes antes de partir:

- «Señor, ábrele los ojos al rey de Inglaterra», William Tyndale (parte de su oración final antes de ser estrangulado y quemado en la hoguera por la Inquisición en octubre de 1536 al ser condenado por hereje).
- «Estoy tan aburrido de todo», Winston Churchill.
- «Beban por mí, beban por mi salud... Yo ya no puedo beber más», Pablo Picasso.
- «Estoy perdiendo», Frank Sinatra.
- «No me arrepiento; son niños del sistema», Timothy McVeigh.
- «Padre, en tus manos encomiendo mi espíritu», Jesús de Nazaret.

El apóstol Mateo, al final de su historia de Jesús, nos presenta lo que podríamos catalogar como parte de las últimas palabras de Cristo porque realmente Sus últimas palabras las registra el evangelista Lucas en el libro de los Hechos:

«Pero recibiréis poder, cuando haya venido sobre vosotros el Espíritu Santo, y me seréis testigos en Jerusalén,
en toda Judea, en Samaria, y hasta lo último de la tierra»
(Hech. 1:8).

Si observamos tanto Mateo 28:18 como Hechos 1:8, veremos que
ambos pasajes se refieren al mandato de Cristo de compartir el evangelio con los demás. Cristo pudo haber dicho muchas otras cosas,
pero Su intención fue que esas palabras fueran las últimas que le
escucharan.

«Id, pues, y haced discípulos de todas las naciones, bautizándolos en el nombre del Padre y del Hijo y del Espíritu
Santo, enseñándoles a guardar todo lo que os he mandado; y he aquí, yo estoy con vosotros todos los días, hasta
el fin del mundo» (Mat. 28:19-20, LBLA).

LA DESPEDIDA ES UN MANDATO

La Gran Comisión es tanto una despedida como un mandato. Es como
si el mismo Señor dijera: «como me han adorado y saben que tengo
toda la autoridad y todo el poder, ahora cumplan con esta orden. Si
me adoran, no tendrán ningún problema en someterse a mi autoridad
cumpliendo lo que les estoy ordenando».

La despedida del Señor no es un formalismo religioso, ni tampoco
un protocolo ceremonial. Se trata de la despedida de un rey que no está
pidiendo favores ni suplicando por alguna acción voluntaria de parte
nuestra. Por el contrario, manda, comisiona y envía a Sus discípulos.
Jesús tampoco les pide su opinión ni les da diferentes alternativas.
Simplemente les da una orden que deberá ser ejecutada al pie de la
letra. Calvino dijo al respecto:

Es preciso que tenga dominio supremo y verdaderamente
divino aquel que manda que la vida eterna sea prome-
tida en su nombre, que todo el mundo sea sometido a
su gobierno, y que sea promulgada una doctrina que ha
de sojuzgar toda cosa alta y humillar la raza humana. Y
por cierto los apóstoles nunca habrían sido persuadidos
a intentar el desempeño de tarea tan ardua de no haber

sabido que estaba sentado en los cielos su Protector y Vengador a quien había sido dado el dominio supremo.[110]

No es la primera vez que Jesús da una orden ni es lo único que ordena. Como ya lo dijimos, puesto que somos adoradores y estamos sujetos a Su autoridad, no deberíamos tener ningún problema en someternos. No importa si lo que nos envía a hacer es de nuestro agrado; lo importante es que podamos someternos a Él. Por ejemplo, Dios envió a Jonás a una difícil misión a Nínive. La única opción que Dios tenía era que lo obedeciera, pero Jonás decidió desobedecer. Por eso Cristo les recuerda a todos Sus discípulos de todas las épocas que Él es Dios al decir que toda autoridad le es dada en el cielo y en la tierra.

EL CONTENIDO DEL MANDATO

«Por tanto, id, y haced discípulos a todas las naciones, bautizándolos en el nombre del Padre, y del Hijo, y del Espíritu Santo» (Mat. 28:19).

El contenido del mandato es tan claro que no deja espacio para dudas. Allí se pone en evidencia la voluntad del Señor y cómo es que nosotros llevaremos a cabo esta encomienda. La narración que Mateo nos entrega comienza con la expresión *Por tanto* (v. 19):

Este es un tipo de conjunción que introduce un concepto o acción que es el resultado de lo que antecede. Habiendo recibido autoridad absoluta en el cielo y sobre la tierra, Jesús tenía pleno derecho de ordenar a Sus discípulos la realización de una misión universal.[111]

En pocas palabras, Jesús da este mandato (o comisión) porque tiene toda autoridad para hacerlo y Sus discípulos, toda la obligación de cumplirlo. El contenido del mandato comienza con dos verbos en

[110] Asdrubal Ríos, *Comentario bíblico del continente nuevo: San Mateo* (Miami, FL: Editorial Unilit., 1994), 334.
[111] James Bartley, Ariel Lemos y José Bruce, *Mateo*, tomo 14 de la serie Comentario bíblico mundo hispano (El Paso, TX: Editorial Mundo Hispano, 1993), 376.

nuestras traducciones. El primero es el verbo *id* y el otro es el verbo *haced*. Los que conocemos un poco de la gramática de la lengua española nos damos cuenta de que estos dos verbos están conjugados en modo imperativo, lo que denota obligación o mandato.

Las ciencias de las traducciones bíblicas tienen como una de sus metas hacer la mejor interpretación de los textos originales para tener un manejo del texto más cercano a la intención del autor y, a la vez, usar términos que sean más claros, según vaya evolucionando el lenguaje. Esta aclaración es necesaria para lo que voy a decir a continuación. Aunque Reina y Valera tradujeron estos dos términos como verbos imperativos, cuando vamos a los textos originales nos damos cuenta de que solo *haced* está en modo imperativo y que *id* es un presente continuo. Lo que quiere decir que una traducción más exacta sería esta:

«Mientras van (o *habiendo ido*), hagan discípulos…» (v. 19).

Es una orden del Rey a Sus súbditos que demanda una acción continua, que se proyecta por tiempo indefinido. Es decir, donde quiera que estemos, debemos ver a nuestro prójimo como un posible candidato a discípulo de Cristo.

Pienso que la Iglesia cristiana se ha inclinado más a *ir* que a *hacer*. En otras palabras, ha estado más dedicada a la evangelización que al discipulado. No es que ambas cosas sean contrarias, sino que la evangelización sin el discipulado está incompleta; y, más bien, el discipulado incluye la evangelización.

Debemos saber que la proclama de Cristo a alguien incluye no solo un acercamiento para hablarle de Cristo, sino también un acompañamiento constante. Un autor dice lo siguiente:

> Para algunos intérpretes, *hacer discípulos* significa 'evangelizar'. Si se hiciera una clara distinción entre los tres términos *hacer discípulos*, *bautizar* y *enseñar*, parecería que *hacer discípulos* significaría 'llevar personas a la salvación en Cristo', pues el término siguiente es *bautizar*. Sin embargo, la construcción gramatical en griego no admite tal orden de pasos. Otros entienden que *hacer discípulos* significa desarrollar a los que ya son creyentes, pero tal concepto hace violencia al mandato de hacer discípulos a las naciones, pues el primer paso necesariamente sería el de ganarlos para

Cristo. El término *hacer discípulos* incluye la gama total de la voluntad de Dios para con Su Iglesia y para con las naciones. Incluye evangelizar, pero también incluye el desarrollo del creyente en la semejanza de Cristo y el sometimiento a Él como el Señor de su vida. El discípulo es un aprendiz, o un alumno, que aprende de su maestro con el fin de obedecer. Los días de escuela para el creyente nunca terminan porque las demandas del discipulado son exigentes y requieren un esfuerzo disciplinado durante toda la vida.[112]

Ser discípulos abarca el plan de Dios para nosotros desde que escuchamos y recibimos Su evangelio hasta vivir cada día como aprendices del Maestro por medio de Su Palabra, la oración, el servicio a Él y a los demás. Este proceso de discipulado comienza con la gracia de Cristo derramada en nuestras vidas al darnos salvación, y nunca terminará mientras estemos aquí en la tierra. Me atrevo a decir que aun en el cielo seguiremos siendo los eternos aprendices del Salvador por toda la eternidad. La Escritura dice:

«Por tanto no desfallecemos, antes bien, aunque nuestro hombre exterior va decayendo, sin embargo nuestro hombre interior se renueva de día en día» (2 Cor. 4:16, LBLA).

«[E]stando convencido precisamente de esto: que el que comenzó en vosotros la buena obra, la perfeccionará hasta el día de Cristo Jesús» (Fil. 1:6, LBLA).

«Hermanos, yo mismo no considero haber*lo* ya alcanzado; pero una cosa *hago:* olvidando lo que *queda* atrás y extendiéndome a lo que *está* delante» (Fil. 3:13, LBLA).

Hay discípulos porque hay maestros. El Señor Jesús mismo aceptó que lo llamaran «Maestro»:

«Vosotros me llamáis Maestro y Señor; y tenéis razón, porque lo soy» (Juan 13:13, LBLA).

---

[112] Ibíd.

Sin embargo, dejó muy en claro que aquellos que quisieran ser Sus discípulos tenían que reunir ciertas características, incluidas en las siguientes declaraciones:

- **El discípulo tiene una entrega absoluta a Él:** «[N]iéguese a sí mismo, y tome su cruz, y sígame» (Mat. 16:24; Mar. 8:34).
- **El discípulo está dispuesto a renunciar a todo:** «Si alguno viene a mí, y no aborrece a su padre, y madre, y mujer, e hijos, y hermanos, y hermanas, y aun también su propia vida, no puede ser mi discípulo. [...] Así, pues, cualquiera de vosotros que no renuncia a todo lo que posee, no puede ser mi discípulo» (Luc. 14:26,33).
- **El discípulo tiene obediencia absoluta a Su Palabra:** «Si vosotros permaneciereis en mi palabra, seréis verdaderamente mis discípulos» (Juan 8:31b)
- **El discípulo da frutos que representan a Su maestro:** «Si permanecéis en mí, y mis palabras permanecen en vosotros, [...] y seáis así mis discípulos» (Juan 15:7a-8b).
- **El discípulo de Cristo se caracteriza por el amor:** «En esto conocerán todos que sois mis discípulos, si tuviereis amor los unos con los otros» (Juan 13:35).

Si decimos que somos cristianos, tú y yo no somos simples creyentes: somos discípulos, somos aprendices de ese Cristo que nació, vivió, murió y resucitó por ti y por mí. Debemos reflejar esa condición de discípulos en las distintas áreas de nuestras vidas y también en la dedicación con la que vivimos para hacer de otros lo que nosotros ya somos: discípulos de Cristo. De cualquier modo, es obligatorio para todos los discípulos hacer de otros los que ellos mismos son y lo que no pueden ser por sus propios medios. Por eso es que el evangelio se anuncia, porque de otra manera no hay forma en que los seres humanos lo puedan conocer y menos vivir por ellos mismos.

EL CONTENIDO DEL EVANGELIO

El énfasis principal del mandato, entonces, es hacer discípulos. Discípulos son los que escuchan, entienden y obedecen la enseñanza de Jesús (Mat. 12:46-50).

El contenido del evangelio no es simplemente decir que Cristo quiere salvar a los Suyos, sino que los Suyos se someterán a Él cómo Salvador y como Señor. Cuando proclamamos el evangelio, no solo anunciamos que Cristo salva, sino que también demanda porque es Señor. Las demandas de Cristo no son requisitos para la salvación porque esta es por gracia, sino que vienen como resultado de la salvación. Él no solo busca personas para salvarlas, sino también para que lo sirvan. Él es Salvador y Señor.

El evangelio es básicamente el mensaje de redención de Jesucristo y debe incluir el amor y la justicia de Dios, la manifestación de la condición de pecado del ser humano, y la idea de que Cristo vino a reconciliar al ser humano con Dios y de que cada persona debe responder a este sacrificio de Cristo con humillación, arrepintiéndose y pidiendo perdón por sus pecados y creyendo en Jesús por medio de la fe.

> El evangelio debe contener todos estos elementos y debe ser explicado correctamente mientras el Espíritu del Señor convence de pecado a quien escucha y lo lleva a la salvación. La persona que entiende el evangelio y cree en Cristo solamente por fe recibe el perdón de sus pecados y, por ende, la vida eterna.[113]

La evangelización se puede hacer de varias maneras y está bajo la sombrilla del buen testimonio personal. El buen testimonio es el punto de partida para que las personas puedan disponerse a escuchar y creer en el mensaje que nosotros les comunicamos.

De nada nos serviría tener mucha pasión para llevar el evangelio a todas partes si este no estuviera respaldado por una vida que honre lo que predicamos. El evangelista norteamericano Dwight L. Moody[114] decía: «Tu buen testimonio deber sonar tan alto que tu voz no se pueda oír». Con esto quería significar lo que dijo Jesús: «Por sus frutos los conoceréis» (Mat. 7:16,20).

¿Cuáles son esos frutos que el cristiano debe dar para tener credibilidad? La Biblia nos da una serie de características que deben formar parte del carácter del creyente. Este se manifiesta por la forma en que

---

[113] Para un bosquejo de lo que es una presentación bíblicamente correcta del evangelio, ver capítulo 3.

[114] Dwight L. Moody fue un evangelista norteamericano con gran pasión.

reacciona ante distintas situaciones. El Señor Jesucristo lo describe muy bien en las bienaventuranzas en Mateo 5:1-12. El apóstol Pablo, en la carta a los gálatas, dice lo mismo con relación al carácter del creyente al hablar del fruto del Espíritu que se manifiesta en la vida del cristiano como resultado de una estrecha e íntima relación con Dios:

> «Digo, pues: Andad en el Espíritu, y no satisfagáis los deseos de la carne. [...] Mas el fruto del Espíritu es amor, gozo, paz, paciencia, benignidad, bondad, fe, mansedumbre, templanza; contra tales cosas no hay ley» (Gál. 5:16,22-23).

El evangelio que prediquemos será efectivo cuando nuestra manera de vivir respalde lo que decimos. Es de vital importancia que los creyentes vivamos una vida de intimidad con Dios porque cuando estamos cerca de Él... ¡se nota!

> «Entonces viendo el denuedo de Pedro y de Juan, y sabiendo que eran hombres sin letras y del vulgo, se maravillaban; y les reconocían que habían estado con Jesús» (Hech. 4:13).

Como cristianos debemos compartir el evangelio a todo el mundo, y debe estar respaldado por un buen testimonio. La gente creerá no solo por lo que le decimos, sino también por lo que hacemos. El buen testimonio es uno de los grandes recursos con que disponemos para proclamar a Cristo:

> «De modo que si alguno está en Cristo, nueva criatura es; las cosas viejas pasaron; he aquí todas son hechas nuevas» (2 Cor. 5:17).

Tenemos muchas maneras de dar testimonio con nuestras acciones: un gesto de amor, un saludo cordial o una sonrisa ayudan a aliviar las necesidades del otro; y todo esto no solo a los creyentes, sino también a todo el mundo. Debemos dar el ejemplo con nuestras buenas acciones para que podamos ser escuchados cuando hablemos de Cristo.

Debemos servir como Cristo sirvió para que puedan creernos cuando digamos que somos Sus discípulos. Hay quienes hablan mucho de

Cristo, pero no lo reflejan en sus acciones. Hablemos de Cristo, pero también mostrémoslo con nuestro buen testimonio, amando y sirviendo. Busquemos la ocasión para servir, recordando siempre las palabras de Cristo: «[C]omo el Hijo del Hombre no vino para ser servido, sino para servir, y para dar su vida en rescate por muchos» (Mat. 20:28).

¿QUIÉNES ESTÁN LLAMADOS A PREDICAR?

Como vemos, tanto el primer mandato de Jesús como el último tienen que ver con nuestra responsabilidad de hablarles a otros de Él y de lo que ha hecho en nuestras vidas. Normalmente, y esto es lamentable, los creyentes creen que la responsabilidad de predicar, de hablar de Cristo, es solo del pastor o de los líderes de la iglesia. Pero eso no es lo que vemos en el Nuevo Testamento. La propuesta bíblica es que todos somos llamados a hablar de Cristo:

> «Mas vosotros sois linaje escogido, real sacerdocio, nación santa, pueblo adquirido por Dios, para que *anunciéis* las virtudes de aquel que os llamó de las tinieblas a su luz admirable» (1 Ped. 2:9, énfasis añadido).

¿Tenemos los creyentes que pasar por un período de preparación para transmitir el evangelio? Aunque es cierto que tenemos que prepararnos para hacer toda obra para Dios y que debemos hacerlo todo con excelencia y cada vez mejor, el no haber podido alcanzar todavía ese gran estándar no es un impedimento para que cumplamos nuestra responsabilidad de hablarles a otros de Cristo.

Jesús sanó a un ciego de nacimiento (Juan 9:1-34), y el milagro provocó un revuelo extraordinario de confusión, escepticismo, hostilidad y admiración. Este exciego tuvo un día lleno de presiones, emociones e interrogatorios. En un momento de estos sobresaltos, el individuo ofreció una gran respuesta que además es una gran declaración:

> «Si es [Jesús] pecador, no lo sé; una cosa sé, que habiendo yo sido ciego, ahora veo» (Juan 9:25b).

Aunque todavía no había pasado un día de haber recibido sanidad, este hombre podía decirle a todos lo que Jesús le había hecho: «Era ciego, y ahora veo...». Eso es lo que el Señor quiere que hagamos. Él quiere que les digamos a todos (sin importar la preparación o el tiempo que llevemos de convertidos) lo que Dios ha hecho en nosotros.

EL PERFIL DE JESÚS COMO EVANGELIZADOR

Jesús, no solo es nuestro Salvador, sino también nuestro modelo a seguir. Sin duda, es el Maestro por excelencia. Es imprescindible que lo imitemos para tener efectividad en nuestra tarea evangelizadora. El apóstol Pablo nos exhorta a ser imitadores de Dios (1 Cor. 11:1; Ef. 5:1), y Jesús con Su vida nos muestra cuál debe ser la actitud y la manera de actuar de los cristianos en la tarea evangelizadora.

El Nuevo Testamento nos presenta algunas de estas características:

1. Mostró compasión (Mat. 9:36; Mar. 10:21).
2. No tuvo prejuicios (Juan 4:3-39).
3. Buscó a las personas (Luc. 19:1-10).
4. Se relacionó con ellas (Juan 3:1-21; 4:7; Luc. 19:1-10).
5. Fue directo, sin ser imprudente (Juan 3:3; 4:16).
6. Veía la salvación como un asunto urgente (Juan 9:4).

Aquellos que quieren ser fieles al Señor deben considerar estas características con la mayor seriedad posible. Es importante observar en nuestra vida este perfil para que podamos llegar a ser los instrumentos que Dios quiere que seamos.

RESUMEN DEL CAPÍTULO 15

(1) Hablar de Cristo no es una opción

    a. Es un acto de obediencia que todos los creyentes debemos estar prestos y dispuestos a cumplir (Mat. 28:19; Rom. 10:14)

(2) ¿Quiénes están llamados a predicar?

    a. Todos somos llamados a hablar de Cristo (1 Ped. 2:9).

(3) ¿Tenemos que pasar por una preparación antes de compartir el evangelio?

    a. Aunque es cierto que tenemos que prepararnos para hacer toda obra para Dios y que debemos en todo darle la exce-

lencia, eso no impide que cumplamos nuestra responsabilidad de hablarles a otros de Cristo.

(4) El perfil de Jesús como evangelizador

    a. Mostró compasión (Mat. 9:36; Mar. 10:21).
    b. No tuvo prejuicios (Juan 4:3-39).
    c. Buscó a las personas (Luc. 19:1-10).
    d. Facilitó las relaciones (Juan 3:1-21; 4:7).
    e. Fue directo, sin ser imprudente (Juan 3:3; 4:16).
    f. Veía la salvación como un asunto urgente (Juan 9:4).

PARA ESTUDIAR

¿Cuál es el mandato de Cristo dado en Sus últimas palabras
antes de ascender al cielo?

¿Estás cumpliendo ese mandato? ¿Por qué?

El ciego de nacimiento dijo: «[U]na cosa sé, que habiendo yo
sido ciego, ahora veo». ¿Qué significa para usted la expresión
era ciego y ahora veo?

Haz una lista de las personas a las que quisieras hablarles de
Cristo. Puedes usar como modelo el bosquejo del capítulo 3 de
este libro. Ora por ellas e invítalas a un servicio de tu iglesia.

DÍA 1

[P]ero recibiréis poder, cuando haya venido sobre voso-
tros el Espíritu Santo, y me seréis testigos en Jerusalén,
en toda Judea, en Samaria, y hasta lo último de la tierra
(Hech. 1:8).

Debido a lo sucedido el día de Pentecostés, algunos tienden a asociar la presencia y el poder del Espíritu Santo con fenómenos sorprendentes y grandes cantidades de personas. Olvidan que estas mismas personas que recibieron el Espíritu Santo también fueron rechazadas, azotadas, encarceladas e incluso ejecutadas; pero, a pesar de todas esas adversidades, estos nuevos convertidos nunca dejaron de ser testigos poderosos del Señor.

Ese poder que recibimos cuando Dios nos da el Espíritu Santo es la autoridad de Dios para causar grandes cambios, para hablar de Él en cualquier escenario de este mundo. Este poder se ve en el predicador dinámico que atrae a grandes multitudes, pero también se ve en el voluntario que lleva a cabo un ministerio en las prisiones de manera individual. Se ve también en el que da testimonio a un compañero de trabajo o a un vecino, el que da testimonio a sus padres o hermanos que aún no conocen al Señor. Este poder no es exclusivo de algunos. Por el contrario, está disponible para todos los creyentes. Es el poder de Dios que nos permite hablar de Él. ¿Hasta qué punto usas ese poder? ¿Eres testigo de Cristo? ¿Puedes decir, como los apóstoles, que «no podemos dejar de decir lo que hemos visto y oído»?

Es necesario que tengamos la convicción de ser testigos de Cristo y de que estamos respaldados por ese poder que solo Él puede dar.

Señor, gracias por tu respaldo; ayúdame a convertirme
en un testigo fiel de tu palabra. Amén.

¿QUÉ HAGO CON ESTO?

Si nuestro buen Dios nos ha dado poder para proclamar Su Palabra, ¿usas ese poder de manera fiel para proclamar el evangelio a las personas a tu alrededor?

Día 2

Pues ya que en la sabiduría de Dios, el mundo no conoció a Dios mediante la sabiduría, agradó a Dios salvar a los creyentes por la locura de la predicación (1 Cor. 1:21).

Es muy común encontrarnos con personas que, al considerarse muy «sabias», están constantemente señalando los supuestos «defectos» que creen encontrar en la Biblia. Generalmente esas personas dicen conocer a Dios a su manera o tener su propio dios, sin darse cuenta de lo perdidas que están.

Pablo dice en 1 Corintios 1:21 que Dios salva a los creyentes por medio de lo que a otros parece una locura: la predicación del evangelio. En su «sabiduría», el mundo no es capaz de entender lo que la predicación significa; por eso para ellos es locura.

Estas personas solamente se salvarán cuando por la locura de la predicación escuchen el mensaje de Jesucristo y el poder del Espíritu Santo los lleve al convencimiento de sus pecados. La predicación es una tarea de todo creyente; es un mandato de Dios que nosotros debemos cumplir, sin importar que para algunos sea una locura.

Padre mío, gracias porque en un momento de mi vida alguien me predicó tu mensaje. Guíame cada día a hacer lo mismo. Amén.

¿QUÉ HAGO CON ESTO?

En 1 Corintios 1:21, Pablo habla de «la locura de la predicación». ¿Estás dispuesto a ser rechazado por predicar y vivir a Cristo? ¿Hasta qué punto?

DÍA 3

Entonces Felipe, abriendo su boca, y comenzando desde esta escritura, le anunció el evangelio de Jesús (Hech. 8:35).

Andy Miller, comisionado jubilado del Ejército de Salvación de 75 años, se presentó en una conferencia bíblica elegantemente vestido de uniforme y compartió con gentileza, convicción y un destello en la mirada el siguiente testimonio: «Cuando tenía 19 años y era un cadete en adiestramiento, hice un compromiso con el Señor de hablarle a una persona al día del amor de Cristo». ¡Ese sí que es un gran compromiso! Pero es seguro que, en el ejercicio de su ministerio, llevó a muchos a depositar su fe en Cristo para salvación. Sabemos que no es fácil hablar del evangelio con algunas personas, pero podemos y debemos hacerlo porque este fue el mandato que Jesús nos dejó (Mat. 28:19-20).

En la lectura de hoy vemos que el Espíritu Santo guió a Felipe al lugar donde se encontraba el funcionario etíope y le dio las palabras exactas que debía usar. A medida que busquemos a Dios y dependamos de Él, Dios hará lo mismo con nosotros. Considere este compromiso y hágalo válido en su vida. Usted también puede ser un testigo diario del amor de Cristo.

Padre Santo, hoy me comprometo a ser un testigo fiel de tu amor. Pon en mí cada día tu Palabra y muéstrame lo que quieres que haga. Amén.

¿QUÉ HAGO CON ESTO?

El temor a ser rechazado nos impide a veces compartir el evangelio. ¿De qué manera práctica nos ayuda saber que Dios guió a Felipe a compartir el evangelio con el eunuco?

Día 4

[Y] que se predicase en su nombre el arrepentimiento y el perdón de pecados en todas las naciones, comenzando desde Jerusalén (Luc. 24:47).

Cuando el Señor les dio a los discípulos el último mandato, la predicación del evangelio, les ordenó hacerlo en su propia ciudad y por todo el mundo. Esto lo podemos confirmar en Mateo 28:18-20, Marcos 16:14-18 y en Hechos 1:8. En todos estos pasajes podemos ver que la intención del Señor es que todo el mundo escuche el evangelio, comenzando desde Jerusalén y luego expandiéndose a otros lugares cercanos, hasta llegar a todas las naciones.

Es necesario que nuestra predicación sea permanente tanto en nuestros hogares, en nuestra comunidad, como en todos los lugares donde Dios nos ponga. Es posible que en nuestro entorno tengamos familiares y amigos que muchas veces no vengan a los pies del Señor por causa de nuestro mal testimonio. Debemos entender que hemos sido llamados a darles testimonio a ellos y a los demás, por la exposición de las Escrituras y de nuestro testimonio personal.

El cristiano tiene dos discursos: uno de ellos es el que transmite con su boca cuando proclama el mensaje de salvación plasmado en las Escrituras; el otro es el que transmite con su vida y testimonio.

Señor, dame el valor cada día para compartir tu mensaje y hablarles a todos de tu amor. Amén.

¿QUÉ HAGO CON ESTO?

Estamos llamados a predicarles a todas las personas, pero ¿has predicado con tus palabras y testimonio a los que están más cerca de ti? Empieza hoy a orar y hablarles del evangelio.

DÍA 5

Si alguno habla, hable conforme a las palabras de Dios; si alguno ministra, ministre conforme al poder que Dios da, para que en todo sea Dios glorificado por Jesucristo, a quien pertenecen la gloria y el imperio por los siglos de los siglos. Amén (1 Ped. 4:11).

Es importante recordar que hemos sido llamados a hablar del evangelio de Cristo. Este fue Su último mandato que debe reflejarse en todas las situaciones de nuestra vida. No importa dónde estemos ni con quién hablemos; debemos hacerlo según la Palabra de Dios.

¿Cómo vamos a hacerlo? Es importante también recordar que «de la abundancia del corazón habla la boca» (Mat. 12:34). Para poder cumplir con este mandato es necesario que nuestro corazón esté lleno de la Palabra de Dios, que nuestra vida esté llena de Dios. Es por eso que debemos procurar cada día mejorar nuestra relación con Él, tener fielmente un tiempo en el que busquemos Su rostro y Su voluntad a través de la oración y el estudio de Su Palabra.

Como vimos en nuestra lección, si nuestro corazón está lleno de béisbol, hablaremos de béisbol; si está lleno de música, hablaremos de música; pero, si está lleno de la Palabra de Dios, hablaremos del amor de Cristo.

Señor, permite que mi corazón cada día se llene de tu Palabra y que yo sea un fiel portavoz de ella. Amén.

¿QUÉ HAGO CON ESTO?

«[D]e la abundancia del corazón habla la boca» (Mat. 12:34). ¿Vives lleno de la Palabra de Dios todos los días de tal manera que en tus conversaciones hablas de ella en abundancia?

Día 6

Y nos mandó que predicásemos al pueblo, y testificásemos que él es el que Dios ha puesto por Juez de vivos y muertos (Hech. 10:42).

¿Cuál es el propósito principal de la predicación del evangelio?

Que el mundo conozca que Cristo es el Salvador y Juez para juzgar nuestros pecados y perdonarlos a través de Su obra en la cruz del Calvario.

No importa cuán pobres o ricos seamos, cuán buenos o malvados nos considere nuestra sociedad o aun nosotros mismos. La salvación del mundo depende del veredicto final de Cristo. Este veredicto ya fue dado a conocer en la cruz, cuando, por amor a Su pueblo, Cristo derramó Su sangre y limpió nuestros pecados. Es necesario que el mundo sepa que el perdón de sus pecados está a los pies del Señor Jesucristo y que está disponible para todos los que acuden a Él.

Un día, los libros serán abiertos y Dios juzgará al mundo. Él es el juez de los vivos y de los muertos. Solo aquellos que han sido limpiados con la sangre de Su Hijo Jesús serán libres de toda culpa, no por sus obras, sino por la sangre del Señor.

A nosotros nos toca transmitir ese mensaje.

Gracias, Dios, por enviar a Cristo a morir por mí.
Gracias porque en ti solamente encontré la salvación.
Amén.

¿QUÉ HAGO CON ESTO?

Este mundo será juzgado por Dios. ¿Cómo debe llevarte esa verdad a predicar el evangelio con pasión?

Capítulo 16

EL USO DE MIS RECURSOS

La forma en la que manejamos nuestro dinero es una expresión externa de una condición espiritual interna.

Conceptos Financieros Crown[115]

La Biblia está llena de pasajes que nos enseñan que honrar a Dios con nuestros bienes es parte de nuestra vida espiritual. Sin embargo, a pesar de que la Biblia presenta tan claramente la importancia de usar nuestros recursos materiales para la gloria del Señor, vemos que la naturaleza humana no está de acuerdo. Tendemos al egoísmo, y el diseño y el plan original de Dios con relación al buen uso de nuestras finanzas se ha visto deteriorado por el pecado.

Todo padre sabe que la primera palabra que aprende un niño suele ser «no» y que la segunda es «mío». Este deseo de tener, de acaparar lo traemos en ese *software* que tenemos instalado en nuestro corazón humano. Nos cuesta aceptar que no somos dueños de nada.

---

[115] Conceptos Financieros Crown es un ministerio cristiano especializado en capacitar y orientar a los creyentes en el manejo de sus recursos financieros. Puede saber más sobre ellos visitando: www.conceptosfinancieros.org.

No debemos olvidar que Dios nos ha puesto como mayordomos o administradores de todo lo que hay en este mundo, y que el título de propiedad sigue estando a Su nombre. Nuestra relación con los bienes de este mundo podría resumirse en saber que se nos ha conferido la administración, pero no la posesión de ellos. Dios es el dueño de todo.

Lo primero que debemos saber con respecto al manejo correcto de nuestros recursos es que no somos dueños absolutamente de nada. Somos administradores que debemos dar cuenta del uso de todo lo que tenemos y de todo lo que hacemos con lo que se nos ha encomendado. Dios creó todo lo que hay y por lo tanto todo le pertenece y todo se lo debemos a Él. Veamos los siguientes pasajes:

«En el principio creó Dios los cielos y la tierra» (Gén. 1:1).

«De Jehová es la tierra y su plenitud; el mundo, y los que en él habitan» (Sal. 24:1).

«Todo lo que hay debajo del cielo es mío» (Job 41:11b).

«[P]orque del Señor es la tierra y su plenitud» (1 Cor. 10:26).

Todo lo que poseemos es de Dios: la vida, la familia, el dinero, el tiempo, los recursos, los talentos; absolutamente todo le pertenece. Él tiene autoridad en el cielo, en la tierra y debajo de la tierra porque todo le pertenece. El ser humano tiene problemas con este concepto porque desde el inicio de la creación pretende competir con Dios para ser y tener todo lo que Él es y tiene. Pero la realidad es que nunca podremos arrebatarle al Señor la propiedad de todas las cosas.

Dios quiere que nosotros aprendamos a ser fieles administradores de los recursos que pone en nuestras manos. No podemos manejar estos recursos de acuerdo a nuestros propios criterios. Por el contrario, la Palabra de Dios nos enseña cómo debemos manejarlos y hacerlos productivos para la gloria de Dios y nuestra bendición como seres humanos. Veamos algunos textos bíblicos al respecto que se remontan al principio mismo de la humanidad:

«Y los bendijo Dios, y les dijo: Fructificad y multiplicaos; llenad la tierra, y sojuzgadla, y señoread en los peces del mar, en las aves de los cielos, y en todas las bestias que se mueven sobre la tierra» (Gén. 1:28).

Esta encomienda de multiplicarse, llenar la tierra y gobernarla trae consigo la responsabilidad de la generación de recursos y su administración. Debe entenderse que para poder administrar recursos, primero debemos conseguirlos mediante el trabajo. El trabajo no es consecuencia del pecado, sino parte del plan perfecto de Dios para los seres humanos. Dios creó al ser humano con la capacidad de trabajar:

> «Tomó, pues, Jehová Dios al hombre, y lo puso en el huerto de Edén, para que lo labrara y lo guardase» (Gén. 2:15).

Aquí hay dos palabras relacionadas con el manejo de los recursos: *labrar* y *guardar. Labrar* tiene que ver con la responsabilidad que tenía Adán de trabajar y hacer producir el huerto de Edén. *Guardar* es la responsabilidad de mantener y preservar lo trabajado o producido. Después de la caída, se mantuvo el principio básico de trabajar:

> «Con el sudor de tu rostro comerás el pan hasta que vuelvas a la tierra, porque de ella fuiste tomado; pues polvo eres, y al polvo volverás» (Gén. 3:19).

Para manejar recursos, primero deben ser producidos con trabajo arduo y abnegado. La creación nos demuestra el trabajo de Dios, por eso Cristo dice:

> «Mi Padre hasta ahora trabaja, y yo trabajo» (Juan 5:17b).

El apóstol Pablo les dio una serie de exhortaciones sobre el trabajo a los cristianos de Éfeso:

> «El que hurtaba, no hurte más, sino trabaje, haciendo con sus manos lo que es bueno, para que tenga qué compartir con el que padece necesidad» (Ef. 4:28).

Y el mismo apóstol les advierte a aquellos que, teniendo la oportunidad de trabajar, no lo hacen:

«Porque también cuando estábamos con vosotros, os ordenábamos esto: Si alguno no quiere trabajar, tampoco coma» (2 Tes. 3:10).

Estos textos y muchos otros más nos muestran la imperiosa necesidad de trabajar y entender el trabajo como la principal fuente de recursos para nuestro mantenimiento. El trabajo y la administración de lo que el Señor nos ha entregado son responsabilidades que nos ha delegado a nosotros, Sus hijos.

Los recursos que generamos y administramos son tan importantes que la Biblia tiene más de 2350 versículos sobre el manejo del dinero y las posesiones. Jesús enseñó más sobre el dinero que sobre cualquier otro asunto. El Señor da muchas explicaciones sobre el dinero y las posesiones por razones espirituales y prácticas. Solo para que puedan entender la importancia, hay 500 versículos que hablan de la oración; menos de 500 hablan de la fe... Jesucristo mencionó más el dinero que cualquier otra cosa.[116] ¿Por qué tanta importancia? Porque Dios sabe cuán apegados estamos a lo material, y sabe bien que la «raíz de todos los males es el amor al dinero» (1 Tim. 6:10a).

Para la administración de estos recursos, especialmente los financieros, Dios estableció una manera eficaz de hacerlo. Por eso vemos que tanto en el Antiguo Testamento como en el Nuevo el uso de estos recursos está pautado muy claramente. En el Antiguo Testamento, Dios estableció el diezmo como un impuesto divino, por decirlo de algún modo. Debía llevarse el diezmo, que era el 10% de los ingresos que alguien recibía en un determinado período de tiempo, al templo como ofrenda y en obediencia al mandato a Dios. Era una ley, no una opción para el pueblo hebreo. El diezmo básicamente tenía tres usos fundamentales:

Sostener a los levitas y sacerdotes

El diezmo se usaba para el sostén de aquellos que se dedicaban totalmente al servicio de Dios:

«Porque a los levitas he dado por heredad los diezmos de los hijos de Israel, que ofrecerán a Jehová en ofrenda» (Núm. 18:24a).

---

[116] Howard Dayton, *Conceptos Financieros* (Knoxville, TN: Conceptos Financieros Crown, 2004).

Los levitas debían compartir el diezmo de los diezmos con los sacerdotes:

> «Así hablarás a los levitas, y les dirás: Cuando toméis de los hijos de Israel los diezmos que os he dado de ellos por vuestra heredad, vosotros presentaréis de ellos en ofrenda mecida a Jehová el diezmo de los diezmos» (Núm. 18:26).

Ayudar a los necesitados

El otro uso que se le daba al diezmo era en la ayuda a los necesitados, como las viudas, huérfanos y extranjeros.

> «Cuando acabes de diezmar todo el diezmo de tus frutos en el año tercero, el año del diezmo, darás también al levita, al extranjero, al huérfano y a la viuda; y comerán en tus aldeas, y se saciarán» (Deut. 26:12).

Sostener el culto

Los levitas eran los encargados del culto y de los oficios relacionados con celebraciones litúrgicas del pueblo hebreo.

> «Y habló Jehová a Moisés, diciendo: Así hablarás a los levitas, y les dirás: Cuando toméis de los hijos de Israel los diezmos que os he dado de ellos por vuestra heredad, vosotros presentaréis de ellos en ofrenda mecida a Jehová el diezmo de los diezmos. Y se os contará vuestra ofrenda como grano de la era, y como producto del lagar. Así ofreceréis también vosotros ofrenda a Jehová de todos vuestros diezmos que recibáis de los hijos de Israel; y daréis de ellos la ofrenda de Jehová al sacerdote Aarón. De todos vuestros dones ofreceréis toda ofrenda a Jehová; de todo lo mejor de ellos ofreceréis la porción que ha de ser consagrada» (Núm. 18:25-29).

El Nuevo Testamento no es tan específico con el tema del diezmo como lo vemos en el Antiguo Testamento. Cristo confrontó duramente a los religiosos de Su época, como los fariseos, por su obediencia extremadamente inflexible en la práctica del diezmo que terminaba sacrificando otras virtudes:

«¡Ay de vosotros, escribas y fariseos, hipócritas! porque diezmáis la menta y el eneldo y el comino, y dejáis lo más importante de la ley: la justicia, la misericordia y la fe. Esto era necesario hacer, sin dejar de hacer aquello» (Mat. 23:23).

«El fariseo, puesto en pie, oraba consigo mismo de esta manera: Dios, te doy gracias porque no soy como los otros hombres, ladrones, injustos, adúlteros, ni aun como este publicano; ayuno dos veces a la semana, doy diezmos de todo lo que gano. Mas el publicano, estando lejos, no quería ni aun alzar los ojos al cielo, sino que se golpeaba el pecho, diciendo: Dios, sé propicio a mí, pecador. Os digo que éste descendió a su casa justificado antes que el otro; porque cualquiera que se enaltece, será humillado; y el que se humilla será enaltecido» (Luc. 18:11-14).

¿DEBE UN CRISTIANO DIEZMAR?

Algunos cristianos creen que no porque era una práctica del Antiguo Testamento que la iglesia ya no debe observar. Refuerzan este argumento diciendo que no hay ningún texto en el Nuevo Testamento que ordene que los cristianos deban diezmar. Otros, más extremistas aún, tildan de engañadores y estafadores a aquellos pastores e iglesias que enseñan sobre el diezmo.

¿Qué podemos responder a estos grupos contrarios al diezmo? Sabemos que existen iglesias y pastores que abusan del tema y ciertamente los podríamos considerar como mercaderes del evangelio, pero también creo que es un gravísimo error tildar de herejes a todos los que defienden o practican el diezmo.

La práctica de ofrendar en la Iglesia cristiana tiene su origen en el diezmo del Antiguo Testamento. Por supuesto, esto impulsa algunas preguntas: ¿deben diezmar los cristianos? ¿Cómo podemos justificarlo en el Nuevo Testamento? A mí me preocupa la oposición feroz y rabiosa a este tema de algunas personas que se llaman a sí mismas cristianas. El diezmo no es una doctrina cardinal de la iglesia como para morir en la hoguera por ella, ni tampoco es tan importante como para oponerse con la ferocidad con que algunos lo hacen. Pero también es cierto que quienes defienden el diezmo deben justificarlo con las

Escrituras y quienes se oponen también, pero todo en un ambiente de amor y comunión cristiana.

Dios quiere que Sus hijos sean fieles en el manejo de las finanzas. Él quiere que Sus hijos trabajen, ahorren y den. John Wesley[117] decía: «Gana todo lo que puedas, ahorra todo lo que puedas y comparte todo lo que puedas». Aunque no encontramos ningún mandato explícito sobre el diezmo en el Nuevo Testamento, no es menos cierto que tampoco encontramos ningún mandato explícito sobre guardar el domingo, pero igual lo guardamos como día del Señor. Tampoco aparece la palabra Trinidad de manera explícita, pero creemos y defendemos la Trinidad como doctrina cardinal de la Iglesia.

En el Nuevo Testamento, encontramos que Jesús no abolió el diezmo, sino que censuró la actitud legalista e hipócrita de los fariseos (Mat. 23:23). Aunque no hay una regulación como en el Antiguo Testamento, sí hay principios éticos generales que Jesucristo introduce en el Nuevo Pacto que son mucho más amplios que en el Antiguo:

- En cuanto a la *ira*: «Oísteis que fue dicho a los antiguos: No matarás; y cualquiera que matare será culpable de juicio. Pero yo os digo que cualquiera que se enoje contra su hermano, será culpable de juicio» (Mat. 5:21-22a).
- En cuanto al *adulterio*: «Oísteis que fue dicho: No cometerás adulterio. Pero yo os digo que cualquiera que mira a una mujer para codiciarla, ya adulteró con ella en su corazón» (Mat. 5:27-28).
- En cuanto al *divorcio*: «También fue dicho: Cualquiera que repudie a su mujer, dele carta de divorcio. Pero yo os digo que el que repudia a su mujer, a no ser por causa de fornicación, hace que ella adultere; y el que se casa con la repudiada, comete adulterio» (Mat. 5:31-32).
- En cuanto a *nuestros adversarios*: «Oísteis que fue dicho: Amarás a tu prójimo, y aborrecerás a tu enemigo. Pero yo os digo: Amad a vuestros enemigos, bendecid a los que os maldicen, haced bien a los que os aborrecen, y orad por los que os ultrajan y os persiguen» (Mat. 5:43-44).

---

[117] John Wesley fue un pastor y evangelista inglés que junto a su hermano Charles y su amigo y compañero de ministerio George Whitefield fueron figuras claves del gran avivamiento en Inglaterra e influyeron positivamente en toda la nación.

Como vemos, la ética de Jesús comprende no solo las acciones, sino también las intenciones. Él afirma que no vino a anular la ley, sino a darle cumplimiento (Mat. 5:17). Los dichos de Cristo no anulan los anteriores mandamientos, sino que amplían su significado y cumplimiento. Esto lo explica muy bien John Stott de la siguiente manera:

> Jesús hace más que obedecerlos; [el Antiguo Testamento] explica que la obediencia concierne también a sus discípulos. Jesús rechaza la interpretación superficial de la ley dada por los escribas: Él mismo provee la verdadera interpretación. Su propósito no es cambiar la ley, menos aún anularla, sino revelar todo el significado que estaba destinado a conocer.[118]

Jesús también amplía estos conceptos éticos relacionados con el dar y la administración de los recursos. Veamos lo que escribe Mateo sobre la rigurosidad que tenían los fariseos al dar:

> «¡Ay de vosotros, escribas y fariseos, hipócritas! porque diezmáis la menta y el eneldo y el comino» (Mat. 23:23a).

Jesús muestra cuán meticulosos eran los fariseos respecto al dar en la parábola del fariseo y el cobrador de impuestos:

> «[A]yuno dos veces a la semana, doy diezmos de todo lo que gano» (Luc. 18:12).

Es evidente que el diezmo era muy importante para los judíos, especialmente para los líderes del judaísmo. Ellos eran muy estrictos en este sentido. Jesús lo sabía y los confrontó porque trataban de justificar su hipocresía, falta de misericordia, amor, servicio y humildad detrás de esa rigurosa forma de dar. Veamos lo que Cristo les dice:

> «¡Ay de vosotros, escribas y fariseos, hipócritas! porque diezmáis la menta y el eneldo y el comino, y dejáis lo más importante de la ley: la justicia, la misericordia y la fe. Esto era necesario hacer, sin dejar de hacer aquello.

---

[118] John Stott, *El Sermón del monte*, 70.

¡Guías ciegos, que coláis el mosquito, y tragáis el camello!» (Mat. 23:23-24).

Jesús no censuró el diezmo, sino el orden equivocado que ellos tenían hacia otras cosas más importantes como la *justicia,* la *misericordia* y la *fe*. La Nueva Traducción Viviente lo traduce así:

«¡Qué aflicción les espera, maestros de la ley religiosa y fariseos! ¡Hipócritas! Pues se cuidan de dar el diezmo sobre el más mínimo ingreso de sus jardines de hierbas, pero pasan por alto los aspectos más importantes de la ley: la justicia, la misericordia y la fe. Es cierto que deben diezmar, pero sin descuidar las cosas más importantes» (Mat. 23:23, NTV).

La Biblia de las Américas lo dice así:

«¡Ay de vosotros, escribas y fariseos, hipócritas!, porque pagáis el diezmo de la menta, del eneldo y del comino, y habéis descuidado los *preceptos* de más peso de la ley: la justicia, la misericordia y la fidelidad; y éstas son las cosas que debíais haber hecho, sin descuidar aquéllas» (Mat. 23:23, LBLA).

Todas estas versiones afirman que Jesús no prohíbe el diezmo; más bien, condena a quienes lo daban a expensas de cosas más importantes. En otras palabras, lo más importante para ellos era diezmar, sacrificando la belleza de un carácter verdaderamente piadoso. «Jesús no dijo que no es importante diezmar, sino que ellos completamente descuidaban un área a expensas de la otra, debiendo hacer ambas».[119] Llama la atención que Jesucristo, sin censurar la práctica del diezmo, ya había enseñado y exhortado a los discípulos que debían superar a los escribas y fariseos:

«Porque os digo que si vuestra justicia no fuere mayor que la de los escribas y fariseos, no entraréis en el reino de los cielos» (Mat. 5:20).

---

[119] John F. Walvoord y Roy B. Zuck, eds., *El conocimiento bíblico, un comentario expositivo: Nuevo Testamento, tomo 1: San Mateo, San Marcos, San Lucas* (Puebla, México: Ediciones Las Américas, 1995), 91.

En todo el sentido de la palabra, los cristianos debemos superar a los escribas y a los fariseos, no solo en dar, sino aún más en una vida piadosa sin poses ni hipocresías. Ellos fueron muy estrictos en guardar asuntos menores de la ley y pasaron por alto las grandes virtudes que deben acompañar a una persona que dice estar cerca de Dios. D. A. Carson, refiriéndose a Mateo 5:20, dice:

> [E]sa enseñanza, lejos de ser más indulgente, es nada menos que la perfección. Los fariseos y maestros estaban entre los más meticulosos del planeta. La crítica de Jesús «no es que ellos no fueron buenos, sino que no eran suficientemente buenos» (Hill, Matthew). Aunque la variedad de sus regulaciones podría engendrar una sociedad «buena» domesticaban la Ley y perdían la demanda radical de absoluta santidad exigida por las Escrituras.[120]

Los discípulos de Cristo y, por consiguiente, todos los cristianos, debemos dar más que los escribas y fariseos porque Cristo Jesús nos ha dado más con el Nuevo Pacto. Los discípulos de Cristo y, por consiguiente, Su Iglesia, debemos dar más que los escribas y los fariseos porque al Señor no solo le corresponde el 10%, sino todas nuestras vidas. Debemos dar más que los escribas y los fariseos porque tenemos una compresión de la gracia divina que ellos no tenían y debemos dar porque al que mucho se le ha perdonado mucho ama, y uno que ama mucho da mucho más.

El resto del Nuevo Testamento exhorta a dar de manera liberal y sin apego a lo material. Por eso, si hoy alguien me dice que no está de acuerdo con el diezmo, mi respuesta sería que estoy de acuerdo, porque debemos dar más del 10%.

PRINCIPIOS A CONSIDERAR EN CUANTO AL DAR

El dar no es una práctica que deba ser controlada.
No creo que en los sobres de las iglesias debería existir un control estricto de quién da o de la cantidad que entrega. No creo que esta

---

[120] D. A. Carson, s.v. «Mateo 5:20», *Comentario Bíblico del Expositor: Mateo* (Miami, FL: Editorial Vida, 2004).

práctica de control tenga alguna base bíblica. Al contrario, creo que el mismo principio bíblico debe aplicarse al dar en sentido general: «[Q]ue no sepa tu *mano* izquierda lo que hace tu derecha» (Mat. 6:3b, LBLA).

El dar no debe ser legalista.

Hay quienes no tienen sensibilidad para dar. Como una vez me dijo mi amigo, el Dr. Miguel Núñez, «no debemos predicarle al bolsillo, sino al corazón». Los ambientes legalistas sofocan y persiguen a las personas, obligándolos a dar porque el dinero de las personas pareciera ser lo más importante para ellos. La Biblia dice: «Cada uno dé como propuso en su corazón: no con tristeza, ni por necesidad, porque Dios ama al dador alegre» (2 Cor. 9:7).

Dar es un acto de obediencia que hacemos con gusto y amor a Dios y a Su obra. Por cierto, esto nos lo hemos propuesto en nuestros corazones y debería superar lo mínimo que los fariseos en su propia justicia proponían y cumplían con precisión.

La exhortación a dar no debe convertirse en una manipulación para obtener más.

Algunos persiguen e intimidan a las personas para que den. Para lograrlo, usan la condenación o les prometen algo a cambio.

Los que prometen suelen pertenecer a iglesias donde hay un marcado énfasis en la prosperidad económica más que en la vida piadosa delante del Señor. Sus servicios se caracterizan por la fuerte ostentación material de sus líderes que prometen que quien da mucho recibirá mucho. Además prometen sanidades, restauración familiar, nuevos trabajos y hasta bajar de peso a cambio de dinero. La manipulación es evidente, odiosa y descarada; y lleva a los que asisten a una frustración y en muchos casos a la ruina económica y a la perdición de sus almas. Por eso no debemos olvidar esta advertencia bíblica:

> «Pero gran ganancia es la piedad acompañada de contentamiento; porque nada hemos traído a este mundo, y sin duda nada podremos sacar. Así que, teniendo sustento y abrigo, estemos contentos con esto. Porque los que quieren enriquecerse caen en tentación y lazo, y en muchas codicias necias y dañosas, que hunden a los hombres en

destrucción y perdición; porque raíz de todos los males es el amor al dinero, el cual codiciando algunos, se extraviaron de la fe, y fueron traspasados de muchos dolores» (1 Tim. 6:6-10).

Las riquezas no son malas si se obtienen con trabajo honrado y reciben la soberana bendición de Dios. El dinero es neutral; todo depende del uso que le demos para que sea bueno o malo. El poeta español del siglo xix Manuel Bretón de los Herreros dijo: «¿Qué es el dinero? Nada si no se gasta, nada si se malgasta». Con esto quería decir que al dinero hay que darle el uso correcto. La Biblia no condena las riquezas, pero exhorta:

«A los ricos de este siglo manda que no sean altivos, ni pongan la esperanza en las riquezas, las cuales son inciertas, sino en el Dios vivo, que nos da todas las cosas en abundancia para que las disfrutemos. Que hagan bien, que sean ricos en buenas obras, dadivosos, generosos; atesorando para sí buen fundamento para lo por venir, que echen mano de la vida eterna» (1 Tim. 6:17-19).

¿POR QUÉ DEBEMOS DAR?

Debemos dar porque es un acto de obediencia.

Dar no es una opción para el creyente. Por el contrario, es un acto de obediencia. Algunos piensan que pueden dar si les sobra, o simplemente deben dar ocasionalmente o cuando sientan hacerlo. Cuando vamos a las Escrituras, nos damos cuenta de que dar es un mandato de Dios. Como Él es el dueño, nos ordena que le demos lo que le pertenece y que reconozcamos Su soberanía y nuestra dependencia.

¿Necesita Dios de nuestros bienes? ¡No los necesita! Sin embargo, es un medio para probar nuestros corazones porque, cuando nos desprendemos de lo que nos pertenece, le damos la gloria a Dios y bendecimos Su obra. Dios ordena que lo honremos con nuestros bienes como se ve en el Antiguo y en el Nuevo Testamento:

- «Prometed, y pagad a Jehová vuestro Dios; todos los que están alrededor de él, traigan ofrendas al Temible» (Sal. 76:11).

- «Honra a Jehová con tus bienes, y con las primicias de todos tus frutos; y serán llenos tus graneros con abundancia, y tus lagares rebosarán de mosto» (Prov. 3:9-10).
- «Traed todos los diezmos al alfolí» (Mal. 3:10a).
- «¡Ay de vosotros, escribas y fariseos, hipócritas! porque diezmáis la menta y el eneldo y el comino, y dejáis lo más importante de la ley: la justicia, la misericordia y la fe. Esto era necesario hacer, sin dejar de hacer aquello» (Mat. 23:23).
- «Dad, y se os dará» (Luc. 6:38a).
- «Cada primer día de la semana cada uno de vosotros ponga aparte algo, según haya prosperado» (1 Cor. 16:2a).
- «Cada uno dé como propuso en su corazón» (2 Cor. 9:7a).

Todos estos pasajes nos muestran que es mandato de Dios honrarlo con nuestros bienes. Además hay promesas para el que da:

- «[E]l generoso pensará generosidades, y por generosidades será exaltado» (Isa. 32:8).
- «Dad y se os dará» (Luc. 6:38a).
- «El que siembra escasamente, también segará escasamente; y el que siembra generosamente, generosamente también segará» (2 Cor. 9:6).

Debemos dar porque es un acto de adoración.

El concepto bíblico de Dios como dueño de todo nos hace entender que debemos dar porque es un acto de obediencia. Esa única razón es suficiente y no necesitamos más. Toda orden de Dios debe obedecerse sin cuestionamientos. Si Dios nos ordena diezmar, no necesitamos más razones; esta es y debe ser suficiente. Sin embargo, la Biblia nos enseña que es además un acto de adoración.

No solo adoramos con nuestras alabanzas y cánticos; también lo hacemos con nuestros bienes. Es decirle a Dios: «Tú mereces toda la gloria y la honra, toma de lo que me has dado». Al respecto, la Biblia nos enseña:

- «Honra a Jehová con tus bienes, y con las primicias de todos tus frutos» (Prov. 3:9).
- «Jehová habló a Moisés diciendo: Di a los hijos de Israel que tomen para mí ofrenda [...]. Y harán un santuario para mí, y habitaré en medio de ellos» (Ex. 25:1-2a,8).

- «Y al entrar en la casa, vieron al niño con su madre María, y postrándose, lo adoraron; y abriendo sus tesoros, le ofrecieron presentes: oro, incienso y mirra» (Mat. 2:11).

La adoración es el reconocimiento del señorío y la autoridad de Cristo en nuestras vidas; y no hacemos este reconocimiento solo con nuestras alabanzas o mediante la oración, sino también mediante nuestras ofrendas, tal como nos lo indican los pasajes que hemos leído.

Debemos dar porque es un acto de gratitud.

Cuando vemos las razones que tenemos para ser fieles a Dios con nuestras ofrendas, encontramos a un Dios que es dueño de todo y, como tal, nos ordena que demos. También encontramos que este Dios nos bendice sin reservas y esto lo hace día a día con gran fidelidad. Por tanto, debemos honrar a Dios con nuestros bienes y debemos dar con gratitud.

La Biblia enseña que la persona que está verdaderamente agradecida a Dios, dará sin reparos. Aquel que conoce y ama al Señor tiene un corazón agradecido; entiende que todo lo que tiene lo ha recibido por gracia y misericordia:

- «Bendice, alma mía, a Jehová, y bendiga todo mi ser su santo nombre. Bendice, alma mía, a Jehová, y no olvides ninguno de sus beneficios» (Sal. 103:1-2).
- «Más bienaventurado es dar que recibir...» (Hech. 20:35b).
- «[D]e gracia recibisteis, dad de gracia» (Mat. 10:8b).

DAR TRAE BENDICIONES A NUESTRAS VIDAS

Hemos visto algunas de las principales razones que tenemos para dar. Sin embargo, aunque las motivaciones no radican en las bendiciones que podríamos recibir por dar para ser fieles al Señor, estas vienen como consecuencia de nuestra fidelidad en esta área. El Señor nos enseña que Dios estimula con provisión material a aquellos que permanecen fieles a Su mandato de dar (Isa. 32:8; Mal. 2:11; 6:38; 2 Cor. 9:6).

Hace un tiempo leí la «Parábola de los dos mares», escrita por el hombre de negocios y congresista norteamericano Bruce Barton (1886-1967). He estado en esos lugares que el autor describe, puedo corroborar su veracidad y creo que la enseñanza que encierra es sencillamente grandiosa. ¡Disfrútela!

PARÁBOLA DE LOS DOS MARES

Hay dos mares en Palestina: uno es fresco y lleno de peces; hermosas plantas adornan sus orillas; los árboles extienden sus ramas sobre él y alargan sus sedientas raíces para beber sus saludables aguas; y en sus playas juegan los niños. El río Jordán forma este mar con burbujeantes aguas de las colinas que ríen en el atardecer. Los hombres construyen sus casas en la cercanía y los pájaros sus nidos, y toda clase de vida es feliz por estar allí.

El río Jordán corre hacia el sur a otro mar. Aquí no hay trazas de vida, ni murmullos de hojas, ni canto de pájaros, ni risa de niños. Los viajeros escogen otra ruta; solamente por urgencia lo cruzan; el aire es espeso sobre sus aguas y ningún hombre, ni bestia, ni ave la bebe.

¿Qué hace esta gran diferencia entre mares vecinos? No es el río Jordán. Él lleva la misma agua a los dos. No es el suelo sobre el que están, ni el campo que los rodea; la diferencia es esta: el mar de Galilea recibe el río, pero no lo retiene. Por cada gota que a él lleva, otra sale. El dar y recibir se conjugan en este mar. El otro mar es un avaro. Guarda su ingreso celosamente. No tiene un generoso impulso. Cada gota que llega allí queda.

El mar de Galilea da y vive. El otro mar no da nada. Lo llaman… el mar Muerto.

RESUMEN DEL CAPÍTULO 16

(1) Dios es el dueño de todo

    a. «En el principio creó Dios los cielos y la tierra» (Gén. 1:1).

    b. «De Jehová es la tierra y su plenitud; el mundo, y los que en él habitan» (Sal. 24:1).

    c. «Todo lo que hay debajo del cielo es mío» (Job 41:11b).

    d. «[P]orque del Señor es la tierra y su plenitud» (1 Cor. 10:26).

(2) El hombre como administrador

    a. Dios manda al hombre a trabajar antes de la caída
       (Gén. 2:15).

    b. Dios manda al hombre a trabajar después de la caída
       (Gén. 3:19).

    c. Jesús trabaja (Juan 5:17b).

    d. El apóstol trabaja y ordena trabajar (Hech. 18:1-3; Ef. 4:28).

(3) El uso del diezmo y las ofrendas en el Antiguo Testamento

    a. Sostenía a los levitas y sacerdotes (Núm. 18:24a).

    b. Ayudaba a los necesitados (Deut. 26:12).

    c. Sostenía el culto (Núm. 18:25-29).

(4) ¿Debe un cristiano diezmar?

El Nuevo Pacto es mucho más abarcador que el Antiguo Pacto:

    a. En cuanto a la ira (Mat. 5:21-22a).

    b. En cuanto al adulterio (Mat. 5:27-28).

    c. En cuanto al divorcio (Mat. 5:31-32).

    d. En cuanto a los que nos aborrecen (Mat. 5:43-44).

    e. Cristo no abolió el diezmo (Mat. 23:23).

(5) Cómo debemos entonces dar

    a. Dar no es una práctica que deba controlarse.

    b. No debe ser legalista.

    c. No debe ser una manipulación para obtener más.

    d. Debemos dar porque es un acto de obediencia (Sal. 76:11;
       Prov. 3:9-10; Mal. 3:10a; Mat. 23:23; Luc. 6:38a;
       1 Cor. 16:2a; 2 Cor. 9:7a).

    e. Debemos dar porque es un acto de adoración (Ex. 25:1,8;
       Mat. 2:11).

    f. Debemos dar porque es un acto de gratitud (Sal. 103:1,2;
       Hech. 20:35b; Mat. 10:8b).

    g. Dar trae bendiciones a nuestras vidas (Isa. 32:8; Mal. 2:11;
       6:38; 2 Cor. 9:6).

PARA ESTUDIAR

Llena los espacios en blanco.

_____es el Creador y dueño de todo lo que existe.
Debemos dar porque Dios lo _____. Dar es
también un acto de _____.
Si somos _____, no tendremos reparos en dar.
Aunque no es la motivación, Dios, nos _____ con provisión
cuando somos fieles en dar.
Desde su punto de vista, ¿cuáles son los principales obstáculos
que los creyentes tienen para no dar?

¿Cómo pueden superarse estos obstáculos?

Para pensar:

¿Cómo administras los recursos materiales y espirituales que
Dios te ha dado?

¿Tienes un plan de administración de tus bienes?

DÍA 1

Prometed, y pagad a Jehová vuestro Dios; todos los que están alrededor de él, traigan ofrendas al Temible (Sal. 76:11).

Una de las cosas que a veces más nos cuesta es obedecer al Señor cuando de dinero se trata. Nos cuesta desprendernos de nuestros recursos económicos y esto revela nuestro corazón egoísta. Como hijos de Dios debemos reconocer que dar no es una opción; más bien, es un acto de obediencia a nuestro Señor como Creador y dueño de todo lo que hay.

Cuando damos al Señor, cumplimos con uno de Sus mandatos. Como dueño de todo lo que hay, Él ordena que le demos lo que le pertenece. No nos pide algo que nos pertenece, sino lo que le pertenece a Él, pero que nos ha pedido que administremos.

Dios prueba nuestros corazones cuando somos desprendidos para bendición nuestra y de Su obra. Él ordena que lo honremos con nuestros bienes, y, cuando lo hacemos, expresamos que estamos agradecidos por todo lo que nos da.

Dar no es una opción; es una respuesta de obediencia y de amor a nuestro Señor.

Padre amado, perdóname por las veces que te he fallado y no te he sido fiel en mis finanzas. Amén.

¿QUÉ HAGO CON ESTO?

Si dar no es una opción, sino una respuesta de obediencia y de amor a nuestro Señor, ¿eres obediente a Dios con tus bienes económicos?

DÍA 2

Levantando los ojos, vio a los ricos que echaban sus
ofrendas en el arca de las ofrendas. Vio también a una
viuda muy pobre, que echaba allí dos blancas.* Y dijo:
En verdad os digo, que esta viuda pobre echó más que
todos. Porque todos aquéllos echaron para las ofrendas
de Dios de lo que les sobra; mas ésta, de su pobreza
echó todo el sustento que tenía (Luc. 21:1-4).

¿Cómo debemos dar al Señor? Teresa de Calcuta decía que debemos dar hasta que nos duela. Una de las cosas más importantes a tener en cuenta a la hora de presentar nuestros diezmos y ofrendas al Señor es que debemos darle lo mejor que tenemos.

El pasaje nos muestra a una mujer pobre que no da mucho porque no tiene mucho. Pero sí da todo lo que tiene. Eso habla de su corazón dispuesto a dar a Dios no solo de sus recursos económicos, sino también de su propia vida. Ella ha hecho más que todos.

A Dios no le corresponde lo último en la lista de mis compromisos. Dios debe encabezar la lista de nuestro presupuesto como evidencia de nuestro amor y reconocimiento hacia Él. No debemos dar al Señor de lo que nos sobra, ya sea dinero o tiempo, sino que debe ser una ofrenda apartada voluntaria y anticipadamente para el Señor. Él nos llena de bendiciones por nuestra obediencia cuando le damos lo mejor.

Gracias, Señor, por el ejemplo de esta viuda; ayúdame
a darte las primicias de todo lo que tengo, a darte hasta
que me duela. Amén.

* Una blanca era equivalente a un octavo de centavo de dólar.

¿QUÉ HAGO CON ESTO?

La viuda dio todo lo que tenía; no tuvo reparos en darlo todo para Dios. ¿Estás dando al Señor hasta que duela? ¿Cómo puedes empezar a hacerlo desde hoy?

Día 3

No me des pobreza ni riquezas; manténme del pan necesario; no sea que me sacie, y te niegue, y diga: ¿Quién es Jehová? O que siendo pobre, hurte, y blasfeme el nombre de mi Dios (Prov. 30:8b-9).

Un residente del estado de Illinois pidió a su patrón que le rebajara el sueldo a un tercio de lo que ganaba para quedar así por debajo del nivel de pobreza. Razonó que, si se hacía pobre, no tendría que pagar impuestos y, por lo tanto, no tendría que apoyar las políticas militares con las que no estaba de acuerdo. Esto haría que fuera más coherente con las prácticas de sus creencias. Un amigo cercano comento: «Él tiene un compromiso cercano con la justicia y la paz, y creo que es su forma de ponerlo en práctica».

No sugerimos que imitemos este ejemplo, pero se trata de una persona que no quiere que el dinero lo aleje de sus ideales. El escritor de Proverbios expresó esta preocupación porque entre nosotros y nuestro compromiso con Dios se puede interponer la mucha riqueza o pobreza.

Tenemos que considerar el uso que le damos al dinero. El hombre con el cual comenzamos nuestra historia renunció a él. Jesús lo usó (Juan 13:29). A Pablo le daba igual (Fil. 4:11-12). El joven rico se aferró mucho a él (Luc. 18:23). Ananías y Safira murieron porque trataron de mentirle a Dios con respecto a sus posesiones y su generosidad (Hech. 5:1-11).

¿Cuál es nuestra relación con el dinero? ¿Lo usamos sabiamente o nos controla? ¿Es nuestro siervo o es nuestro amo?

Padre mío, que el dinero no sea mi amo, y que siempre pueda usarlo sabiamente. Amén.

¿QUÉ HAGO CON ESTO?

El escritor de Proverbios dijo: «[M]anténme del pan necesario», para que el dinero no lo alejara de Dios. ¿Cómo respondes a la escasez? ¿El orgullo te domina porque tienes libertad financiera?

Día 4

Porque ¿Quién soy yo, y quién es mi pueblo, para que pudiésemos ofrecer voluntariamente cosas semejantes? Pues todo es tuyo, y de lo recibido de tu mano te damos (1 Crón. 29:14).

¿Has pensado quiénes somos delante de Dios? ¿Cuáles son los méritos que tenemos para venir ante el Señor y presentar nuestras ofrendas? Ya vimos en nuestras lecciones que todo lo que hay es creado por Él y que todo lo que recibimos es por Su amor e infinita misericordia.

David y todo el pueblo de Dios dieron voluntariamente para la edificación del templo, pero reconocieron que todo lo que podían dar provenía directamente de Dios. Le daban al Señor de lo que el dueño de todo les había dado a ellos.

Cuando damos, le devolvemos a Dios lo que le pertenece, lo que por amor recibimos de Sus manos; y Él nos bendice. Cuando le damos, obedecemos Su Palabra y expresamos nuestro agradecimiento. Aceptamos con amor lo que Él suple cada día para cubrir nuestra necesidades.

Padre, reconozco que todo es tuyo, que no tengo ningún mérito para ofrendar, sino tu amor y misericordia.
Amén.

¿QUÉ HAGO CON ESTO?

Algunas personas piensan que después de cumplir con su compromiso con Dios, pueden hacer lo que quieran con la otra parte del dinero. ¿Cómo nos puede ayudar saber que Dios es el dueño de todo?

DÍA 5

Asimismo, hermanos, os hacemos saber la gracia de
Dios que se ha dado a las iglesias de Macedonia; que
en grande prueba de tribulación, la abundancia de su
gozo y su profunda pobreza abundaron en riquezas de
su generosidad. Pues doy testimonio de que con agrado
han dado conforme a sus fuerzas, y aun más allá de sus
fuerzas (2 Cor. 8:1-3).

Un hombre de negocios que vendió su compañía dejó pasmados a sus empleados cuando dividió 128.000.000 de dólares entre todos ellos. Sus 550 empleados recibieron una porción y algunos de sus más antiguos asociados recibieron bonos de 1.000.000 de dólares cada uno.

Es fácil decir: «Si yo tuviera millones, con gusto compartiría con los demás lo que tengo». Pero ¿lo harías realmente? Una cosas es decirlo y otra muy diferente es hacerlo. Ofrendar no es simplemente compartir nuestras riquezas; se trata de obedecer a Dios y hacerlo con gozo.

Estos hermanos de Macedonia son un ejemplo porque, en medio de su pobreza, dieron de lo que tenían y hasta un poco más. No esperaron a ser ricos para compartir. Dieron de su pobreza, no de su riqueza. Todos tenemos algo que compartir y dar. Los hermanos de Macedonia son un ejemplo para nosotros de que podemos dar de lo que Dios nos ha dado.

¿Has dado en algún momento más allá de tus fuerzas? ¿Estarías dispuesto a hacerlo? Pídele a Dios que te ayude a dar y serás bendecido.

Dios mío, vengo a tu presencia a pedir que me ayudes
a ser libre del dominio del dinero para dar generosa-
mente para el bienestar de tu obra. Amén.

¿QUÉ HAGO CON ESTO?

Los hermanos de Macedonia dieron a Dios de su pobreza al compartir con otros hermanos en necesidad. ¿Cuándo fue la última vez que compartiste más allá de tus fuerzas con alguien en necesidad? ¡Comparte hoy!

DÍA 6

Cada uno dé como propuso en su corazón: no con tristeza, ni por necesidad, porque Dios ama al dador alegre (2 Cor. 9:7).

En una ocasión, alguien me dijo que no hay regulación en el Nuevo Testamento y que el mandato es a que uno «dé como propuso en su corazón». Entonces, le pregunté: «¿Qué significa "como propuso en su corazón"?». Esta expresión no se refiere a un monto específico, pero lo que se propone en el corazón debe corresponder a lo que ha prosperado. El apóstol Pablo le dice a la misma iglesia de los corintios: «Cada primer día de la semana cada uno de vosotros ponga aparte algo, según haya prosperado, guardándolo» (1 Cor. 16:2).

Debemos dar como propusimos en el corazón, pero según hayamos prosperado. Dios nos exhorta a no limitarnos a lo que nuestros corazones caídos quieran hacer; nos dice que al momento de dar no solo pensemos en lo que hemos propuesto, sino también en lo que hemos recibido. Debemos procurar que cada acción nuestra, incluyendo la de dar, esté por encima de la justicia de los escribas y los fariseos.

Propongámonos dar por encima de lo que daban los escribas y los fariseos.

Ayúdame, Señor, a ser lo suficientemente sincero con mis finanzas y perdóname porque muchas veces me he propuesto dar lo que propuse en mi corazón olvidando lo que he prosperado. Amén.

¿QUÉ HAGO CON ESTO?

Si somos sinceros, muchas veces no hemos dado conforme a lo que hemos recibido. Toma un tiempo para venir delante del Señor en oración y proponte dar al Señor según Él te ha prosperado. ¿Orarías en este momento?

PARTE VII

¿SOMOS LOS PRIMEROS EN EL MUNDO?

Capítulo 17

BREVE HISTORIA DEL CRISTIANISMO

Desde sus mismos orígenes, el evangelio se injertó en la historia humana. De hecho, eso es el evangelio: las buenas nuevas de que, en Jesucristo, Dios se ha introducido en nuestra historia, en pro de nuestra redención.

Justo L. González

Solemos luchar con muchos hábitos cuyo origen desconocemos. Hablamos y no sabemos el origen de ciertos términos y vocablos. Tratamos de usar equipos electrónicos que no sabemos exactamente cómo funcionan; hasta es posible que participemos de actividades en las iglesias sin saber si son bíblicas o son tradiciones humanas, o, peor aún, si son pecaminosas. Conocer el origen y la razón de las cosas es de suma importancia. Por eso es importante saber de dónde venimos, porque solo así sabremos hacia dónde vamos. Para tener una mejor comprensión del presente debemos conocer el pasado.

Si queremos saber cómo llegamos a ser lo que somos, debemos explorar nuestro pasado y debemos también saber cómo somos en el presente, porque, si bien es importante saber de dónde vinimos, debemos saber de igual manera dónde estamos hoy. Esto es vital para nuestra fe porque, como dice James W. Sire, «uno de los principales problemas que tienen los cristianos hoy en día es que, cuando quieren compartir su fe con otros, muchas veces ni tienen clara su propia cosmovisión cristiana».[121] Es vital saber quiénes somos, cuál es nuestra historia y qué creemos.

Conocer la historia no es solo informarnos sobre los orígenes. Definimos *historia* como 'la ciencia que estudia los acontecimientos del pasado relativos al ser humano y a las sociedades humanas'. El conocimiento de la historia es vital por varias razones:

1. Nos recuerda nuestra identidad como nación, como personas o como cristianos.
2. Nos da un motivo de celebración al recordar las conquistas que hemos obtenido, ya sea en el orden personal, familiar, nacional o eclesiástico.
3. Nos recuerda la razón y el compromiso que tenemos con nuestras causas.
4. Nos ayuda a evitar los errores del pasado.
5. Nos lleva a interpretar mejor el presente.
6. Nos permite hacer una mejor proyección del futuro.

La historia de la Iglesia es rica y valiosa como lo veremos en esta breve reseña sobre el origen del pueblo cristiano. Comenzó de un modo modesto la noche del nacimiento de nuestro Señor Jesucristo. Solo fueron testigos algunos pocos seres humanos, como los humildes pastores del campo (Luc. 2:8-21) y los magos sabios (Mat. 2:1-12) que vinieron desde lejos siguiendo la estrella. El decreto del tiránico rey Herodes forzó a los padres terrenales del recién nacido Rey y Mesías a huir hacia Egipto poco después de Su nacimiento (Mat. 2:13-18). Jesús vuelve a aparecer en la escena de la narrativa bíblica a los doce años de edad cuando se encuentra dialogando con los doctores de la ley hebrea en el templo de Jerusalén (Luc. 2:41-52). Inició Su ministerio a la edad aproximada de 30 años (Luc. 3:23). El impacto histórico de Jesucristo se evidencia con Sus acciones y Su mensaje. Pablo resume hermosamente el ministerio de Cristo:

---

[121] James W. Sire, *El universo de al lado* (Grand Rapids, MI: Libros Desafío, 2005).

«Porque primeramente os he enseñado lo que asimismo recibí: Que Cristo murió por nuestros pecados, conforme a las Escrituras; y que fue sepultado, y que resucitó al tercer día, conforme a las Escrituras; y que apareció a Cefas, y después a los doce. Después apareció a más de quinientos hermanos a la vez, de los cuales muchos viven aún, y otros ya duermen. Después apareció a Jacobo; después a todos los apóstoles; y al último de todos, como a un abortivo, me apareció a mí» (1 Cor. 15:3-8).

El testimonio de los eventos relacionados con nuestro Señor es certificado por una de las personas más allegadas a Él. Esa persona es Juan, hijo de Zebedeo y hermano de Jacobo. Él relata sobre el ministerio de Cristo:

«Hizo además Jesús muchas otras señales en presencia de sus discípulos, las cuales no están escritas en este libro. Pero éstas se han escrito para que creáis que Jesús es el Cristo, el Hijo de Dios, y para que creyendo, tengáis vida en su nombre. [...] Este es el discípulo que da testimonio de estas cosas, y escribió estas cosas; y sabemos que su testimonio es verdadero. Y hay también otras muchas cosas que hizo Jesús, las cuales si se escribieran una por una, pienso que ni aun en el mundo cabrían los libros que se habrían de escribir. Amén» (Juan 20:30-31; 21:24-25).

Jesucristo fue a la cruz del Calvario, cumplió la promesa de salvación para Su pueblo y ascendió a los cielos con la promesa de que volvería nuevamente (Hech. 1:9-11). Sus 120 discípulos (Hech. 1:15) permanecieron en Jerusalén obedeciendo el mandato de Jesús de esperar la promesa el Espíritu Santo (Hech. 1:4-5). El Espíritu Santo prometido descendió (Hech. 2:1-13) y, en medio de aquella extraordinaria manifestación de la presencia del Señor, el apóstol Pedro fue usado por el Señor para predicar un poderoso mensaje que trajo como consecuencia la conversión de más de 3000 personas y el nacimiento de la primera Iglesia cristiana de la historia (Hech. 2:14-47).

La Iglesia, desde su mismo nacimiento, se enfrentó a una fuerte oposición del oficialismo religioso judío, y sus miembros fueron víctimas de cuestionamientos, amenazas, cárceles y muerte. Tal es el caso de Esteban, considerado el primer mártir del cristianismo (Hech. 7).

Una de las figuras más importantes de la Iglesia cristiana durante el primer siglo es Saulo de Tarso. Comenzó como un perseguidor tenaz e incansable de la iglesia (Hech. 7:58; 8:1-3) y luego tuvo una dramática conversión y transformación que lo llevó a representar el perfil del siervo íntegro, preparado, apasionado y sufrido por la causa de Aquel al que antes perseguía (Hech. 9:1-31; 2 Cor. 11:22-28).

Las iglesias se mantuvieron relativamente libres de falsas enseñanzas durante la vida de los apóstoles y algún tiempo más después de su partida. Pero no pasó mucho tiempo hasta que Satanás comenzó a sembrar la mala semilla que producía prácticas y doctrinas erróneas. Las iglesias, diseminadas por todo el Imperio romano, empezaron a impartir enseñanzas que no estaban de acuerdo con la «fe que fue dada una vez a los santos». Fue en ese tiempo que aparecieron doctrinas falsas como la regeneración bautismal, la salvación por obras o legalismos, el gobierno eclesiástico centralizado, la unión de la Iglesia y el Estado, y otras herejías perniciosas. Por eso, la lectura del libro de Hechos de los apóstoles es vital para la comprensión de las primeras tres o cuatro décadas de la historia de la Iglesia.

No fueron los romanos quienes persiguieron primero a los cristianos, sino los líderes oficialistas de la religión judía. Sin embargo, la persecución romana superaría a la de los religiosos judíos al usar toda su maquinaria económica, de inteligencia, de seguridad y militar en contra de la Iglesia. Los romanos veían con recelo los valores absolutos de aquellos que solo creían y predicaban a Cristo como único camino de salvación, adoración y autoridad, en tiempos en que el emperador era visto como un dios y era objeto de adoración y sujeción absoluta.

Se cuentan diez persecuciones terribles contra los cristianos por parte del Imperio romano desde la segunda mitad del siglo I hasta el año 313. La primera fue en el año 64 con Nerón, quién mandó a incendiar Roma con el propósito de construir una nueva ciudad. Ante la sospecha pública en su contra, Nerón culpó a los cristianos y dio inicio a la cacería humana por parte del Imperio en contra de los seguidores de Jesucristo. Las diez persecuciones romanas más crueles contra el cristianismo fueron decretadas por los siguientes emperadores:

1. Nerón
2. Domiciano

3. Trajano
4. Marco Aurelio
5. Septimio Severo
6. Maximiano
7. Decio
8. Valeriano
9. Aureliano
10. Diocleciano

Durante todo este período, el cristianismo fue declarado una religión prohibida (*religio illicita*) y estuvo bajo permanente riesgo de persecución, según la animosidad de las autoridades del momento.

Sin embargo, a pesar de las vergüenzas a las que eran sometidos los seguidores de Cristo, el evangelio seguía creciendo por todas partes hasta llegar a tocar las mismas puertas del poder imperial. Fue precisamente en el mes de enero del año 313 d.C. que el emperador romano Constantino, después de unas experiencias místicas (según su testimonio), llegó a declarar al cristianismo como religión legal mediante el Edicto de Milán. Luego, la adoptaría como la religión oficial del Imperio.

La conversión de Constantino al cristianismo ha sido materia de mucho estudio para ver si fue genuina. Algunos piensan que, más bien, realizó una maniobra política ante la debacle social, moral, política y económica del Imperio. Lo lamentable es que aquella Iglesia sufrida, militante y santa comenzó a conformarse a las nuevas comodidades que le ofrecía el poder imperial. Ya no había persecuciones, el celo misionero se perdió, surgió una nueva clase dominante dentro de la misma Iglesia y, de manera paulatina, se fue corrompiendo con la introducción de herejías y mundanalidades; también guardó silencio ante las injusticias sociales cometidas por el Imperio.

La Iglesia celebró varios concilios convocados por el emperador Constantino para combatir las herejías surgidas en esos años. El primero fue el Concilio de Nicea en el año 325 d.C. para combatir la herejía de Arrio.[122] Otros concilio aceptados: Constantinopla (381), Éfeso (431), Calcedonia (451), Constantinopla II (690) y Nicea II (787). También se

---

[122] Arrio fue el sacerdote que abandonó el cristianismo y la doctrina de la divinidad de Cristo para convertirse en el propulsor de lo que se conoce en la historia como arrianismo, que es, en esencia, la negación del carácter eterno de Jesucristo afirmando que fue creado por el Padre.

dieron otros concilios y decretos que le dieron más privilegios y poder a la Iglesia de Roma, como el Edicto de Tesalónica (380), que convierte a la Iglesia católica en la religión oficial del Imperio romano. Mediante este decreto, el emperador romano unió a la Iglesia con el Estado en una alianza político-eclesiástica. Esta unión finalmente culminó en un total desarrollo del catolicismo romano alejado de las normas de la Palabra de Dios cerca del fin del siglo VI. La Reforma protestante puso nuevamente a la Palabra de Dios por encima de los concilios, edictos y decretos bajo el principio de *Sola Scriptura* durante el siglo XVI.

Durante lo que conocemos como Edad Media,[123] la Iglesia católica no solo se unió al Estado, sino que estableció un enlace o cabeza oficial al que denominó *papa*, que a su vez la representaría ante el Estado. La teología cristiana evangélica no reconoce la lista oficial de papas tal como la presenta la Iglesia católica romana. Esta enseña que el primer *papa* fue el apóstol Pedro y que, antes de su muerte, delegó su autoridad apostólica. El historiador Justo L. González precisa:

> Pero no hay documento antiguo alguno que diga que Pedro transfirió su autoridad apostólica a sus sucesores. Además, las listas antiguas que nombran a los primeros obispos de Roma no concuerdan [...]. Esto es tanto más notable por cuanto en los casos de otras iglesias sí tenemos listas relativamente fidedignas. Esto a su vez ha llevado a algunos historiadores a conjeturar que quizá al principio no había en Roma un episcopado *monárquico* (es decir, un solo obispo), sino más bien un episcopado colegiado en el que varios obispos o presbíteros conjuntamente dirigían la vida de la Iglesia. Sea cual fuere el caso, el hecho es que, durante todo el período que va de la persecución de Nerón en el año 64 hasta la Primera epístola de Clemente en el 96, lo que sabemos del episcopado romano es poco o nada. Si desde los orígenes de la Iglesia el papado hubiera sido tan importante como pretenden algunos, habría dejado más rastros durante toda esa segunda mitad del siglo primero.[124]

---

[123] Período histórico, posterior a la Edad Antigua y anterior a la Edad Moderna, que comprende desde el fin del Imperio romano, en el siglo V, hasta el siglo XV.

[124] Justo L. González, *Historia del cristianismo,* tomo 1 (Miami, FL: Editorial Unilit, 2003), 274.

Con el surgimiento de la Edad Media, donde la Iglesia romana ejercía completo dominio, no se persiguió más a los cristianos y se abandonó la obra misionera. La Iglesia cristiana ya no era ilegal, sino que era la Iglesia del Estado. Ya no estaban escondidos en cuevas, sino en templos magníficos; ya no eran pobres, sino ricos entre los más ricos.

Durante el desarrollo del catolicismo en la Edad Media surgió también el islamismo. Esta religión surgió en Arabia con el profeta Mahoma (570-623) y, un siglo después de su muerte, su crecimiento fue tan notable que conformaron lo que se conoce como el Estado islámico que se extendía desde el océano Atlántico en el oeste hasta Asia Central en el este, y conquistaron con su mensaje territorios que antes eran influenciados por los cristianos.

Durante todo este tiempo hubo un gran desarrollo de doctrinas falsas y prácticas extraviadas en las iglesias en diferentes partes de Europa, Asia y África. Pero también existieron grupos esparcidos de iglesias disidentes, las cuales no se dejaron extraviar por los herejes dominantes; antes bien, permanecieron firmes y leales a las doctrinas y verdades esenciales del Nuevo Testamento. Entre esos creyentes disidentes sobresalen:

- Montanistas: tienen semejanzas con los grupos carismáticos. Los montanistas, nombre tomado de su fundador Montano (?-175) surgieron en el segundo siglo, enfatizaban el bautismo en el Espíritu Santo y los dones espirituales, y las experiencias con Dios particulares muchas veces a expensa de las Escrituras.
- Novacianos: este es el movimiento de seguidores de Novaciano (?-258) considerado como antipapa y que negaba la autoridad papal y de la Iglesia para dar paz y perdonar pecados.
- Valdenses: es el movimiento organizado por Pedro Valdo (1140/41-aprox. 1217). Valdo fue un mercader francés de Lyon que renunció a las cosas del mundo y dedicó su vida a la predicación de la Biblia. Valdo defendió el concepto de que la lectura de la Escritura se hiciese en la lengua vernácula del pueblo.[125]

---

[125] Mather y Nichols, *Diccionario de creencias...*, 504-5.

Todo este período de gran oscurantismo espiritual puede establecerse desde Constantino en el 313, pasando por toda la Edad Media y llegando hasta al siglo XVI con el arribo de la Reforma protestante. Fue con la Reforma que vinieron grandes cambios que afectaron el curso de la historia. La traducción de las Escrituras llegó a la lengua del pueblo. La invención de la imprenta facilitó su reproducción y distribución, y la revuelta de muchos caudillos religiosos en contra de la jerarquía y la opresión religiosa romana trajeron un nuevo día en la historia del mundo.

LA REFORMA PROTESTANTE

La Reforma protestante fue iniciada por el monje católico romano de la orden de los agustinos llamado Martín Lutero (1483-1546). Ordenado sacerdote en abril de 1507, obtuvo su doctorado en teología en la Universidad de Wittenberg en 1512. Como catedrático de la misma universidad, comenzó una serie de cursos bíblicos sobre los Salmos, las epístolas a los romanos, a los gálatas y a los hebreos. Lutero estudió la Palabra de Dios y los clásicos, mayormente a Agustín de Hipona (354-430), y esto le hizo llegar a la conclusión de que la versión de cristianismo practicada en ese momento estaba viciada y era decadente, herética y aberrante. Por eso comenzó a escribir postulados que fue divulgando y recopilando. Las famosas 95 tesis de Lutero[126] fueron clavadas por él en las puertas de la catedral del palacio de Wittenberg en el estado federado de Sajonia en Alemania el 31 de octubre de 1517.

Así comenzó la Reforma protestante, bajo la providencia de Dios, que contó con dos elementos cruciales que facilitaron su éxito: (a) la protección que tuvo de parte de Federico el Sabio (1463-1525) y (b) la invención de la imprenta de tipos móviles de Johannes Gutenberg (1400-1468, inventor alemán) que ayudó a la divulgación de las verdades del reino de Dios de una manera más eficaz y multitudinaria.

La Reforma se expandió por todo el norte de Europa como un fuego incendiario. Al movimiento reformador, se unió Juan Calvino (1509-1564), quien fue uno de los pilares del fortalecimiento de este

---

[126] Es útil saber que cuando se habla de las 95 tesis de Lutero no se refiere a un texto presentado en forma de libro para la obtención de título o grado. Más bien las tesis de Lutero eran frases que fue clavando en las puertas de la Catedral de Wittenberg, Alemania. La lista completa de las 95 tesis aparecen en múltiples sitios en Internet.

movimiento. Tuvo que dejar París y fijar su residencia en Ginebra, Suiza. Desde allí escribió su obra cumbre *Institución de la religión cristiana* donde expone claramente su fe reformada basada en la trascendencia y soberanía de Dios.

La Iglesia contó con hombres como Martín Lutero, Juan Calvino, Ulrico Zuinglio (1484-1531), John Knox (1514-1572) y otros tantos siervos que Dios usó con el propósito de difundir Su Palabra con fidelidad y apego a Su voluntad. La Reforma protestante es uno de los momentos cruciales en la historia de la Iglesia, pues tuvo el rol de rescatar la sana doctrina de las mazmorras de marginación en la que los religiosos alejados de Dios la habían mantenido por siglos.

DESPUÉS DE LA REFORMA

El avivamiento teológico producido por Dios a través de la Reforma fomentó el nacimiento de otros movimientos espirituales en toda Europa hasta llegar «hasta lo último de la tierra». Podemos citar el Gran Avivamiento (1735-1737, 1740-1744) con Jonathan Edwards en Estados Unidos, y John y Charles Wesley (1703-1791; 1707-1788, respectivamente) en Inglaterra. John Wesley se destaca también por ser el fundador de una de las grandes denominaciones evangélicas históricas: los metodistas. Junto con los Wesley, cabe mencionar a George Whitefield (1714-1770) como una de las piezas claves también de este tiempo de avivamiento.

La contribución de los cristianos evangélicos a la expansión del reino que trajo salvación y dignidad a las personas en todo el mundo es extraordinaria. Richard Baxter, William Wilberforce, William Carey, George Muller, David Livingstone, Charles Spurgeon, Dwight Moody, B. B. Warfield, Karl Barth, Dietrich Bonhoefer, C. S. Lewis, Francis Schaeffer y Billy Graham son solo algunos de los nombres de aquellos que han contribuido a la predicación del evangelio y al desarrollo del conocimiento de los creyentes por medio de la enseñanza y el discipulado en los últimos dos siglos anteriores al presente.

¿POR QUÉ TANTAS DENOMINACIONES?

Muchos críticos hostiles al evangelio, acusan a los cristianos evangélicos de estar divididos al tener tantas denominaciones diferentes. Otros señalan que no somos confiables porque tenemos tantas iglesias diferentes y al mismo tiempo afirmamos seguir al mismo Dios. ¿Realmente esto es así? La respuesta es un rotundo ¡NO!

Las distintas denominaciones no son reflejo de desunión, sino de diversidad. Aunque podría ser el caso de algunos movimientos cristianos,[127] no podemos concluir que todas las denominaciones que existen sean producto de iglesias que se han dividido. Existen tantas denominaciones que sería necesario mucho tiempo para poder mencionarlas.

Originalmente las iglesias en el Nuevo Testamento no tenían ningún nombre en particular; simplemente se les identificaba como los del *Camino* (con «C» mayúscula). Este nombre aparece varias veces en el libro de Hechos:

> «… hombres o mujeres de este Camino» (Hech. 9:2).

> «… maldiciendo el Camino» (Hech. 19:9).

> «Perseguía yo este Camino hasta la muerte» (Hech. 22:4).

Este era el nombre que usaban los creyentes para identificarse como seguidores de Jesucristo, pues el Señor dijo: «Yo soy el Camino…» (Juan 14:6). La crónica del libro de Hechos nos dice que la primera vez que se usó el nombre de cristianos para los seguidores de Jesucristo fue en Antioquía durante el ministerio de Pablo y Bernabé:

> «Y se congregaron allí todo un año con la iglesia, y en-
> señaron a mucha gente; y a los discípulos se les llamó
> cristianos por primera vez en Antioquía» (Hech. 11:26).

Sin embargo, ninguno de esos nombres era particular para una iglesia local. La evidencia que encontramos en el Nuevo Testamento es que a las iglesias locales se las identificaba con el nombre de la ciudad donde se encontraban, por ejemplo, «la iglesia de Dios que está en Corinto» (1 Cor. 1:2; 2 Cor. 1:1) y «a la iglesia de los tesalonicenses» (1 Tes. 1:1; 2 Tes. 1:1). Tanto las iglesias de los gentiles[128] como las de

---

[127] Como, por ejemplo, en 1 Corintios 1:12,13; 3:3-5, donde es evidente la división en el seno de la iglesia local.
[128] Se llamaba «gentil» a las personas que no eran judías.

los judíos no tenían nombres particulares y se reunían en casas.[129] El Nuevo Testamento las menciona de la siguiente manera: «a la iglesia de su casa» (Rom. 16:5); «la iglesia que está en su casa» (Col. 4:15; 1 Cor. 16:19); «la iglesia que está en tu casa» (Filem. 2). Las iglesias del Nuevo Testamento tenían particularidades únicas que indican su autonomía, pero a la vez tenían una profunda interdependencia y cooperación mutua para promover la causa de Cristo (Hech. 11:22,23; 1 Cor. 16:1; 2 Cor. 8:1-9).

El libro de Hechos nos indica también que los apóstoles acudían al templo a orar (Hech. 3:1). En efecto, los cristianos iban a las sinagogas[130] y participaban de sus servicios. Los judíos decidieron expulsar de todas sus sinagogas a todo aquel que confesara que Jesús era el Cristo en el 90 d.C. Los cristianos fueron perseguidos en diferentes oportunidades, lo que hizo que huyeran en diferentes direcciones. Como consecuencia, muchas nuevas iglesias se fundaron por donde quiera que ellos pasaran.

El período de la Iglesia después de la muerte de los apóstoles, ya entrando en el segundo siglo de la era cristiana, fue de grandes líderes. Todas las iglesias tenían el compromiso de dar testimonio y lo hicieron eficazmente entre contactos sociales, ordinarios, en medio de sus viajes y a través del comercio. Las iglesias hicieron su trabajo y se extendieron por todo el mundo conocido en ese entonces. Pequeñas congregaciones surgieron en muchos lugares.

Durante este período, surgieron grandes líderes cristianos como Ignacio (aprox. 35-107 d.C.), obispo de la iglesia de Antioquía en Siria y autor de seis cartas a iglesias de Asia Menor y una a Policarpo; Policarpo (aprox. 69-155 d.C.), obispo de Esmirna y autor de una epístola a la iglesia de Filipos; Clemente, obispo de Roma que sobresalió alrededor del 95 d.C.; Papías, obispo de Hierápolis, y Justino mártir (110-168).

---

[129] Hay ciertos grupos cristianos que se oponen a congregarse en los templos porque aluden a las referencias que hemos dado. Dicen que deben reunirse en las casas y no en los templos, que es lo que la Biblia manda. Sin embargo, notamos que los creyentes comenzaron a reunirse en el Templo a orar y también iban a las sinagogas. Luego fueron expulsados y se les prohibió la entrada a todo el que fuera seguidor de Cristo. Esta medida junto con las persecuciones hicieron que los cristianos se reunieran en casas. La Biblia dice claramente: «el Altísimo no habita en templos [o *casas*] hechos de manos» (Hech. 7:48, énfasis añadido).

[130] Según los historiadores, las sinagogas surgieron durante el exilio judío en Babilonia, quienes, desprovistos de su Templo como lugar de culto, se reunían los sábados para estudiar las Escrituras.

LAS PRIMERAS DENOMINACIONES CONOCIDAS

Las primeras denominaciones conocidas surgen después de la Reforma. Grupos como los presbiterianos, los anabaptistas, los menonitas, los bautistas y otros más surgieron como producto de algunas diferencias no fundamentales (más de forma que de fondo). A continuación, presentamos una lista de algunas grandes denominaciones y el siglo en que surgieron:

- Presbiterianos, anabaptistas, luteranos: siglo XVI
- Menonitas, bautistas: siglo XVII
- Metodistas: siglo XVIII
- Pentecostales: fines del siglo XIX, principios del siglo XX

Los puritanos, aunque no fueron una denominación organizada, causaron un impacto en su tiempo por su espiritualidad y por su teología. El puritanismo fue la reacción evangélica a la Iglesia oficial del Estado inglés. Surgió durante el reinado de Isabel I de Inglaterra y se manifestaron como reformadores fervorosos que deseaban continuar preservando la pureza doctrinal de la Iglesia, contra las características y las tendencias ya corrompidas. Las acciones de estos fieles creyentes comienzan cuando, en 1559, la reina Isabel I promulga unas medidas conocidas como *Declaraciones isabelinas,* que devolvían los asuntos religiosos al Estado. Instauró diez actos que le conferían más poder y ajustó significativamente la definición de lo que, según ese nuevo orden, constituía herejía. Los puritanos reaccionaron a estas medidas de la reina, y hombres como Thomas Cartright (1535-1603), destacado puritano, atacaron la estructura episcopal del gobierno de la Iglesia, defendiendo en su lugar un modelo centrado en las Escrituras.

«Otros como Robert Browne (1550-1633) optaron por la separación radical de la Iglesia de Inglaterra. Estos recibieron el nombre de *separatistas* para distinguirse de los puritanos que no dejaron la Iglesia anglicana, sino que lucharon duramente para purificarla».[131] Además de estos puritanos ingleses ya mencionados, hay otros nombres muy notables dentro del movimiento como John Foxe (1516-1587), Oliver

---

[131] Mather y Nichols, *Diccionario de creencias...,* 389.

Cromwell (1599-1658), John Milton (1608-1674), Richard Baxter (1615-1691), John Owen (1616-1683), John Bunyan (1628-1688). Los puritanos llegaron a Estados Unidos en 1620 como pioneros y se radicaron primero en Plymouth y después en Nueva Inglaterra, donde impactaron la vida de Jonathan Edwards (1703-1758), el más grande representante de ese movimiento en el país.

También surgieron otros grupos como los pietistas (entre los siglos XVII-XVIII), los moravos (1700 en su segunda etapa), la Alianza Cristiana y Misionera (1887), la Iglesia del Nazareno (1908), los Hermanos libres (1830), la Iglesia de Dios (1886), las Asambleas de Dios (1889), la Iglesia de Dios de la Profecía (1906, considerando su primera asamblea), otras tantas que se derivan de las históricas[132] y un sin número de iglesias denominadas neopentecostales o neocarismáticas que se formaron después de la segunda mitad del siglo XX.

¿QUÉ SON LAS SECTAS?

La palabra *secta* aparece cinco veces en el Nuevo Testamento (Hech. 5:17; 15:5; 24:5; 26:5; 28:22). Esta palabra es el vocablo griego *jáiresis* que significa literalmente 'desunión, herejía, disensión, alternativa, etc.'. Partiendo del significado literal, podemos definir secta como 'grupos religiosos que forman sus doctrinas al margen de lo que establecen las Escrituras'.[133]

Las sectas normalmente se presentan con apariencia de piedad, pero realmente son fieras salvajes que se oponen a la verdad. Jaime Mirón en su libro *Iglesia o secta*[134] da algunas características:

Han tenido alguna conexión con la verdad (1 Jn. 2:19; Hech. 20:30).
Tienen un falso concepto de Cristo (1 Jn. 2:22,23; 2 Jn. 7).
Tienen autoridades por encima de la Biblia (Jud. 4).

---

[132] Se conocen como Iglesias históricas evangélicas a las surgidas después de la Reforma protestante (1517) y probablemente hasta el siglo XVIII. Entre ellas están los luteranos, los presbiterianos, los bautistas y los metodistas. Hay otras que surgieron en el siglo XIX y principios del siglo XX como hemos visto, y que llamo «Iglesias históricas posteriores» para distinguirlas de las que surgieron más cercanas a la Reforma.

[133] *Secta* de define como 'reunión de personas que profesan una misma doctrina, especialmente aquella que se aparta de la tradicional' (Ramón García-Pelayo y Gross, s.v. «secta» en *Larousse del español moderno: un nuevo diccionario de la lengua española* [Nueva York: New American Library, 1983], 526).

[134] Jaime Mirón, *Iglesia o secta* (Doral, FL: Editorial Unilit, 1998), cap. 2.

Alegan que son los únicos que tienen la verdad (Gál. 1:7).
Emplean mal las Escrituras (2 Tim. 2:15).

Podría añadir que la sectas tienen un liderazgo opresor y tóxico, aíslan a sus miembros de sus familias y relaciones significativas, hacen predicciones erróneas, ostentan tener mayor o igual autoridad que la Biblia, sus líderes son inapelables, tienen cultos ocultos y algunos grupos de estos terminan no solo violando las leyes de Dios, sino las de la sociedad. Es por eso que la Biblia nos recuerda:

> «Amados, no creáis a todo espíritu, sino probad los espíritus si son de Dios; porque muchos falsos profetas han salido por el mundo» (1 Jn. 4:1).

El cristiano auténtico tiene que procurar el estudio de la Palabra de Dios diligentemente y orar para tener discernimiento y evitar caer en las garras del error. Si ves algunos de estos síntomas en la iglesia donde te congregas, ten mucho cuidado porque tu relación con Dios y por consiguiente tu salud espiritual están bajo amenaza. Hay iglesias que se autodenominan cristianas evangélicas, que aparentemente tienen la Biblia como autoridad, pero en la práctica están lejos de ella no solo por sus posiciones contrarias a la verdad, sino también por la falta de integridad de sus líderes.

LECCIONES QUE DEBEMOS APRENDER

Al examinar la historia del cristianismo, podemos llegar a algunas conclusiones de lo que ella nos enseña. En primer lugar, la historia del cristianismo se da como un viaje entre cumbres y valles. Algunos de estos valles han sido sombríos y han producido en el pueblo de Dios desorientación y desvíos que lo han alejado de su plan y propósito original. Sin embargo, esa realidad no es exclusiva de creyentes de una generación específica porque, cuando vamos a las páginas de las Escrituras, confirmamos que en los personajes bíblicos estamos representados con sus virtudes y defectos, con sus triunfos y derrotas.

En segundo lugar, cuando leemos cada capítulo de la Biblia vemos que todas estas debilidades y fortalezas de los cristianos a través de los siglos no son más que una confirmación de la maravillosa gracia de Dios. La historia del pueblo de Dios es la historia del amor divino hacia Su linaje escogido, Su nación santa adquirida a precio de sangre. La gracia de Dios se manifiesta en cada palpitar de nuestro corazón. Sin ella, tanto los personajes bíblicos como nosotros no existiríamos.

En tercer lugar, la historia del cristianismo con sus raíces en el pueblo hebreo del Antiguo Testamento nos enseña de las terribles consecuencias que trae olvidar los preceptos de nuestro buen Dios para irnos por nuestros propios caminos. Debemos aprender que los momentos más luminosos del pueblo cristiano se han dado en medio del dolor y el sufrimiento que suelen provocar más acercamiento a Dios que la prosperidad material, y que sus momentos más decadentes se han dado cuando hemos puesto más la vista en nuestras conquistas y logros que en el Señor que nos los dio. De estas lecciones y otras más que podríamos mencionar, confirmamos que la relación de Dios con Su pueblo es una historia de gracia que hace que la fuente inagotable de Su amor hacia nosotros se agote. Como dice el apóstol Pablo:

> «¿Quién nos separará del amor de Cristo? ¿Tribulación, o angustia, o persecución, o hambre, o desnudez, o peligro, o espada? Como está escrito: Por causa de ti somos muertos todo el tiempo; somos contados como ovejas de matadero. Antes, en todas estas cosas somos más que vencedores por medio de aquel que nos amó. Por lo cual estoy seguro de que ni la muerte, ni la vida, ni ángeles, ni principados, ni potestades, ni lo presente, ni lo por venir, ni lo alto, ni lo profundo, ni ninguna otra cosa creada nos podrá separar del amor de Dios, que es en Cristo Jesús Señor nuestro» (Rom. 8:35-39).

Esta es la historia del cristianismo: gracia abundante a pesar del pecado; disciplinas, castigos y consecuencias terribles como parte de Su amor por nosotros «[p]orque el Señor al que ama, disciplina, y azota a todo el que recibe por hijo» (Heb. 12:6).

Como bien lo expresó John Newton (1725-1807) en su himno *Amazing Grace* [Gracia admirable o Sublime gracia]:[135]

---

[135] Este es quizás el himno evangélico más conocido y fue escrito en 1779 por John Newton, un antiguo esclavista inglés convertido al cristianismo.

Hacia la meta

Sublime gracia del Señor
que a mi pecador salvó
fui ciego mas hoy miro yo
perdido y él me amó.

En los peligros o aflicción
que yo he tenido aquí
su gracia siempre me libró
y me guiará feliz.

Su gracia me enseño a temer
mis dudas ahuyentó
o cuan precioso fue a mi ser
al dar mi corazón.

Y cuando en Sión por siglos mil
brillando este cual sol
yo cantaré por siempre allí
su amor que me salvo.

RESUMEN DEL CAPÍTULO 17

(1) **¿Por qué tantas denominaciones?**

    a. Las distintas denominaciones no son el reflejo de la desunión, sino de la diversidad.

    b. Las denominaciones son un ejemplo de la Iglesia universal de Cristo.

    c. Las iglesias eran diversas en sus nombres y se reunían también en las casas.

(2) **¿Qué son las sectas?**

    a. Grupos religiosos que forman sus doctrinas al margen de lo que establecen las Escrituras.

PARA ESTUDIAR

¿En qué ciudad se los llamó a los discípulos cristianos por primera vez?

¿Cómo se los llamaba a los creyentes antes de llamarlos cristianos según Hechos 9:2; 19:9; 22:4?

¿En qué año decidieron los judíos expulsar definitivamente a los cristianos de las sinagogas?

Cita dos pasajes que confirmen que las iglesias también se reunían en las casas.

Escribe dos definiciones de sectas.

Para pensar:

¿Cómo puede la historia cristiana ayudar a la Iglesia de esta generación a fortalecer sus virtudes y a evitar los errores?

DÍA 1

Yo conozco tus obras, y tu arduo trabajo y paciencia;
y que no puedes soportar a los malos, y has probado
a los que se dicen ser apóstoles, y no lo son, y los has
hallado mentirosos (Apoc. 2:2).

Cada iglesia es diversa y cultiva diferentes cualidades y virtudes. En este pasaje, el Señor habla a la iglesia de Éfeso exaltando algunas de sus cualidades. Parece que esta iglesia disfrutaba de tener un gran discernimiento espiritual y un gran conocimiento de las Escrituras, al punto de enfrentarse a los que en algún momento no estaban haciendo las cosas bien y a los que se consideraban líderes y no lo eran. Tener un buen conocimiento de la Palabra de Dios y sentir una verdadera repugnancia hacia lo malo son cualidades que todos debemos procurar.

No podemos tener tal discernimiento si no conocemos la Palabra de Dios. Esta cualidad se mantiene mediante el estudio de la Biblia. Debemos memorizarla, escudriñarla y permitir que dirija nuestras vidas a través de la obediencia a sus enseñanzas.

La Iglesia de Cristo ha enfrentado a aquellos que se oponen al Señor y a Su Palabra a través de los años. En nuestro tiempo, nos toca hacer lo mismo. No podemos ser indiferentes a la agenda que algunos quieren imponer fuera de la Palabra de Dios; ni tampoco podemos mantenernos en silencio frente a los que tergiversan las Escrituras para su propio beneficio.

Padre bendito, ayúdame a cultivar esta virtud; que el
estudio de tu Palabra sea un valor no negociable en mi
vida. Amén.

¿QUÉ HAGO CON ESTO?

¿Cuánto tiempo dedicas a estudiar la Palabra de Dios? ¿Qué piensas hacer para mejorar la calidad de tu tiempo con la Palabra de Dios?

DÍA 2

Ahora bien, hay diversidad de dones, pero el Espíritu es el mismo. Y hay diversidad de ministerios, pero el Señor es el mismo. Y hay diversidad de operaciones, pero Dios, que hace todas las cosas en todos, es el mismo (1 Cor. 12:4-6).

Ya vimos que las denominaciones no son producto de la división, sino de la diversidad. Así como tenemos diversos estilos para realizar las diferentes operaciones de la vida diaria cristiana, encontramos diversos estilos en las iglesias para desarrollar los distintos servicios y ministerios.

Una iglesia puede diferenciarse en muchos aspectos de las demás, pero todas ellas tienen que estar fundamentadas sobre la verdad de Cristo, el Salvador de la humanidad y sobre Su Palabra. Solo así será digna de ser llamada iglesia. La diversidad no debe ser causa de división para nosotros porque debemos procurar la comunión del cuerpo de Cristo a pesar de nuestras diferencias de estilos.

Lo más importante es recordar que a todos los que le recibieron (a Cristo) les dio el derecho de ser hijos de Dios, y estos son los que componen Su Iglesia. Dios nos mira desde el cielo y nos ve como un solo cuerpo: la Iglesia de Cristo que Él compró a precio de sangre.

Gracias, Dios, por recibir nuestra adoración de múltiples maneras, siempre que vengamos a ti con una actitud correcta basada en tu Palabra. Amén.

¿QUÉ HAGO CON ESTO?

¿Consideras que esas raíces de orgullo se encuentran en tu corazón? ¿Has considerado que tu iglesia o denominación es superior a las demás? De ser así, tómate un momento para pedir perdón delante de Dios.

DÍA 3

Entonces se le acercó Pedro y le dijo: Señor,
¿cuántas veces perdonaré a mi hermano que peque
contra mí? ¿Hasta siete? Jesús le dijo: No te digo
hasta siete, sino aun hasta setenta veces siete
(Mat. 18:21-22).

¿Qué distancia recorrerías para solucionar alguna diferencia con un hermano o con alguien a quien no le has hablado durante diez años? ¿Viajarías más de 480 km (300 millas)? ¿Lo harías montado en una cortadora de grama de esas que se pueden montar? Puesto que no podía conducir un auto y despreciaba el viaje en autobús, Alvin Straight hizo exactamente eso en la intrigante película *The Straight Story*.[136] Esta película narra el drama de la vida real de un hombre de 73 años que decidió que ya era hora de romper el silencio, detener el odio y derribar la pared que él y su hermano habían construido entre ellos.

Al reflexionar en esa historia, me puse a pensar en la cantidad de relaciones rotas que tenemos todos los seres humanos. Además pensé en las palabras de Jesús cuando dijo: «Por tanto, si traes tu ofrenda al altar, y allí te acuerdas de que tu hermano tiene algo contra ti, deja allí tu ofrenda delante del altar, y anda, reconcíliate primero con tu hermano, y entonces ven y presenta tu ofrenda» (Mat. 5:23-24).

Debemos hacer todo lo posible por mantener la unidad de la iglesia que Dios ha comprado con Su sangre, incluyendo aquello que nos haga romper nuestro orgullo y evitar las divisiones en el cuerpo de Cristo.

Dios, hazme perdonar sin condiciones;
ayúdame a pedir perdón. Amén.

---

[136] Publicada en español como *Una historia sencilla* en Argentina y *Una historia verdadera* en España.

¿QUÉ HAGO CON ESTO?

Pedir perdón y perdonar son algunas de las cosas más difíciles de hacer para el hombre. ¿Hay algún pariente, amigo o hermano en Cristo con quien tengas que arreglar cuentas? ¿Por qué no lo haces ahora mismo?

DÍA 4

En todo tiempo ama el amigo, y es como un hermano en tiempo de angustia (Prov. 17:17).

Todos necesitamos al menos uno o dos amigos cercanos.

Un niño definió a un amigo como alguien que sabe todas tus cosas y de todas maneras te quiere.

Ralph Waldo Emerson dijo: «Un amigo bien puede considerarse la obra maestra de la naturaleza».

Henry Durbanville hizo una aclaración sobre la amistad: «Un amigo es la primera persona que llega cuando todo el mundo se va».

Ya Salomón lo había escrito en Proverbios y esta es una declaración insuperable: «En todo tiempo ama el amigo, y es como un hermano en tiempo de angustia» (Prov. 17:17).

Tener a alguien que permanezca fiel a nosotros en cualquier circunstancia es una de las mayores bendiciones de la vida. Todos necesitamos el apoyo y el aliento que solo un amigo nos puede ofrecer cuando las cargas de la vida son demasiado pesadas. La amistad debe empezar con nosotros.

Jesús les dijo a Sus discípulos: «Ya no os llamaré siervos, porque el siervo no sabe lo que hace su señor; pero os he llamado amigos, porque todas las cosas que oí de mi Padre, os las he dado a conocer» (Juan 15:15).

Gracias, Señor, por darme tan precioso regalo como son los amigos; ayúdame a serles fiel en todo tiempo.
Amén.

¿QUÉ HAGO CON ESTO?

La Biblia dice en Proverbios 18:24a: «El hombre que tiene amigos ha de mostrarse amigo». ¿Tienes tú amigos (no simplemente conocidos) cercanos? ¿Qué piensas hacer para ganar amigos en tu vida?

DÍA 5

[P]orque escrito está: Sed santos, porque yo soy santo
(1 Ped. 1:16).

La meta principal de cualquier iglesia que esté verdaderamente comprometida con el Señor es ser la iglesia que Dios quiere que sea. Llegar al estándar de Cristo debe ser nuestro ideal. El desafío de seguir a Dios en santidad podría parecer demasiado difícil como para intentarlo, pero no lo es. Si cada día le damos paso al Espíritu Santo que vive en nosotros para que gobierne sobre nuestras vidas, como individuos y como Iglesia, lo lograremos.

Dios desea una Iglesia santa y comprometida con Él. Para ser esa Iglesia es necesario que cada día nos evaluemos como Iglesia y como individuos en lo que hacemos, para que, guiados por el Espíritu Santo, encontremos en Su Palabra las directrices para poder agradarlo. Debemos ser constantes y procurar vencer todo aquello que se oponga en nuestra relación con el Señor. Mientras más nos acercamos a Dios, más buscamos Su rostro, más tiempo pasamos con Él y más nos pareceremos a Él.

Él espera que Su Iglesia sea santa porque Él es Santo.

Padre bendito, vengo hoy ante tu presencia a pedirte
perdón por mis pecados y a pedirte que me ayudes a
ser más santo cada día. Amén.

¿QUÉ HAGO CON ESTO?

¿Qué cosas haces, dices o piensas que no reflejan la santidad de Dios? Ven a los pies de Dios en oración hoy mismo; habla con Él de estas cosas y pídele perdón si fuera necesario.

Día 6

Algunos, a la verdad, predican a Cristo por envidia y contienda; pero otros de buena voluntad (Fil. 1:15).

¿Cuál debe ser nuestra motivación para predicar a Cristo? ¿Qué nos mueve a hablarles a otros del amor de Dios? ¿La envidia o el orgullo de creernos superiores a los demás por nuestras posesiones o el hecho de ser hijos de Dios?

Nuestra principal motivación para llevar el mensaje de Dios a todas partes debe ser cumplir Su voluntad y darle gloria a Su nombre. En varias ocasiones, hemos visto que uno de los mandatos del Señor fue que predicáramos el evangelio de la salvación, que habláramos a todo el mundo de Su Palabra. Cuando vivimos agradecidos a Dios y reconocemos que cada día Su mano nos guía y obra para bien en nuestras vidas, no dudamos en compartir Su Palabra con otros para comunicar con alegría lo que Él ha hecho en nosotros y en la Iglesia.

Señor, tu amor es lo mejor que ha llegado a mi vida;
que cada día esa sea mi motivación principal para vivir,
y para hablar de lo que has hecho. Amén.

¿QUÉ HAGO CON ESTO?

No solo es importante predicar el evangelio a otros, sino también analizar las motivaciones que nos llevan a hacerlo. ¿Qué te motiva a compartir el evangelio con otros? ¿Sientes compasión por sus almas?

CONCLUSIÓN:
EL VIAJE CONTINÚA

En el prefacio de su libro *Hacia el conocimiento de Dios*,
J. I. Packer cita a John Mackay cuando ilustra en su libro *A Preface to Christian Theology* [Prefacio a la teología cristiana]:

> Hay dos tipos de intereses en cuestiones cristianas. El primero es como las personas sentadas en el balcón del piso alto de una casa española que observan el paso de la gente en la calle abajo. Los «balconeros», como les podemos llamar, pueden oír lo que hablan los que pasan y pueden charlar con ellos; pueden comentar críticamente la forma en que caminan los que pasan; pueden también cambiar ideas acerca de la calle, de la existencia misma de la calle o de a dónde conduce, lo que puede verse a lo largo de ella, y cosas así por el estilo; pero son espectadores, y sus problemas son teóricos únicamente. Los que pasan, los «viajeros», en cambio enfrentan problemas que, aunque tienen su lado teórico, son esencialmente prácticos: problemas del tipo «qué camino tomar» y «cómo hacer para llegar», problemas que requieren no solamente presión, sino también decisión y acción.[137]

---

[137] Packer, *Hacia el conocimiento de Dios*, 3. El doctor Packer es un teólogo inglés anglicano. Él es muy respetado por su erudición y muy influyente en distintas generaciones.

Tanto para John MacKay como para J. I. Packer, las personas que se consideran cristianas son *balconeros* o *viajeros*. Son *espectadores* o son *viajeros*. Estas palabras usadas por estos autores describen muy bien las vidas de los creyentes de una forma u otra. Las imágenes en el lenguaje son recursos que usamos para ilustrar o facilitar conceptos e ideas, lo que queremos que los demás entiendan. En nuestras maneras de hablar, a diario empleamos las imágenes para comunicarnos. Para expresar que tenemos mucha hambre decimos: «Me *muero* del hambre». ¿Un muerto con hambre? Es simplemente una imagen del lenguaje.

Cuando vamos al Nuevo Testamento, vemos en las enseñanzas de nuestro Señor Jesucristo y en las de los apóstoles que se utilizan imágenes para enseñarnos e ilustrarnos la vida cristiana. Veamos algunos ejemplos:

- Ustedes son la sal de la tierra
Mateo 5:13, NTV
- Ustedes son la luz del mundo
Mateo 5:14, NTV
- Agua viva
Juan 4:10-14; 7:37
- Yo soy el pan de vida
Juan 6:35,48
- Yo soy la luz del mundo
Juan 8:12
- Yo soy la puerta
Juan 10:9
- Yo soy el buen pastor
Juan 10:11,14
- Yo soy el camino
Juan 14:6

A los discípulos (incluidos nosotros), se nos ve como *sal* y *luz* para destacar el testimonio y su influencia en el mundo. Jesús se llama a sí mismo el *pan* por Su capacidad para quitar el hambre y así sucesivamente con el resto de las imágenes. Con este concepto de las palabras como imágenes, he tomado los ejemplos del *balconero* y del *viajero* para recordarte que uno de los propósitos de este libro es que no seas un *balconero* de la vida cristiana, sino un *viajero* dispuesto a reconocer todo lo que esto implica. La vida cristiana es un viaje *Hacia la meta,* que es ser como nuestro Señor Jesucristo. Se trata de un viaje que no terminará hasta que estemos frente a Él. La Escritura se refiere a este viaje de distintas maneras, como lo vemos a continuación:

> «Y si invocáis por Padre a aquel que sin acepción de perso-
> nas juzga según la obra de cada uno, conducíos en temor
> todo el tiempo de vuestra peregrinación» (1 Ped. 1:17).

«Amados, yo os ruego como a extranjeros y peregrinos, que os abstengáis de los deseos carnales que batallan contra el alma» (1 Ped. 2:11).

También nos encontramos con otros pasajes donde la vida cristiana es como una carrera. Veamos algunos de ellos:

«Pero de ninguna cosa hago caso, ni estimo preciosa mi vida para mí mismo, con tal que acabe mi carrera con gozo, y el ministerio que recibí del Señor Jesús, para dar testimonio del evangelio de la gracia de Dios» (Hech. 20:24).

«¿No sabéis que los que corren en el estadio, todos a la verdad corren, pero uno solo se lleva el premio? Corred de tal manera que lo obtengáis» (1 Cor. 9:24).

«Hermanos, yo mismo no pretendo haberlo ya alcanzado; pero una cosa hago: olvidando ciertamente lo que queda atrás, y extendiéndome a lo que está delante, prosigo a la meta, al premio del supremo llamamiento de Dios en Cristo Jesús» (Fil. 3:13-14).

«He peleado la buena batalla, he acabado la carrera, he guardado la fe» (2 Tim. 4:7).

«Por tanto, nosotros también, teniendo en derredor nuestro tan grande nube de testigos, despojémonos de todo peso y del pecado que nos asedia, y corramos con paciencia la carrera que tenemos por delante» (Heb. 12:1).

Todos estos pasajes nos confirman la necesidad de movernos en una dirección, ya sea como viajeros o atletas que corren *Hacia la meta*. A través de todos estos textos, quisiera animarte a seguir reflexionando juntos en lo que el apóstol Pablo les dice a los hermanos de Filipos:

«Hermanos, yo mismo no pretendo haberlo ya alcanzado; pero una cosa hago: olvidando ciertamente lo que queda atrás, y extendiéndome a lo que está delante, prosigo a la meta, al premio del supremo llamamiento de Dios en Cristo Jesús» (Fil. 3:13-14).

En este capítulo, el apóstol entrega parte de su testimonio personal de fe. El testimonio personal se construye con esas historias basadas en las obras de gracia y misericordia de nuestro buen Dios en nosotros. Todo creyente auténtico tiene testimonios y relatos de lo que Cristo ha hecho en su vida porque cada persona salvada es una evidencia del más grande de los amores, el amor de Dios por nosotros. Entonces, todo aquel que tiene a Cristo, tiene también una hermosa historia para contar. Eso es lo que hace Pablo en el capítulo 3 de Filipenses. Allí habla de su peregrinar marcado por su identidad manifestada a lo largo del camino:

1. Su identidad pasada (vv. 1-11)
2. Su identidad presente (vv. 12-16)
3. Su identidad futura (vv. 17-21).

Al igual que el apóstol Pablo, tú y yo teníamos una identidad pasada como personas alejadas de Dios, pero ahora tenemos una identidad como hijos amados de nuestro Señor y nos espera una nueva identidad glorificada y perfecta para siempre con nuestro Señor. El apóstol presenta en el versículo 13 las dinámicas que se dan en su identidad presente. Da testimonio respecto a cómo se encontraba en ese momento:

> En cada una de estas experiencias o *identidades*, Pablo está ejercitando la mente espiritual. Está mirando a las cosas terrenales desde el punto de vista de Dios. Como resultado, no está turbado por las cosas del pasado, ni por las cosas a su alrededor, ni por las cosas del porvenir, porque las *cosas* no le roban su gozo[138] (énfasis añadido).

Pablo presenta tres situaciones con las cuales tú y yo luchamos. Veamos nuevamente la cita de Filipenses 3:

> «Hermanos, yo mismo no pretendo haberlo ya alcanzado; pero una cosa hago: olvidando ciertamente lo que queda

---

[138] Wiersbe, *Gozosos en Cristo,* 87-88.

atrás, y extendiéndome a lo que está delante, prosigo a
la meta, al premio del supremo llamamiento de Dios en
Cristo Jesús » (Fil. 3:13-14).

Primera situación: reconocer nuestras limitaciones

«Hermanos, yo mismo no pretendo haberlo ya alcanzado» (v. 13a).

Pablo es una persona con muchas capacidades, pero no se jacta de
ninguna de ellas. Entiende que para seguir en este viaje o carrera en
la vida cristiana necesita depender absolutamente de Jesús y confiar
en Sus palabras: «separados de mí nada podéis hacer» (Juan 15:5b).
Pablo lo sabe muy bien y por eso no depende de sus capacidades o
logros (vv. 1-11). Es tan consciente de sus limitaciones que tiene en
menos todas sus capacidades humanas porque no lo llenan ni sirven
de mucho comparadas con la gloria de Cristo (vv. 4-9). Reemplaza la
confianza en sí mismo por una confianza absoluta en Cristo Jesús a
quien desea conocer cada vez más con mayor profundidad (vv. 10-11).
El camino hacia la madurez cristiana se hace en total dependencia del
Señor y no de nosotros. Cabe recordar este hermoso consejo del sabio
autor de Proverbios:

> «Fíate de Jehová de todo tu corazón, y no te apoyes en
> tu propia prudencia. Reconócelo en todos tus caminos,
> y él enderezará tus veredas. No seas sabio en tu propia
> opinión; teme a Jehová, y apártate del mal» (Prov. 3:5-7).

Reconocer nuestras limitaciones humanas nos ayudará a tener una
mayor dependencia de nuestro Señor. Este es un acto de humildad que
nos llevará a confiar única y exclusivamente en quien todo lo puede
según Su voluntad. La carrera se hace confiando en Él y no en nosotros.

Segunda situación: olvidar el pasado

«[P]ero una cosa hago: olvidando ciertamente lo que
queda atrás» (v. 13b).

Si hay un elemento que nos persigue tenazmente es nuestro pasado.
No hablamos de borrar todo el pasado de nuestras vidas porque hay
cosas que debemos recordar siempre como las misericordias de Dios,

los momentos hermosos en familia, los amigos entrañables y tantas cosas lindas que preservamos como patrimonio personal y que son parte de nosotros. No es a ese pasado al que me refiero, sino al pasado que nos estanca en nuestro viaje hacia la meta.

Ese es el pasado que se vuelve una carga muy pesada y del que debemos deshacernos con la ayuda de nuestro Señor, decididos a no permitir que influencie nuestro presente. Esto lo muestra Pablo al decir: «[P]ero una cosa hago: olvidando ciertamente lo que queda atrás». No sé cómo lo ves, pero el texto plantea una decisión definitiva, una resolución de morir a un pasado que puede obstaculizar tu relación con Dios.

El apóstol toma la decisión de olvidar el pasado. «Un solo y único objetivo *ocupa continuamente* el pensamiento del corredor en la carrera: continuar hacia la meta para ganar el premio. No puede permitir que nada lo distraiga. Su propósito es definido, bien definido».[139] *Olvidar* no quiere decir dejar de recordar algunas cosas que nos han pasado. Eso quisiéramos, pero realmente muchas veces no ocurre. Tampoco significa bloquear nuestras mentes para ignorar algo que pasó: desearíamos borrar ciertos recuerdos malos, pero no es algo mecánico como encender o apagar un equipo electrónico. William Hedricksen lo explica de esta manera:

> Cuando Pablo dice que olvida lo que queda atrás, se refiere a una clase de *olvido* que no es meramente pasivo, sino activo, de forma que cuando el recuerdo de sus méritos, acumulados en el pasado, llega a la mente, inmediatamente lo borra.[140]

El olvido del que está hablando el apóstol es no estar ya más influenciado o afectado por el pasado. Olvidar el pasado es que tú y yo podamos recordar algo malo, pero que no nos afecte ni nos influya. ¿Hay razones prácticas para que olvidemos el pasado? ¡Desde luego que sí! He aquí algunas de ellas:

1. Nos avergüenza.
2. Nos acusa.

---

[139] William Hendriksen, *Comentario al Nuevo Testamento: Filipenses* (Grand Rapids, MI: Libros Desafío, 2006), 192.
[140] Ibíd.

3. Nos hiere.
4. Nos estanca.

¿Sabes cómo era el pasado de Pablo? Una mirada a algunos versículos nos ayudará a entender mejor su anhelo de olvidarlo:

> «Y apedreaban a Esteban, mientras él invocaba y decía: Señor Jesús, recibe mi espíritu. Y puesto de rodillas, clamó a gran voz: Señor, no les tomes en cuenta este pecado. Y habiendo dicho esto, durmió. [...] Y Saulo consentía en su muerte. [...] Y Saulo asolaba la iglesia, y entrando casa por casa, arrastraba a hombres y a mujeres, y los entregaba en la cárcel. [...] Saulo, respirando aún amenazas y muerte contra los discípulos del Señor, vino al sumo sacerdote, y le pidió cartas para las sinagogas de Damasco, a fin de que si hallase algunos hombres o mujeres de este Camino, los trajese presos a Jerusalén» (Hech. 7:59-60; 8:1a,3; 9:1-2).

Me pregunto cuántas veces se despertaba Pablo por las noches atormentado por ese pasado lleno de crueldad y de orgullo. ¿Cuántas muertes consintió? ¿Cuántas veces se despertó sobresaltado viendo el rostro sereno y ensangrentado de Esteban? El apóstol tomó la decisión de que este pasado horrendo no lo atormentara más. Él sabía que ya era libre en Cristo. Mientras su mente carnal le recordaba el pasado, Cristo le recordaba el futuro. La Biblia dice: «Así que, si el Hijo os libertare, seréis verdaderamente libres» (Juan 8:36). ¡Somos libres en Cristo! Y esa libertad abarca nuestro pasado, nuestro presente y nuestro futuro, porque así de grande es la salvación que tenemos en Cristo:

> «[P]orque con una sola ofrenda hizo perfectos para siempre a los santificados» (Heb. 10:14).

Somos libres, pero debemos entender que, en ocasiones, pensamos como esclavos. Despojarnos de esa mentalidad es tarea de todos los días. Olvidar el pasado que no edifica es algo que tenemos que hacer siempre y sobre todo cuando podemos afirmar que el Señor nos ha dado una nueva vida. Dios perdonó tus pecados, perdonó tu pasado y ya no los recuerda. Mira lo que dice este hermoso pasaje:

«¿Qué Dios como tú, que perdona la maldad, y olvida el pecado del remanente de su heredad? No retuvo para siempre su enojo, porque se deleita en misericordia. El volverá a tener misericordia de nosotros; sepultará nuestras iniquidades, y echará en lo profundo del mar todos nuestros pecados» (Miq. 7:18-19).

¡Dios al perdonarte echó tus pecados al fondo del mar! ¡Por favor, no vayas a pescarlos de nuevo!

Sin embargo, este proceso de olvidar el pasado que nos atormenta puede tomar tiempo y reconozco que, al igual que Pablo, tuve que entrar en ese proceso de olvidar todo ese pasado que me atormentaba. Tuve que afirmar la obra de Cristo en mí porque «las cosas viejas pasaron; he aquí todas son hechas nuevas» (2 Cor. 5:17b). Es posible que tu pasado te persiga como lo sucedía con Pablo; por lo tanto, toma la decisión de olvidar. ¡Hazlo ahora mismo! En algunos casos, olvidar el pasado es instantáneo, pero normalmente es un proceso en la medida en que la Palabra nos va influenciando y recibimos la ayuda del Espíritu Santo.

Tercera situación: extenderme al futuro

«[Y] extendiéndome a lo que está delante» (v. 13c).

El apóstol Pablo nos presenta el proceso para la madurez cristiana. Aquí confirmamos que, aunque la salvación es un evento, la madurez espiritual es un proceso. Una de las evidencias más contundentes de este proceso es cómo vamos superando obstáculos en nuestras vidas y cómo vamos desarrollando a la vez las capacidades que Dios nos ha dado para servirle.

Hasta ahora, Pablo nos ha exhortado a superar nuestro orgullo al reconocer nuestras limitaciones y al olvidar el pasado que puede influenciarnos o afectarnos de forma negativa. Ahora Pablo presenta otro paso más en este proceso hacia la madurez cristiana que tiene que ver con concentrarse en el futuro. La meta no es algo que está al iniciar una carrera, sino que está al final.

El creyente debe dedicarse a *la carrera cristiana* tomando en cuenta que ningún atleta tiene éxito si descuida su disciplina. Hay atletas que son buenos en varios deportes, pero son las excepciones. Los ganadores son aquellos que se concentran en un deporte, fijándose en la meta sin dejar que nada los distraiga. Están dedicados enteramente a llegar a la meta. Van corriendo y se fijan solamente en ella. El apóstol Pablo dice: «[Y] extendiéndome a lo que está delante» (v. 13c). En esta metáfora, describe a un corredor inclinado hacia delante y que, mientras corre, no se distrae porque, si mira hacia atrás o a los lados, perderá concentración y ventaja.

¿Cómo nos extendemos hacia delante? Lo hacemos cuando somos conscientes del camino en el que estamos. El autor nos exhorta a que escrudiñemos nuestros caminos y volvamos a Jehová...

> «Ninguno que milita se enreda en los negocios de la vida, a fin de agradar a aquel que lo tomó por soldado. Y también el que lucha como atleta, no es coronado si no lucha legítimamente. El labrador, para participar de los frutos, debe trabajar primero» (2 Tim. 2:4-6).

La palabra empleada aquí (*epekteinomai*) describe al corredor con todos sus músculos y nervios tensos, corriendo con todas sus fuerzas hacia la meta y la mano extendida como si quisiera asirla.[141] Para eso debemos tener una actitud de perseverancia y el deseo ferviente de nunca abandonar la carrera:

> «Y perseveraban en la doctrina de los apóstoles, en la comunión unos con otros, en el partimiento del pan y en las oraciones» (Hech. 2:42).

> «Pero persiste tú en lo que has aprendido y te persuadiste, sabiendo de quién has aprendido» (2 Tim. 3:14).

Tenemos que mirar la meta que es Jesucristo, como dice el autor del libro de Hebreos:

> «Por tanto, nosotros también, teniendo en derredor nuestro tan grande nube de testigos, despojémonos de todo peso y del pecado que nos asedia, y corramos con paciencia la carrera que tenemos por delante, puestos los ojos

---

[141] Ibíd., 194.

en Jesús, el autor y consumador de la fe, el cual por el gozo puesto delante de él sufrió la cruz, menospreciando el oprobio, y se sentó a la diestra del trono de Dios» (Heb. 12:1-2).

Tu viaje hacia la meta comenzó el día en que Cristo te salvó. Ese viaje es entre picos y valles, con días soleados, lluviosos o grises. Lo que nos mantiene no es la facilidad del terreno o lo positivo de las circunstancias, sino que tenemos la hermosa promesa de nuestro Señor Jesucristo que nunca estaremos solos. Él prometió que estaría con nosotros todos los días hasta el fin del mundo (Mat. 28:20).

Si has llegado en la lectura de este libro hasta aquí, debo decirte que esta lectura ha terminado, pero el viaje hacia la meta todavía continúa. Amén.

DÍA 1

Por tanto, nosotros también, teniendo en derredor
nuestro tan grande nube de testigos, despojémonos de
todo peso y del pecado que nos asedia, y corramos con
paciencia la carrera que tenemos por delante
(Heb. 12:1).

Tengo que viajar con mucha frecuencia producto de mis compromisos ministeriales. Esto representa un gran reto para mí, ya que no me gusta viajar sin mi familia. Para los miles de viajeros que queremos llegar sin mayores complicaciones a nuestros destinos, es una odisea tener que pasar por el control de la aerolínea, el paso por migraciones y por, sobre todo, la inspección del equipaje. Sin embargo, en estos años de viajar tanto, he aprendido el arte de «viajar ligero». Donde quiera que viaje, llevo el equipaje de mano, *carry-on*, y ahora mis viajes son más fáciles, cómodos y sin mayores traumas.

Así también debe ser nuestra vida cristiana. Debemos transitar por el camino de la fe sin llevar cargas innecesarias. La vida misma tiene sus propias luchas y cargas; por eso, es menester que corramos con paciencia y sin mucho peso la carrera cristiana. La mayor de las cargas que podemos llevar sobre nuestros hombros es la del pecado. Según los términos de las aerolíneas, el pecado se convierte en una «maleta con sobrepeso», por la que tendremos que pagar más y que nos impedirá ir ligeros.

Decidir llevar una maleta de mano es fácil; andar ligero es una medida cómoda, pero dejar el pecado atrás en ocasiones no lo es. Sin embargo, por los méritos de Cristo en la cruz podemos en arrepentimiento entregarle nuestros pecados y estar libres de ese peso innecesario.

Nuestro Señor mismo dijo: «Venid a mí todos los que estáis trabajados y cargados, y yo os haré descansar» (Mat. 11:28). Esta promesa es real para todos nosotros. Por la gracia de Cristo, podemos estar seguros de que descansaremos cuando estemos ante Su presencia luego de haber llegado a nuestro destino celestial.

Padre, te suplico que me ayudes a reconocer mis peca-
dos, aun aquellos que me son ocultos. Amén.

¿QUÉ HAGO CON ESTO?

La vida tiene retos y cargas que hacen, en ocasiones, el camino empinado y difícil. ¿Cuáles son tus cargas personales? ¿Qué pecados te impiden andar ligero?

DÍA 2

He peleado la buena batalla, he acabado la carrera, he guardado la fe. Por lo demás, me está guardada la corona de justicia, la cual me dará el Señor, juez justo, en aquel día; y no solo a mí, sino también a todos los que aman su venida (2 Tim. 4:7-8).

El 20 de octubre de 1968 se celebraron los juegos olímpicos en Ciudad de México. Atletas de todas partes del mundo se dieron cita en la celebración deportiva más importante del mundo. Ese año, algunos atletas impusieron marcas y otros se llevaron reconocimientos; sin embargo, un atleta que no ganó medalla, e incluso llegó en último lugar, fue quien marcó la diferencia. Su nombre es John Stephen Akhwari, un corredor de maratones de Tanzania.

Eran alrededor de las 19:00; ya había anochecido. Después de haber entregado las medallas a los últimos atletas y luego de la majestuosa clausura, los asistentes comenzaron a salir cuando de repente por los altavoces se escuchó el llamado a no salir del estadio, pues faltaba un corredor. Las sirenas policiales y algunas motocicletas entraron por la puerta principal alumbrando el paso de John Stephen Akhwari. Entró casi al punto del desmayo, con una pierna vendada; solo le faltaban los últimos 400 m (0,25 millas) de la carrera más importante de su vida. El público que aún quedaba empezó a entender lo que sucedía y comenzó a ponerse de pie y a aplaudir a este hombre valiente. Cuando finalmente cruzó exhausto la línea de la meta, lo entrevistó un periodista que le preguntó: «¿Por qué después de la caída, con el dolor que sentía y sabiendo que no tenía opciones de alcanzar una posición destacada, decidió seguir y acabar?». Akhwari le contestó con una frase que ha quedado para la historia: «Mi país no me envió 8000 km (5000 millas) para que empezase la carrera; me envío 8000 km para que la termine».

De la misma forma, nosotros tenemos el compromiso de terminar nuestra carrera cristiana. A diferencia de ese corredor, nuestro compromiso es primero con Dios, luego con nuestras familias, con la Iglesia y con todos los que nos rodean. No importan las adversidades que enfrentemos: la carrera no puede detenerse; debemos concluirla.

Cristo es el mejor ejemplo para nosotros. Él vino al mundo para completar Su obra de redención; sin importar el precio, asumió el costo y se entregó por nosotros. Al final de su vida, el apóstol Pablo motivó al joven pastor Timoteo a concluir su carrera. Cristo es el ejemplo, Pablo lo imitó, Timoteo lo siguió y nosotros ahora debemos hacer lo mismo.

Cristo, ayúdame a imitarte y a confiar en ti cuando la
carrera de la vida se vuelva difícil. Amén.

¿QUÉ HAGO CON ESTO?

¿Estás corriendo de tal manera que otros puedan seguirte, porque imitas a Cristo?

Día 3

Y también el que lucha como atleta, no es coronado si
no lucha legítimamente (2 Tim. 2:5).

Tonya Harding y Nancy Kerrigan fueron dos competidoras norteamericanas de patinaje artístico a fines de los 80 y principio de los 90. Para muchos eran las mejores de su generación, y entre ellas eran muy competitivas. Sin embargo, mientras ambas se preparaban para participar en el campeonato de patinaje sobre hielo de Estados Unidos de 1994 (ambas buscaban las dos plazas disponibles para los Juegos Olímpicos de Invierno), un incidente marcó un antes y un después en sus vidas.

El 6 de enero de 1994, después de entrenar, Nancy Kerrigan se marchaba a los vestidores cuando fue atacada por dos hombres que, con una barra de hierro, la golpearon en una de las rodillas. La investigación del caso determinó que los ataques provinieron de Jeff Gillooly y Shawn Eckhardt, esposo y guardaespaldas de Tonya Harding. Otros dos hombres participaron, pero sus nombres no fueron dados a conocer. Tonya Harding negó inmediatamente su participación en lo sucedido, pero dos meses más tarde lo reconoció. Por este suceso, Harding fue suspendida de por vida del deporte.

En los deportes hay ejemplos de personas que se coronan ilegítimamente. Pero en la vida cristiana, eso nunca sucederá. Puede parecer que por un tiempo somos vencedores, aun sabiendo que nos hemos valido de recursos no legítimos para obtener nuestro galardón; pero Dios es un árbitro recto y justo que observa todas nuestras acciones y solo de Él recibiremos la aprobación o la desaprobación. Esta es la advertencia que Pablo le hace a su discípulo Timoteo: «Y también el que lucha como atleta, no es coronado si no lucha legítimamente» (2 Tim. 2:5).

Oh, Cristo, ayúdame a ser íntegro para que tu nombre
no sea repudiado por causa de mí. Amén.

¿QUÉ HAGO CON ESTO?

Honremos a Dios con vidas íntegras que demuestren sinceramente nuestro amor y pasión por Dios y Su reino. Los reconocimientos humanos se pueden perder por hacer «trampa». ¿Crees que será diferente contigo?

DÍA 4

Y hubo una voz de los cielos, que decía: Este es mi
Hijo amado, en quien tengo complacencia (Mat. 3:17).

El británico Derek Redmond fue un medallista de oro de 400 m (0,25 millas), que se destacó por superar diversas lesiones durante toda su carrera y aun así conseguir tres medallas de oro en diferentes competencias. Pero, sin duda, el suceso más recordado de este atleta ocurrió durante los Juegos Olímpicos de Barcelona 1992.

Derek llegaba a Barcelona como uno de los grandes favoritos, pero una lesión cuando tomaba la curva de la segunda vuelta terminó con su sueño. Redmond cayó al suelo y, con muestras de dolor en su rostro, intentó recuperarse y continuar la carrera, pero no pudo. Mientras tanto, en un extremo de las gradas se observó a un hombre que venía abriéndose paso entre la multitud. Los guardias de seguridad le impidieron el paso, pero él exclamó: «Ese es mi hijo». El padre de Derek trató de convencerlo de que ya era suficiente, que abandonara la carrera. Pero Redmond deseaba terminarla, así que convenció a su padre de dar la última vuelta juntos. La imagen que pasó a la historia muestra a Derek y a su padre caminando juntos hasta la línea de llegada.

Así es Dios con nosotros. Como un padre amoroso, nos cuida y se preocupa por nosotros. No está ajeno al dolor de Sus hijos. Por el contrario, reacciona ante nuestro sufrimiento y actúa como un padre amoroso. El Padre nos ama a través de Cristo, pero sin duda el amor del Padre por Su Hijo es incomparable. En el bautismo de Cristo, Su padre pronunció las mismas palabras: «Este es mi Hijo amado, en quien tengo complacencia» (Mat. 3:17b). Cristo es el amado Hijo de Dios, el Cordero que el Padre entregó por nosotros. ¡Gloria al Padre por el Hijo!

Padre Santo, te suplico que me ayudes a confiar en tu cuidado y amor para mi vida. Amén.

¿QUÉ HAGO CON ESTO?

¿Cómo te ha mostrado Dios Su amor por ti en estos días?

DÍA 5

Porque no hay nada oculto que no haya de ser
manifestado; ni escondido, que no haya de salir a luz
(Mar. 4:22).

Se cuenta la anécdota de un hombre que, mientras caminaba por un aeropuerto, se sentó en el área de espera y pronto otro pasajero se sentó a su lado con dificultad, pues traía consigo dos maletas muy pesadas. Al poco tiempo, comenzaron a conversar. El primer hombre le preguntó hacia dónde viajaba, y el otro le respondió que viajaba a Nueva York por negocios. Entonces, el otro curioso le preguntó a qué se dedicaba, y el hombre le respondió que vendía relojes. El primer pasajero le preguntó si tenía algo que le pudiera mostrar, y el segundo hombre accedió con gusto. Le mostró el reloj que tenía en la muñeca y le habló de sus bondades: era un reloj inteligente, podías ver la hora de todos los países, tomaba la presión arterial, tenía alarma, podías ver TV, comprar por Internet, etc. El primer pasajero impresionado le dijo que deseaba comprarlo y realizaron la transacción al instante. Cuando el pasajero contento se marchaba con su nuevo reloj, el vendedor le dijo: «No se vaya aún, pues no puede usar el reloj si no se lleva las pilas». Entonces dejó caer las dos maletas pesadas sobre los pies del pasajero.

Muchos de nosotros nos hemos encontrado con vendedores así. Siempre te hablan de las bondades del producto que venden, pero ocultan informaciones importantes, pues su deseo es venderte a como dé lugar. En la vida cristiana no hay trucos ocultos. Dios nos ha declarado ampliamente por medio de Su Palabra todo lo que necesitamos conocer para correr la carrera y llegar a la meta. Así debe ser el trato entre nosotros también; debemos ser transparentes los unos con los otros. Que no haya entre los hijos de Dios doble moral o agendas ocultas. Dios aprueba el alma de un hombre que es pura y que tiene un corazón limpio.

Padre amado, limpia mi corazón y mi conciencia de
mis pecados ocultos y visibles. Amén.

¿QUÉ HAGO CON ESTO?

Toma un momento y medita en el texto de hoy. ¿Tienes alguna
agenda o truco oculto que nadie conozca?

DÍA 6

*Hermanos, yo mismo no pretendo haberlo ya alcanza-
do; pero una cosa hago: olvidando ciertamente lo que
queda atrás, y extendiéndome a lo que está delante (Fil.
3:13).*

Un domingo después del servicio dominical de nuestra iglesia, una
señora me pidió reunirse conmigo, pues quería contarme algo que le
había sucedido. Inició su historia contándome que en una semana sus
dos hijas habían quedado embarazadas en relaciones premaritales;
esa misma semana, su esposo la había abandonado y, para colmo, la
habían despedido de su empleo. Era la más desgarradora historia que
jamás había escuchado. Sin saber qué decir en ese momento, mientras
la observaba sumida en el llanto, le pregunté: «¿Cuándo ocurrió todo
esto?». Para mi sorpresa, respondió: «Hace quince años».

A mí me pareció que todo eso había sucedido la semana anterior,
quizás el mes pasado, pero había ocurrido hacía quince años. Esta
mujer perdió todos estos años de su vida recordando aquellos acontecimientos como si hubieran ocurrido hoy. La falta de paz, el rencor,
las lágrimas, el desvelo, la angustia habían sido sus compañeros
durante todos estos años. Por más que llorara, no podía cambiar
nada de lo sucedido. Lo pasado pertenece al pasado y no podemos
cambiarlo.

Eso ocurre a menudo con nosotros: mantenemos la vigencia en nuestras vidas de hechos acontecidos mucho tiempo atrás. El apóstol Pablo
nos invita a reflexionar sobre esto cuando dice: «[P]ero una cosa hago:
olvidando ciertamente lo que queda atrás, y extendiéndome a lo que
está delante» (v. 13b). Hay momentos en los que es necesario olvidar
ciertas experiencias pasadas y caminar hacia adelante.

Hacia la meta

*Señor Jesús, ayúdame a llevar todas mis cargas sobre ti,
porque sé que tú me amas. Amén.*

¿QUÉ HAGO CON ESTO?

Si en este momento existe alguna situación que estés cargando desde el pasado, te invito a llevar tus cargas sobre el Señor Jesucristo hoy. Amén.

AGRADECIMIENTOS

Toda obra del quehacer humano es, por lo común, el producto de los actores que se pueden ver en escena, pero también es el resultado del trabajo de los que actúan tras bambalinas, sin cuya colaboración, la obra sería imposible. A ellos que, como instrumentos de Dios, fueron determinantes en la escritura de este libro, quiero reconocer y agradecer. A mi esposa y a mis hijas por el tiempo prestado, espero compensarlas con creces. A mi hermano Cristopher Garrido, de LifeWay, por su visión y por animarnos a escribir esta obra. A José "Pepe" Mendoza, el editor maravilloso (no como los de Goethe), gracias por tus valiosísimos aportes. A mis colaboradores más cercanos en esta obra, José Rafael Pérez, Carlos García y Junior Martínez, gracias por leer el original tantas veces que quizás ya sepan más de este libro que yo mismo. A Edgar Aponte, Freddy Noble, Miguel Núñez y Oskar, queridos hermanos y amigos, gracias por sus endosos. A mi equipo de servidores cercanos y amigos, tanto de República Dominicana como de Puerto Rico, y a la IBO, la iglesia en la que sirvo desde hace 25 años y que ha sabido tener paciencia con un pastor como yo, que está en proceso de formación, todavía. Fue con ustedes que los principios y el concepto de este libro comenzaron a llevarnos, por la gracia de Dios, a ser lo que somos.

COALICIÓN POR EL EVANGELIO es una hermandad de iglesias y pastores comprometidos con promover el evangelio y las doctrinas de la gracia en el mundo hispanohablante, enfocar nuestra fe en la persona de Jesucristo, y reformar nuestras prácticas conforme a las Escrituras. Logramos estos propósitos a través de diversas iniciativas, incluyendo eventos y publicaciones. La mayor parte de nuestro contenido es publicado en www.coalicionporelevangelio.org, pero a la vez nos unimos a los esfuerzos de casas editoriales para producir y colaborar en una línea de libros que representen estos ideales. Cuando un libro lleva el logo de Coalición, usted puede confiar en que fue escrito, editado y publicado con el firme propósito de exaltar la verdad de Dios y el evangelio de Jesucristo.

TGC | COALICIÓN

PENSAMIENTOS